KB089465

한국어 조사의 분포와 통합체계

이 저서는 2009년 정부(교육부)의 재원으로 한국연구재단의 지원을 받아 수행된 연구임(NRF-2009-812-A00093)

This work was supported by the National Research Foundation of Korea Grant funded by the Korean Government(NRF-2009-812-A00093)

지은이 김용하

1998년 계명대학교 국어국문학과에서 박사학위를 받았다. 2008년부터 안동대학교 국어국문학과에서 연구와 교육을 해 오고 있다. 2003년 일석국어학장려상을 받았다. 저서로『한국어 격과 어순의 최소주의 문법』과『한국어 통사론의 현상과 이론』(공저) 등이 있으며, 논문으로「동사적 명사, 겹목적어, 그리고 동사 '하다'」,「Overt Case and Covert Case in Korean」등이 있다.

한국어 조사의 분포와 통합체계

© 김용하, 2014

1판 1쇄 인쇄_2014년 06월 05일
1판 1쇄 발행_2014년 06월 15일

지은이__김용하
펴낸이__양정섭
펴낸곳__도서출판 경진
　　　　등록__제2010-000004호
　　　　블로그__http://kyungjinmunhwa.tistory.com
　　　　이메일__mykorea01@naver.com

공급처__(주)글로벌콘텐츠출판그룹
　　　　대표__홍정표
　　　　편집_김다솜 노경민 김현열　디자인_김미미　기획·마케팅_이용기　경영지원_안선영
　　　　주소_서울특별시 강동구 천중로 196 정일빌딩 401호
　　　　전화_02-488-3280　팩스_02-488-3281
　　　　홈페이지_http://www.gcbook.co.kr

값 14,000원
ISBN 978-89-5996-262-4 93710

The Distribution of Korean Particles and Their Syntagmatic System

한국어 조사의 분포와 통합체계

김용하 지음
Kim Yong-Ha

경진출판

머리말

　필자가 정말 멋모르고 통사론 공부를 시작한 지도 20년이 훌쩍 지났다. 재수가 좋은 건지 아니면 운이 나쁜 건지 석사과정 시절 스승님으로부터 생성문법을 배운 이래로 오로지 생성문법을 지침으로 삼아서 한국어 문법을 공부해 온 세월이다. 그러면서 필자는 한국어의 이런 저런 문법 현상들을 다루어 오게 되었는데, 그런 중에도 석사학위논문에서부터 꾸준히 필자의 관심을 끌어온 것은 한국어의 격이었다. 그래서 필자의 박사학위논문의 중심 논제 중 하나도 격이었고, 졸고들 중에도 (직·간접적으로) 격 혹은 조사에 관한 것들이 가장 많다. 그러나 그렇게 오래 들여다봤는데도 불구하고 정말 알지 못하겠는 것이 격이고 조사이니 필자가 제대로 공부를 하지 못한 탓이요, 영민하지 못한 탓이라고 새삼 자책하게 된다. 이런 자책을 하면서도 서가의 빈자리를 쓸데없이 채울 책 한 권을 내게 되니, 또 하나 후회할 거리를 만드는 게 아닌가 하는 두려움이 정말이지 온몸을 휘감는다.

　필자가 모자라기 짝이 없는 박사학위논문을 내어 놓고 나서, 채우지 못한 그 모자람에 괴로워하던 중 가장 갈증을 느낀 부분이 조사들의 전반적인 체계를 세우는 일이었다. 그러나 그것이 너무나 어마어마한 작업이 될 것이 뻔했기 때문에 엄두도

내지를 못하던 중 필자는 마무리 짓지 못할지라도 일단 시작이라도 해보는 것이 좋겠다는 망상에 까닭 없이 빠져 버렸다. 한번 망상에 빠지니 그 다음은 일을 저지르는 단계가 되었고, 아주 예전부터 필자를 괴롭혔던 문제에 대한 답을 구해 보려는 작업을 시작했다. 그 문제는 한국어의 이른바 부사격 조사들의 정체가 무엇인가 하는 것이었다. 굳이 생성문법을 이론적 바탕으로 삼지 않는 연구자들은 물론, 생성문법의 많은 연구자들이 부사격 조사를 인구어의 전치사에 대응시키곤 한다. 그런데 정작 이 두 범주가 (전통적인 의미에서의) 명사에 대해 상대적으로 차지하고 있는 위치는 사뭇 다르다. 한국어의 부사격 조사는 명사에 가장 가까이 나타나는 반면, 인구어의 전치사는 명사에서 가장 먼 위치를 차지한다. 서로 대응되는 것으로 여겨지는 요소들이 어찌하여 이렇게 다른 구조적 위치를 차지한단 말인가? 이는 애초에 부사격 조사를 인구어 전치사에 대응시키는 행태 자체가 잘못된 일임을 뜻하는 것인가? 어찌어찌해서 이런 문제에 대한 해소책을 구하게 되면서 필자는 한국어 조사의 분류와 통합체계 전반을 다루는 책을 써보겠다는 잘못된 결심을 하게 되고 말았다. 그래서 2009년 학술진흥재단(현 한국연구재단)의 인문저술지원사업(현 저술출판지원사업)에 지원을 했고 기대치 않게 덜컥 선정이 되었다. 일이 이쯤 되니 그때부터는 오로지 쫓기는 일만이 남게 되었다. 애초의 원대한 목표는 달성 불가능한 꿈에 불과하다는 것이 증명되었으니 그것으로 필자가 안분지족(安分知足)의 도를 깨우칠 수라

도 있으면 그나마 다행이라고 할 지경이다. 이리도 용두사미가
된 결과물을 내놓자니 참으로 필자의 안면이 두껍게 느껴진다.
그러나 한편으로는 풀어야 할 숙제를 일부라도 풀 수 있게 되
었다는 일말의 위안이 없는 것은 아니다. 이 책을 쓰는 일이
그간 필자가 단견으로 두서없이 내어 놓았던 일련의 분석들을
바로잡을 수 있는 기회가 되기도 했으니 그나마 필자의 소행
이 조금이라도 의미를 갖게 되지 않았을까 한다. 그래서 이 책
의 4장은 김용하 2011을 깁고 더한 것이다. 5장은 김용하 2009
를 상당 부분 수정해서 실었다. 6장은 Y.-H. Kim 2011을 이
책의 체재에 맞게 고쳐서 실었다. 7장은 김용하 2007을 대폭
수정한 결과물이다. 8장은 김용하 2012를 약간 수정해서 실었다.
  이제 학자들의 클리셰(cliché)를 동원해서 머리말의 마무리
부분을 채운다. 이 책에서 못다 푼 문제들은 후속 연구를 통해
서 해결책을 구해 보려 한다. 이것은 클리셰이긴 하지만 필자
가 자신과 맺은 약속이기도 하다. 책을 쓰는 일은 혼자서 할
수 있는 일이 아니다. 아무리 졸저라고 해도 이 책을 쓰면서
필자는 여러 분들의 도움을 받았다. 그 분들에게 이 기회를 빌
려 감사를 표하고 싶다. 먼저 언제나 필자에게 등불과도 같으
신 김영희 선생님의 격려는 필자에게 큰 힘이 되었다. 필자의
또 다른 스승님이신 김동석 선생님이 필자에게 변함없이 보내
신 신뢰도 힘의 원천이다. 2006년에 선생님과 함께 쓴 논문은
이 책에도 상당히 중요한 이론적 토대를 제공했다. 현대문법학
회의 회장직을 맡고 계시면서 게으른 필자에게 편집 일을 수

행케 하느라 늘 노심초사하시는 임채경 선생님도 필자에게 늘 도움을 주셨다. 또한 국어학계에서 드물게(?) 생성문법을 공부하면서 인연을 맺은 엄홍준, 이정훈, 김의수 선생님들, 그리고 영어학도로서 필자와 학연을 맺은 이채철 선생님께도 고마운 마음을 전하며, 필자에게 격려와 신뢰를 보내주신 목정수 선생님께도 감사를 드린다. 그리고 겨우 4년 근무하고 해외연구를 떠나겠다는 방자한 후배 교수에게 기꺼이 지지를 표명해 주신 안동대학교 국어국문학과의 서보월, 손병희, 이화진 선생님들, 임용되자마자 결원(?)이 생긴 학과 일 하느라 진땀을 빼고 계신 이지영 선생님께도 감사의 마음을 표현하고 싶다. 이 선생님들의 지원 덕분에 필자는 영국 요크대학교 언어학과에서 해외연구를 하면서 이 책의 상당 부분을 저술할 수 있었다. 더불어, 기꺼이 필자를 영국으로 불러준 요크대학교 언어학과 Peter Sells 교수님도 빼놓기가 어렵다. 수년 전 김영희 선생님의 정년퇴임기념논문집을 참으로 훌륭한 모습으로 엮어 주시고, 이번에는 필자의 졸저를 그 낮은 수준에 어울리지 않을 정도로 멋지게 세상에 나오게 해주신 도서출판 경진의 양정섭 선생님과 김다솜 양의 노고도 잊을 수 없다. 어려운 시절부터 필자에게 무한 신뢰를 보내며 갖은 고생을 이겨낸 아내 최선영, 이국 땅에서 1년 동안 질풍노도의 시기를 견뎌낸 두 아들 한온과 다온에게도 사랑과 감사를 표한다. 무뚝뚝하고 고집 센 사위지만 늘 자랑스러워하시는 장인, 장모도 필자가 은혜를 잊을 수 없다. 마지막으로, 살아생전 막내아들을 늘 사랑해 주셨던 아버지께, 그리고 하늘에서도 필자를 걱정하고 계실 어머니께도 아들이 부끄러운 책 한 권을 내놓았다는 말씀을 전한다.

2014년 6월
논골 구석진 연구실에서
김용하 삼가 적음

목 차

제1장 저술의 목적

    이 책의 목적은 한국어 조사의 분포와 통합의 특성을 밝히는 것이다. 한국어에서 조사와 어미 같은 교착 요소들이 두드러진 역할을 한다는 것은 자명한 일이고, 또한 그런 만큼 조사에 대한 연구가 이미 넘칠 정도로 존재하고 있는 것도 사실이다. 그런데 왜 또 조사인가? 여기에는 몇 가지 문제의식이 작용하고 있다.

    우선 한국어의 조사가 네 가지 정도로 나누어진다는 데에는 대체로 공감대가 형성되어 있는 것 같다(cf. I.-S. Yang, 1972; 김영희, 1974; Ahn, 1988; 임동훈, 1991, 2004; 김용하, 1999; 이정훈, 2004, 2008). 인구어의 전치사에 대응하는 것으로 보이는 부사격 조사(혹은 어휘격 조사, 의미격 조사로 일컬어지는 조사들), 의미역이나 격과는 상관없이 명사구에 (주로 화용적인) 의미를 더하는 것으로 알려진 보조사, 구조적인 관계에 의한 문법 기능을 표시해 주는 것으로 흔히 정의되는 구조격 조사, 그리고 접속 조사가 그것이다. 이들의 분포를 일반적으로 표시하면 다음과 같다.

(1) [명사구] + 부사격 조사 +보조사 I/접속조사 + 보조사 II + 보조사 III/구조격 조사

연구자마다 용어의 차이는 있을지언정 (1)의 조사 통합 순서는 한국어 연구에서 잘 정립된 것이라고 할 수 있다.[1] 지금까지의 연구에서도 이러한 통합 순서에 근거해서 조사를 분류하는 데 주로 초점을 맞추어 왔다. 그러나 이러한 통합 순서가 명사류의 통사 구조(nominal syntax)에 대해 무엇을 말해 주는지, 혹은 이런 통합 순서에 의거한 명사류의 투사 구조(nominal projection)가 다른 언어의 명사류 투사 구조와 비교될 때 언어 이론에 무엇을 말해 주는지에 대해서는 별로 논의된 바가 없다.

이런 맥락에서 이 책에서 제기하는 의문은 다음과 같은 것이다: 한국어의 명사구가 격 표시된다고 했을 때 과연 명사구의 격은 무엇인가? 이 의문을 이해하기 위해서 다음의 예를 보자.

---

1) 논의가 진행되면서 용어를 바꿀 필요가 생기지 않는 한 이 책에서는 기본적으로 표준적인 학교문법의 용어를 쓰기로 한다.

(2) ㄱ. 군대가 그 도시에 주둔해 있다.

ㄴ. Mīlitēs manent in urbe (Blake, 1994: 10)

(2ㄱ)은 한국어의 예이고 (2ㄴ)은 그에 상응하는 라틴어의 예이다. 완전히 일치하는 것은 아니지만, 라틴어의 'in'에 대응하는 한국어의 요소는 '-에'일 것이다. 만일 이 둘을 상응하는 요소로 본다면 다음과 같은 의문이 가능하다. "라틴어의 전치사 'in'은 상대적으로 독립적인 데 반하여 한국어의 '-에'는 어찌하여 명사에 가장 가까이 붙는 요소가 되는가?" "라틴어의 전치사 'in'의 목적어 명사는 탈격(ablative)으로 곡용(declension)을 겪은 꼴을 하고 있는데, 한국어의 명사(이 예에서는 '도시')에는 왜 아무런 격이 표시되어 있지 않은가?" 후자의 질문은 한국어의 명사가 가지는 자질에 대해 근본적인 의문을 제기하는 것이다. (2ㄱ)의 'urbe'가 가진 탈격을 포함해 주격과 대격을 제외한 모든 격은 라틴어(혹은 인구어 전반)에서 사격(oblique case)이라 일컬어진다(Lyons, 1968; Robins, 1967/1997). 그런데 문제는 라틴어(혹은 인구어 전반)에서는 명사 자체가 사격의 꼴을 취하고 있는 반면, 한국어에서는 명사 자체가 아무런 형태 변화도 겪지 않는다는 것이다. 혹자는 이것이 왜 문제가 되는가, 한국어가 라틴어와 같을 필요는 없지 않은가 하고 이의를 제기할지도 모른다. 물론 한국어와 라틴어의 차이를 단순한 언어 간의 차이로 치부해 버리면 이런 질문이 소용없는 것일지도 모른다. 이것이 곧 교착과 굴절의 차이인 것이라고 말하면 그뿐

일 수 있다.

그러나 필자는 여기에 한국어의 조사 체계 혹은 격 체계 전반에 대한 중요한 열쇠가 있을 것이라고 본다. 격은 일반적으로 명사가 가지고 있는 자질로 취급된다. 그렇다면 (2ㄱ)에서 '도시'가 가지고 있는 격 자질은 무엇인가? 이에 대해서 섣불리 답을 하기는 어렵다. '-에'를 인구어의 전치사에 대응하는 요소로 본다면 명사 자체에는 어떤 격도 표시되어 있지 않기 때문이다. '-에'를 사격 표지로 분석하는 것이 한 가지 가능한 대답일 수는 있다. 그런데 명사의 자질이라는 측면에서 보면, '-에'를 사격 표지로 보는 데 문제가 따른다. '-에'를 사격 표지라고 한다면 (2ㄱ)에서 '도시'는 사격 자질을 갖고 있는 것인가? 그렇다면 '-에'는 명사가 가진 사격 자질의 발현인가? 또한 그렇다면 '그 도시에'는 '도시'를 핵(head)으로 하는 투사체인가, 아니면 '-에'를 핵으로 하는 투사체인가? 이 모두가 쉽게 대답할 수 있는 성질의 문제는 아닌 것이다.

요컨대, 어떤 이론적 기초 위에 서 있든, 지금까지 한국어 조사에 대한 연구는 이런 기본적인 문제를 회피해 왔다는 비판을 면하기 어려울 것이다. 그러나 이것은 또한 한국어 조사 체계의 근본을 밝히는 것이 그만큼 어렵다는 반증이 될 수도 있겠다. 이제 한국어 연구가 현대 언어학의 세례를 받은 지도 1세기를 바라보고 있으므로 연구자들이 보다 근본적인 설명을 향해 한 걸음 내딛을 때가 되었다. 이런 점에서 이 책은 한국어 문법 연구에서 반드시 필요한 논의를 시작하려 하는 것이다.

제2장 이론적 배경

이 책에서는 근본적으로 생성문법의 이론 체계 속에서 한국어 조사의 분포와 통합체계를 논의하고자 한다. 1950년대 중반 Chomsky(1955/1975)에 의해 주창된 생성문법이 그간 여러 차례의 이론적 변모를 겪어 왔다는 것은 주지의 사실이다. 그런데 생성문법은 이론적 변모를 통해 새로운 이론 모형을 제시할 때마다 기존의 이론 모형에 익숙했던 사람들이 새로운 이론 모형을 따라잡는 데 큰 어려움을 겪을 만큼 내적 혁신이 과격한 경향이 있다.[1] 이 책이 그 기반을 두고 있는 최소주의 프로그램

---

1) 어떤 특정 이론 모형 내부에서 급진적인 변화가 일어나기도 한다. 특히 최소주의 프로그램이 소개된 초기에는 MIT에서 이론의 발전에 크게 기여한 학생들이 졸업을 하고 교문을 나서면서 자신의 학위논문이 폐기처분 되는

이 1990년대 초반부터 20여 년을 버텨온 이론 모형으로서 대략 10년 주기로 변모를 겪었던 그간의 이론 모형들보다 훨씬 긴 생명력을 유지하고 있긴 하지만,[2] 그간의 내적 변화를 고려하면 이를 이해하기란 여간 어려운 일이 아니다. 이 책에서 논의되는 내용을 제대로 파악하기 위해서는 생성문법, 특히 최소주의 프로그램에 대한 일정한 이해가 필요하므로 이 장에서 따로 절을 마련하여 이 책과 관련되는 최소주의 프로그램의 중요 개념들을 소개하고자 한다. 물론 논의에 따라 필요할 경우 부분적인 세부 설명이 본문 중에서도 이루어질 것이다.

1. 언어 보편성과 일률성 가설

생성문법이 언어 보편성을 근본 가설로 삼고 있다는 것은 주지의 사실이다. Chomsky는 자신의 주요 저작들(1965, 1966, 1981, 1986a)에서 보편 문법(universal grammar)에 대한 해명이 생

것을 지켜봐야 한다는 우스갯소리가 횡행할 정도였다.

2) 이전의 표준 이론(standard theory)이니 지배·결속 이론(government and binding theory)이니 하는 모형들과 달리 "이론"이란 명칭 대신 "프로그램"이란 명칭을 쓴 것은 Chomsky의 전략으로 보인다. 즉 최소주의 프로그램은 애초부터 확립된 이론 모형을 지향하기보다는 당시까지 40여 년을 지나면서 방만해진 생성문법의 개념들을 출발점부터 새롭게 혁신시키면서 설명적 타당성 (explanatory adequacy) 혹은 그 너머를 바라볼 수 있는, 열린 체계를 추구한 명칭이라 할 수 있다(cf. 양동휘, 1996; Chomsky, 2004, 2007).

성문법의 주된 목표임을 꾸준히 밝힌 바 있으며, 보편 문법의 해명에 도달하는 이론이 곧 설명적 타당성(explanatory adequacy)을 획득하는 이론일 것이라고 주장한 바 있다. 그런데 언어 보편성을 언급할 때 우리는 그 실체를 무엇으로 상정하는가? 생성문법의 틀을 따를 때 이에 대한 대답은 생성문법의 특정 모형에 따라 달라질 수 있을 것이다. 예를 들어 구 구조 규칙과 개별적 변형 규칙이 매우 중요한 역할을 했던 표준 이론에서 보편성은 매우 제약되어 있었다. 즉 각 언어가 공유하고 있는 보편성이, 문법이 어휘부, 구 구조 규칙, 심층 구조, 변형 규칙, 표면 구조 등으로 이루어져 있다는 구성적 측면에서 강조되었던 것이다. 따라서 언어학자의 임무는 각 언어의 문법적 특징을 포착해낼 수 있는 구 구조 규칙과 변형 규칙을 발견하는 것이었다. 이런 상황은 지배·결속 이론 혹은 원리-매개변인 접근법(principles and parameters approach)에 와서 다소 달라진다. 지배·결속 이론은 이전의 규칙 중심 접근법과는 달리 문법 부문의 체계와 원리의 체계를 중심으로 하는, 소위 조합적(modular) 체계를 지향하고 있다. 문법 부문의 체계와 원리의 체계는 각각 다음과 같다(cf. Chomsky, 1981: 5).

(1) 문법 부문의 체계
　　ㄱ. 어휘부(lexicon)
　　ㄴ. 통사부(syntax)
　　　　(i) 범주부(categorial component)

(ii) 변형부(transformational component)

ㄷ. 음운 형식부(phonological form)

ㄹ. 논리 형식부(logical form)

(2) 원리의 체계

ㄱ. 한계 이론(bounding theory)

ㄴ. 지배 이론(government theory)

ㄷ. 의미역 이론(θ-이론)

ㄹ. 결속 이론(binding theory)

ㅁ. 격 이론(Case theory)

ㅂ. 통제 이론(control theory)

ㅅ. 핵-계층 이론(X-bar theory)

지배·결속 이론에서 (1)과 (2)는 모든 언어의 문법에 공통적으로 존재하는 보편성을 갖고 있는 것으로 가정된다. 그러면 지배·결속 이론에서 각 언어의 개별성은 어떻게 포착되는가? 지배·결속 이론이 이전의 문법 모형과 변별되는 점은 매개변인(parameter)이라는 개념을 도입하여 각 언어의 차이를 설명하려 한다는 것이다. 예를 들어 사실상 α-이동(Move-α)으로 변형이 단일화되면서 이동의 한계를 규정하는 원리인 한계 이론은 영어의 경우 이동의 한계를 S(=IP)로 정하고 있다. 반면 이탈리아어의 경우에는 이동의 한계가 S'(=CP)로 설정된다. 즉 영어와 이탈리아어라는 두 언어의 차이 중 하나가 한계 교점(bounding node)의 차이로 포착이 되는 것이다. 지배·결속 이론에서 소개된 매개변인으로는 이외에도 어순과 관련된 핵-매개변인(head-parameter), 대명사-탈락 매개변인(pro-drop parameter), 결속에 작용하는 지배범주 매개변인 등이 설정되어 다양한 언어들의 차이를 설명했다.

그런데 1990년대 초반 생성문법이 최소주의 프로그램이라는 모형에 진입하면서 보편성에 대한 논의는 새로운 국면을 맞게 된다. Chomsky(1995)는 매개변인이 어휘부에만 국한된다는 Borer(1984)의 제안을 받아들여 소쉬르적 자의성(Saussurean arbitrariness)을 제외하고는 각 언어의 차이가 어휘 항목, 그 중에서도 기능 범주들이 가진 자질의 차이에 기인한다는 주장을 내놓는다.[3] 이러한 주장은 최소주의 프로그램이 자질 중심의 문법 모형이기에 가능한 것이기도 하지만, 당시까지 이루어진 생성문법의 연구 성과를 종합할 때 각기 다른 언어들이 가진 매개변인이 어휘 항목의 자질로 환원된다고 볼 수 있다는 자신감의 발로이기도 한 것이었다. Chomsky의 이러한 자신감은 생성문법이 최소주의 프로그램에 진입하여 상당한 발전을 한 결과 소위 설명적 타당성(explanatory adequacy)을 넘어서서 인간 정신의 본질에 대한 규명으로까지 나아갈 수 있다는 야심찬

---

3) 여기서 중요한 역할을 하는 것이 자질의 강도(featural strength) 개념이다. 문법 작용이 될 수 있으면 늦게 일어나야 한다는 지연 원리(Procrastinate)에 반하여 핵-이동, wh-이동 등이 S-구조 혹은 외현 통사부에서 일찍 드러나는 언어들은 이런 이동과 관련된 기능 범주 핵들의 자질이 강하다(strong)고 설정된다. 근본적으로 이런 자질 강도의 개념은 Pollock(1989)의 형태론적 풍부성(morphological richness) 개념에 기인한 것이다.

목표로 확대된다(Chomsky, 2004). 마침내 Chomsky(2001)는 극히 작은 부분을 제외하고는 모든 언어가 일률적이라는, 다음과 같은 일률성 원리를 내놓는다.

(3) 반대되는 결정적 증거가 없는 한, 모든 언어들이 일률적이라고 가정하라. 변이는 쉽게 발견 가능한 발화 속성들에 국한된다.

그러나 (3)의 일률성 원리와 관련하여 Sigurðsson(2003)은 Chomsky(2001)의 체계가 개념적 모순과 경험적 모순을 갖고 있다고 비판한다. Chomsky(2001)는 일률성 원리 (3)을 가정하면서도 보편자질 집합으로부터 각각의 언어가 가용한 자질만을 고른다고 가정한다. 이것이 곧 각 언어가 원천적으로 다른 본질을 가지는 일을 허용하는 것이기 때문에 Sigurðsson(2003)은 가용 자질의 선택이라는 개념이 일률성 원리에 위배되는 것이라고 비판한다. 그러면서 Sigurðsson(2003)은 일률성 원리를 더욱 강력하게 밀어붙여 모든 언어가 동일한 자질 집합을 가지지만 그 중 외현적으로 드러나지 않는 자질이 있다고 주장한다. 그러면서 그는 다음과 같은 침묵 원리(silence principle)를 내놓는다.

(4) 언어들은 유의미한 침묵 자질들(meaningful silent features)을 가진다; '형식' 자질이든 아니든 어떤 유의미한 자질도 비외현적일 수 있으며, 그런 의미에서 이들 자질들은 침묵 자질이다.

즉 Sigurðsson(2003)의 주장은 일률성 원리가 언어 변이를 설명하기 위해 포기되어서는 안 된다는 것이 그 요체이다.[4] (4)에 의거해서 (3)의 일률성 가설을 궁극적으로 받아들여 언어의 일률성을 극단적으로 설정한다면 우리는 이를 최강 일률성 가설(strongest uniformity hypothesis)이라 부를 수 있다. 이 책은 이러한 최강 일률성 가설을 받아들임으로써 한국어 조사의 통합체계를 지금까지와는 다른 방식으로 설명할 수 있다는 것을 보이게 될 것이다.[5]

2. 명사적 투사와 동사적 투사: 확대 투사론

한국어 조사의 통합체계를 논의하기 위해서 우리가 반드시 고려해야 할 것은 적절한 구 구조 이론의 설정이다. Chomsky (1957)가 창안하고 후에 귀환성(recursiveness)을 도입해 완성한 생성문법의 구 구조 규칙(phrase structure rule)은 기술·구조 문법에서 널리 이용되었던 직접 구성성분 분석(IC analysis)의 규칙화라고 해도 지나치지 않을 만큼, 관찰 가능한 일반적인 구 구조

---

4) Miyagawa(2004)는 여기서 한 걸음 더 나아가 모든 언어가 동일한 자질들을 가질 뿐만 아니라 어떤 방식으로든 갖고 있는 자질을 표출한다고 주장한다.

5) 혹자는 최강 일률성 가설이 바벨탑 설화의 재현이 아닌가 하고 의심할는지 모른다. 그러나 (3)의 일률성 가설에서 언어 변이와 '쉽게 발견 가능한 발화 속성들'을 언급하고 있다는 점에 주목하라.

유형의 개별적인 기술이라 할 수 있다. 생성문법에서 구 구조 이론의 진정한 혁신은 Chomsky(1970)가 제안한 X'-이론의 등장 이다. 애초 X'-이론은 명사·동사·형용사·전치사 등의 소위 어휘 범주(lexical category)에 국한된 것이었으나 이후 Jackendoff(1977), Stowell(1981) 등의 제안을 받아들여 X'-이론의 식형을 기능 범 주에까지 확장-적용하기에 이른다(Chomsky, 1986b). 기능 범주란 어휘 의미론적인 실질 의미를 갖고 있기보다 주로 문법 기능과 관련되는 일을 하는 범주들로서 보문소(C; complimentizer), 굴절소 (I; inflection) 등을 일컫는 것이다. 이로써 전통적으로 S'라 불리던 구는 CP로 재해석되고 S라 불리던 구는 IP로 재해석되었다.

한편, X'-이론의 등장으로 생긴 변화 중 하나는 구 구조의 형성을 하향적(top-down) 방식에서 상향적(bottom-up) 방식으로 바라보게 되었다는 점이다. 즉 "A → BC" 식의 전통적인 다시 쓰기 규칙(re-write rule)은 "A를 BC로 확장하라"라는 식으로 해 석되는 반면 X'-이론의 등장은 어떤 구 "A"를 "B" 혹은 "C"의 "투사(projection)"로 바라보는 것을 가능하게 만들었다. 그래서 명사구는 명사의 투사체이고 동사구는 동사의 투사체이다.6)

X'-식형을 기능 범주의 투사에까지 확장했을 때의 초점은 주로 어휘 범주의 투사 양상과 기능 범주의 투사 양상이 X'-식 형으로 일반화될 수 있을 정도로 닮아 있다는 것이었다. 그런

---

6) "projection"은 "투사"로도 해석되고 "투사체"로도 해석된다. 전자가 작은 범주로부터 큰 범주로의 확장이라는 좀 추상적인 의미라면 후자는 확장의 결과물을 나타낸다.

데 1980년대 중반 Fukui(1986), Speas(1986), Fukui·Speas(1986), Abney(1987) 등이 절 구조와 명사구 구조의 유사성을 지적하면서 구 구조 이론은 CP/IP와 DP[7] 간의 유사성에 초점을 맞추게 된다. 특히 Abney(1987: 30~34)는 전통적인 NP와 S 두 구만이 논항으로 나타난다는 점, 이 두 구만이 순환 교점이라는 점, 그리고 결속 현상이나 통제 현상과 관련하여 많은 유사성을 가지고 있다는 점 등에 착안하여 CP와 DP의 구조가 평행(parallel)하다는 주장을 매우 설득력 있게 제시했다. Abney(1987)의 이러한 주장은 이후 생성문법에서 일반적으로 받아들여졌고 D는 하나의 기능 범주 핵으로서, 그리고 DP는 이 기능 범주의 투사체로서 확고한 지위를 얻게 되었다. 그렇다면 CP와 DP는 어느 정도나 유사한 구조를 갖고 있는가? 예를 들어 Hiraiwa(2005)가 설정하는 CP 구조와 DP 구조는 다음과 같다(cf. Ogawa, 2001; Benmamoun, 2003; Koopman, 2005b; Svenonious, 2004).

---

7) DP는 명사구와 결합하는 기능 범주인 한정사(D; determiner)의 투사체를 가리킨다. 주로 명사구 내의 수식어 정도로 간주되던 한정사들을 오히려 명사구를 보충어로 선택하는 핵으로 보는 것을 DP-가설이라고 하는바(cf. Brame, 1982; Muysken, 1983), 전통적인 명사구는 이제 DP로 간주되고 D 요소를 제외한 부분이 명사구라 불리게 된다.

(5) ㄱ. CP 구조

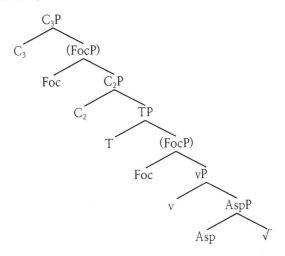

ㄴ. DP 구조

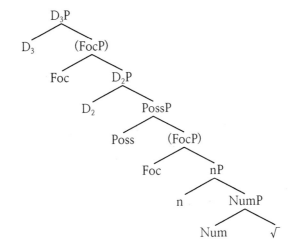

여기서 C_3는 Rizzi(1997)의 효력소(Force)에 해당한다. C_2는 한정소(Fin(iteness))에 해당하며, D_3와 D_2는 각각 지시사 핵과 정관사를 가리킨다. 아래로 내려와서 DP의 Poss는 CP의 T에 대응하여 격과 일치가 표시되는 장소이다. v와 n은 어근($\sqrt{}$; root)의 범주를 결정하는데, 어근은 범주 중립적인 것으로 간주된다(cf. Chomsky, 1970; Marantz, 1997). n과 v 아래에는 시상소(Asp(ect))와 수(Num(ber))가 위치해 있다. 과연 이것이 언어 보편적으로 설정될 수 있는, 혹은 언어 일률적으로 가정될 수 있는 CP, DP 구조인가 하는 것을 결정하는 데는 경험적 검증이 필요하다. 필자는 CP와 DP의 구조가 평행하다는 것을 인정하는 측면에서는 Hiraiwa(2005)와 의견이 동일하지만, 그 구조를 (5)와 같이 설정하는 데에는 이견이 있다. 이 책이 조사를 다루는 것이고 그런 면에서 주로 명사구 구조와 관련이 있으므로 CP 구조에 대한 상론은 일단 자제한다. 그렇지만 (5)에 대해서 분명히 지적해야 할 것이 있으니, 그것은 바로 DP에서든 CP에서든 전/후치사(Pre/Postposition)에 대해 어떤 자리도 할애되어 있지 않다는 점이다. 이것은 곧 Hiraiwa(2005)가 P라는 범주가 CP와 관련되는 것인지 DP와 관련되는 것인지를 결정하지 않고 있다는 것을 의미한다. 물론 (5)는 전통적인 어휘 범주 중 하나인 형용사(A; adjective)에 대해서도 언급이 없다. 그러나 형용사는 범주 중립적 어근을 설정할 경우 기능 범주 a가 설정되어 형용사로 실현되는 구조를 설정할 수 있어서, 범주 중립적 어근을 설정하기 어려운 P와는 근본적인 성격이 다르다. 사실 문장과 명사구의 구조적 유사성을 주장했던 Abney(1987)도 이런 점에서 P를 기능 범주의 일종으로 취급하는 것이 옳을지도 모른다는 유보적인 입장을 취하고 있다.

그런데 명사구와 문장의 구조적 유사성을 다룬 연구들 중에서 Grimshaw(2005)는 P를 명사구 관련 구조에 적극적으로 도입하고 있어서 주목을 요한다. Grimshaw(2005)는 명사구 관련 구를 명사적 투사체라 부르고 문장 관련 구를 동사적 투사체라 부르고 있다. 그녀는 N, D, P 등을 명사적 범주로, V, I, C 등을 동사적 범주로 설정하고 이 범주들의 투사체를 각각 명사적 투사체, 동사적 투사체로 통칭한다. 그리고 이들 범주들의 투사가 독립적이면서도 서로 연결되어 있다는 측면에서 확대 투사(extended projection)라는 개념을 제안하는데 이 개념을 핵심적으로 쓰는 이론을 확대 투사론이라 부르기로 하자. 그녀에 따르면 확대 투사는 X-바 이론적 투사를 확대한 개념으로서 명사가 이끄는 성분들과 동사가 이끄는 성분들이 투사체를 형성하는데, 그 속에는 어휘적 핵(lexical head)과 기능적 핵(functional head)이 함께 포함된다. 확대 투사론의 핵심적인 가설은 D 같은 기능 범주가 명사 같은 어휘 범주와 동일한 범주 자질을 부여 받는다는 것이다. 그래서 이들 핵들은 어휘/기능 범주라는 구분을 제외하면 동일한 범주라고 간주할 수 있다.

확대 투사론의 두 가지 중요한 개념은 어휘적 핵의 투사체가 상위에 기능 범주를 두고 더 큰 투사체를 형성한다는 것, 그리고 이러한 투사체의 형성이 범주의 동일성에 달려있다는 것이다. Grimshaw(2005)에 따르면 이런 핵심적인 생각들은 Abney(1987), Haider(1988), van Riemsdijk(1990, 1998), Radford (1993) 등의 제안들도 공유하고 있는데, 이 두 중요 개념은 논리적으로 연결되어 있는 것은 아니다. 확대 투사에 작동하는 범주의 동일성은 좀 복잡할 수 있는데, Grimshaw(2005)는 이전까지의 통사 범주에 관한 연구들을 검토한 끝에, 그것을 최대한 단순화하자면 N, D, P로 이어지는 범주 복합체를 그저 [nominal]로, V, I, C로 이어지는 범주 복합체를 그저 [verbal]로 단순화할 수 있다고 제안한다. 그녀의 제안에 따르면 (6)에서

(6)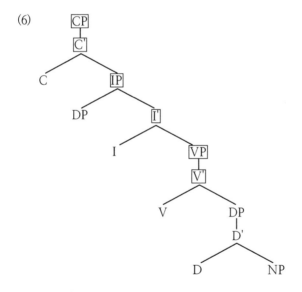

상자에 들어 있는 일련의 투사체들이 확대 투사, 그 중에서

도 동사적 투사체를 형성하고 있다. 그러므로 어떤 의미에서 C, I, V는 모두 이 확대 투사의 핵들이다.

Grimshaw(2005)의 이론적 세부사항에 완전히 동의할 수 없는 측면이 존재하기는 하지만 P를 적극적으로 명사적 투사체에 포함시켰다는 점에서 이 확대 투사 개념은 이 책에 중요한 통찰력을 제공하고 있다. 이 책에서는 확대 투사 개념을 완전히 받아들이지는 않겠으나 명사적 투사(체)와 동사적 투사(체)라는 개념을 상당히 중요하게 원용할 것이다.

3. 분포 형태론

이 책에서 조사의 분포와 실현을 설명할 때 중요하게 다룰 이론은 분포 형태론(DM; distributed morphology)이라 불리는 생성 형태론의 한 이론이다. 분포 형태론을 제대로 알기 위해서는 항목-정렬(IA; Item-and-Arrangement) 모형과 항목-과정(IP; Item-and-Process) 모형이라는 개념들을 이해할 필요가 있다. 형태론적 분석에서 Hockett(1954)이 제시한 항목-정렬 모형과 항목-과정 모형은 현대 언어학에서 항상 대립해 온 방법론들이다 (Matthews, 1970; Spencer, 1991; Bonet, 2008).[8] 항목-정렬 모형이란

---

8) Hockett(1954)은 단어-어형변화(Word-and-Paradigm) 모형도 언급하고 있으나 대개 IP 모형과 함께 취급되는 경향이 있으므로 여기서 다루지는 않겠다. 형태론적 분석 모형들에 대한 자세한 논의는 Matthews 1970을 참고하라.

좀 단순하게 말해서 형태론적 분석에서 파생 혹은 굴절에 참여하는 접사들의 형태소 지위를 인정하는 입장에 서 있다. 예를 들어 'played'와 같은 특정 동사 활용형을 분석할 때 항목-정렬 모형은 'play + -ed'와 같은 방식으로 분석을 행한다. 그리하여 이 모형은 '형태소(=항목)들의 목록'과 이들 형태소들이 '출현할 수 있는 연속체(=정렬)'에 대한 명세를 가정한다. 이는 매우 전통적인 방식의 형태론적 분석으로서 'played' 같은 동사의 활용형을 분석할 때 별다른 문제가 생기지 않는다.

그런데 이 항목-정렬 모형은 'sank'와 같은 불규칙 동사의 활용형을 분석할 때는 문제에 부딪히게 된다. 주지하다시피 'sank'에서 활용될 동사의 어간은, 'sink-s, sink-ing'으로 보건대, 'sink'여야 할 것이다. 그래서 'sank'는 'sink + 과거'의 융합형으로 취급되어야 한다. 문제는 이럴 경우, 형태소와 실현형(exponent = 형태 morph) 간의 일대일 대응을 근간으로 하는 항목-정렬 모형이 곤란을 겪을 수밖에 없다는 것이다. 이에 반해 항목-과정 모형은 역동적 형태 분석을 추구하기 때문에 'sank'는 'sink의 과거 활용형을 만드는 규칙 혹은 과정에 의해 생성되는 것'으로 처리될 수 있다. 이처럼 역동성을 추구하는 항목-과정 모형에서는 형태소의 실현형 자체가 존재하지 않는다는 것이 그렇게 중요하지 않은 문제가 된다.

그런데 사실 이런 형태론적 분석은 생성문법의 출현 이후 한동안 수면 아래에 가라앉게 된다. 하지만 Chomsky(1970)가 소위 어휘론자 가설(lexicalist hypothesis)을 제안하고 Halle(1973)

가 그에 대한 응답으로서 생성 형태론의 모형 하나를 제안함으로써 상황은 달라진다(Scalise, 1984). Halle(1973)가 내놓은 모형은 다음과 같다.

(7)

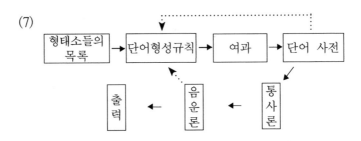

(7)의 모형이 가지는 가장 큰 특징은 형태소 목록에 있는 형태소들이 단어형성규칙의 입력이 된다는 점이다. 특히 접사를 형태소로서 인정한다는 점에서는 항목-정렬 모형을 계승하는 것이라 할 만하다.

그런데 (7)에서 가장 주목해야 할 점은 사실 '단어형성규칙'이라는 부문의 존재이다. 단어형성규칙의 존재가 의미하는 바는 당연히 형태소들이 서로 결합할 때 아무렇게나 결합하는 것이 아니라 일련의 법칙에 의거하고 있다는 것이다. 그런데 이 단어형성규칙의 존재로 인해서 '형태소들의 목록'이 아주 모호한 지위를 갖게 된다. 예를 들어 영어 명사의 규칙적 복수 형성 규칙을 고려해 보자. 이 규칙은 명사 어근/어간에 복수 접사 '-s'를 결합시키는 형식을 취할 것이다. 이와 같은 규칙 진술은 어근/어간에 대해서는 특정한 형태소를 언급하지 않지만 접사에 대해서는 특정한 형태소를 언급할 수밖에 없다. 그렇다면 아예 이와 같은 접사들을 단어형성규칙의 일부에 포함시켜서 형태소의 지위를 없앨 수는 없을까? 이런 방향을 추구하여 접사 없는 형태론(affixless morphology) 혹은 어휘소 기반 형태론(lexeme-based morphology)을 추구한 이가 Aronoff(1976, 1994)와 Anderson(1982, 1992)이다. 예를 들어 Aronoff(1976)는 다음과 같은 단어 기반 가설(word based hypothesis)을 내놓는다 (Aronoff, 1976: 21).

(8) 모든 규칙적 단어형성 과정들은 단어-기반이다. 새로운 단어는 이미 존재하는 단일한 단어에 규칙을 적용함으로써 형성된다. 새 단어와 기존 단어 양자는 모두 주요 어휘 범주의 구성원들이다.

(8)에 따르면 'happy'에서 'unhappy' 같은 단어를 파생할 때 형태소 'happy'와 형태소 'un'이 결합한다는 것과 같은 개념은 존재하지 않는다. 단어 혹은 어휘소인 'happy'에서 'unhappy'가 파생되는 것은 다음과 같은 단어형성규칙 덕분이다.

(9) $[X]_A \rightarrow [un + [X]_A]_A$

한때는 이와 같은 항목-과정 모형의 계승자들이 형태론을 지배하는 듯하였으나 Lieber(1992)로 대표되는 항목-정렬 모형

계승자들의 반격도 만만치 않았다. Lieber(1992)는 어근/어간 뿐만 아니라 접사도 형태소라는 전통적인 개념에 근거해서 파생의 과정을 X′-이론을 적용하여 설명할 수 있다는 것을 보여주고 있다.9)

Halle·Marantz(1993)는 Aronoff 식의 접사 없는 형태론과 Lieber 식의 어휘론적 접근법을 모두 부정하고, 근본적으로 접사의 형태소 지위를 인정하는 새로운 항목-정렬 모형의 계승론을 펼치는데 그것이 곧 분포 형태론이다. 분포 형태론은 이전의 형태이론(morphological theory)과는 구별되는 몇 가지 특징을 가지고 있다(cf. Bobaljik, 1995; Embick·Noyer, 2001; Harley·Noyer, 1999; Marantz, 1997).

Halle·Marantz(1993)에 따르면 그들은 접사 없는 형태론과 마찬가지로 통사론에 포함되어 있는 통사부 종결요소(terminal element)들을 그들의 음운론적 실현으로부터 분리시킨다. 하지만 또한 어휘론자들과 마찬가지로 통사부 종결요소들의 음운적 실현이, 형태·통사자질(morphosyntactic feature)들의 뭉치를 음운자질(phonological feature)들의 뭉치에 관련시키는 어휘 내항들에 지배되는 것으로 간주한다. Halle·Marantz가 자신들의 이론을 분포 형태론이라 부르는 이유는, 전통적으로 형태론이라 불리는 기제가 문법의 한 부문에 국한되어 있는 것이 아니라 여러 다른 부문들에 분포되어(distributed) 있다고 보기 때문이다. 예를

---

9) 이에 대한 비판은 *Language*에 실린 Spencer(1993)의 서평을 참고하라.

들어 "단어형성"은 핵-이동, 부가, 형태론적 병합(morphological merger) 같은 과정들을 통해서 문법의 어느 층위에서든 일어날 수 있다.

예를 들어 보자. 분포 형태론은 접사를 형태소로 인정한다는 측면에서 항목-정렬 모형의 계승자라고 했으나 'sink'의 과거형 'sank'를 처리하는 것이 큰 문제가 되지 않는다. 통사부에 투입되어 구조 형성에 참여하는 종결요소들은 전통적인 의미에서의 형태소가 아니라 형태·통사자질의 뭉치들이다(cf. Chomsky, 1995). 그래서 통사부에는 'sink'나 과거 시제 어미 '-ed'가 직접 투입되는 것이 아니라 이 두 종결요소에 해당하는 자질 뭉치들이 투입된다. 'sank'는 통사론의 도출이 끝난 후 과거 시제 자질 뭉치 앞에서 'sink'와 경합하는 일종의 이형태인바, 'sank'가 'sink'를 이기는 것은 중립적인 'sink'보다 더 복잡하기 때문이다: 즉 표현형들의 경합은 여타 규칙(elsewhere rule)의 원리를 따른다. 또한 과거 어미에 해당하는 자질 뭉치에는 '-ed'의 이형태에 해당하는 'Ø'가 삽입된다.10)

이제 분포 형태론의 특징들을 체계적으로 정리해 보자.

Harley·Noyer(1999)에 따르면 분포 형태론의 핵심 특징은 크게 세 가지로 대별된다. 첫 번째 특징은 후삽입(late insertion)이다. 후삽입이란 통사부 종결요소의 음운론적 표현이 모든 경우에

---

10) Matthews(1970)에 따르면 이런 식의 해결 방식은 1950년대 이전 구조주의자들에 의해서도 시도된 바 있다고 한다(Bloch, 1947). 그러나 이론 모형이 완숙하지 않았으므로 이런 식의 해결 방식은 상당한 비판에 시달리게 된다.

음성 형식부(PF; phonological form)로 사상될 때 부여된다는 것이다. 즉 통사부의 도출이 끝난 다음에만 사전 항목(vocabulary item)이라 불리는 음운론적 표현들이 삽입된다. 이는 통사부의 도출에 쓰이는 항목들이 순수히 추상적인 자질의 뭉치임을 뜻한다.

두 번째 특징은 사전 항목(vocabulary item)이라는 개념과 자질 미명세(underspecification)이다. 예를 들어, 한국어에서 "에", "에게", "께"와 같이 분명한 관련성을 보이는 조사들의 교체가 자못 체계적으로 이루어지지만 이들을 이형태 관계로 다루는 것은 체계 상 불가능한 점이 있다(cf. 고영근, 2005). 분포 형태론에서 포괄적으로 사용하는 사전 항목이라는 개념은 형태소와 이형태의 구분을 필연적으로 요구하지는 않는다. 사전 항목들은 추상적인 형태론적·통사론적·의미론적 자질의 뭉치에 대응하는 음운론적 연쇄체로서, 일치되는 자질 명세에 대해 후삽입되는 요소들이다. 이는 이러한 조사들이 유사한 자질에 대해 자리를 다툰다는 사실을 잘 포착해 주는 개념이다. 이를 이용해서 분포 형태론에서는 이 조사들이 유사하지만 다른 자질들에 대응하는 요소들이라고 말할 수 있는 것이다. 자질 미명세는 형태소들의 음운론적 자질이 통사론에서 완전히 명세될 필요가 없다는 것을 의미한다. 따라서 한 단어의 음운론적 자질들이 그 단어의 형태·통사론적 자질들을 제공할 필요가 없다.

세 번째 특징은 공통 통사 위계 구조(syntactic hierarchical structure all the way down)이다. 이것은 통사부 내의 요소들과 형태부 내의 요소들이 동일한 유형의 성분 구조를 가진다는 것을 뜻한다.11) 따라서 분포 형태론에 따르면 전통적 생성 형태론에서 가정하는 것과 같은 어휘부와 어휘 항목은 존재하지 않는다. 분포 형태론이라는 이름에서 "분포"란 어휘 항목들의 자질이 문법의 전반에 "퍼져" 있다는 것을 뜻한다. 분포 형태론의 모형을 도식화하면 다음과 같다(cf. Harley·Noyer, 1999).

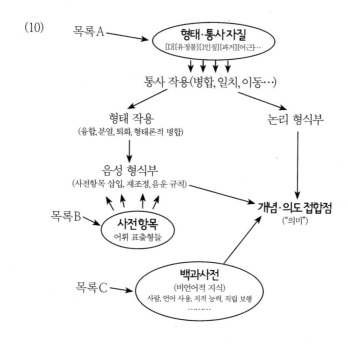

(10)　목록A ──→　**형태·통사자질**
　　　　　　　　　[D][유정물][1인칭][과거][어근…]

　　　　　　　　통사 작용(병합, 일치, 이동…)

　　　　형태 작용　　　　　　　　　논리 형식부
　　(융합, 분열, 퇴화, 형태론적 병합)

　　　　　음성 형식부
　　(사전항목 삽입, 재조정, 음운 규칙)　　　　개념·의도 접합점
　　　　　　　　　　　　　　　　　　　　　("의미")
목록B ──→　**사전항목**
　　　　　　어휘 표출형들

　　　　　　　　백과사전
　　　　　　　　(비언어적 지식)
목록C ──→　사람, 언어 사용, 지적 능력, 직립 보행
　　　　　　　　　……………

---

11) 이런 면에서 분포 형태론은 구조주의 형태·음소론(morpho-phonemics)의 항목-정렬(Item and Arrangement) 이론의 계승이다(cf. Bobaljik, 1995).

이런 분포 형태론이 형태론의 기술에서 어떤 이점이 있을 것인가? 분포 형태론이 특히 강점을 드러내는 부분은 보충법과 같은 형태론적 현상이다. Chung(2007)은 "알다"와 "있다"의 부정형 보충법 "모르다"와 "없다"를 분포 형태론으로 다룬 바 있다. "모르다"와 "없다"를 전통적인 생성문법의 체계에서 어휘 삽입할 때에는, 부정 부사가 외현적으로 드러나지 않음에도 이들이 속한 문장이 부정문이 된다는 것을 어떻게 분석해야 하는가 하는 문제가 생긴다. 물론 "아니"에 대응하는 이형태로서 영 부정 부사 "∅"를 설정할 수도 있을 것이다. 그런데 이 영 부정 부사의 삽입은 문맥-자유(context-free)로 이루어질 수가 없으므로 유독 "모르다"나 "없다"가 서술어로 존재할 때에만 삽입되는 것을 보장하는 장치를 마련해야 한다. 또한 "모르다"나 "없다"는 "알다"나 "있다"와는 별개의 어휘 항목으로 다루어야 하는 문제를 발생시킨다. 하지만 분포 형태론에서는 음운 형식을 가진 사전 항목이 통사론적 도출이 끝난 다음 후삽입되므로, "모르다"와 "없다"를 포함하여 모든 서술어의 부정형이 사전 항목 삽입 전에는 다음과 같은 일반적인 형식을 갖게 될 것이다.

(11)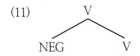

사전 어휘 항목은 다음과 같은 일반적인 도식에 의해 삽입된다(cf. Harley·Noyer, 1999).

(12) 사전 항목 도식

　　신호(signal) ↔ 삽입 문맥(context of insertion)

"모르다"와 관련된 사전 항목 도식은 다음과 같다(cf. Chung, 2007).

(11) ㄱ. /모르/ ↔ [V NEG+"알"][12]

　　ㄴ. /알/ ↔ ["알"]

　　ㄷ. /아니/ ↔ [NEG]

(11)과 같은 구조를 두고 /모르/는 /알/과 /아니/ 두 형태소와 삽입을 두고 경쟁(competition)을 하게 되는데, 이때 삽입의 원칙은 가장 많은 자질 명세를 가진 사전 항목을 삽입한다는 것이다. (11)에서 가장 많은 자질 명세를 가진 요소는 /모르/이므로 이것이 경쟁에서 이겨 삽입되는 것이다.

　분포 형태론이 한국어의 다양한 형태론적 현상에 어느 정도의 설명력을 제공해 줄 수 있는지를 본격적으로 다룬 연구는 그리 많지 않다(cf. Chung, 2007). 그러나 분포 형태론의 적용은

---

12) 여기서 "알"은 실제 형태소 "알다"가 아니라 "알다"의 형태·통사론적 자질의 덩어리이다. "알"은 편의상의 간략화된 표기일 뿐임을 밝혀 둔다.

한국어 조사 일부가 현시하는 문제에 상당히 흥미로운 분석을
제공할 수 있을 것으로 보인다. 그래서 분포 형태론은 이 책에
서 이용할 중요한 이론적 모형으로 채택된다.

제3장 조사의 분류

일반적으로 한국어는 교착어로 분류되며, 그런 만큼 조사와 어미에 대한 연구는 한국어를 이해하는 데 핵심적인 위치를 차지하고 있다. 연구자에 따라 달리 설정되기는 하지만 한국어 조사는 그 수효가 대략 100개 내외인 것으로 파악된다.[1] 이들, "조사"라는 명칭 아래 묶여 있는 요소들이 상당히 상이한 성격을 보여주는바, 이들을 제대로 분류하는 것이 중요한 작업이

---

[1] 이 수치는 임동훈(2004)에 따른 것이다. 임동훈(2004)에 의하면 "표준국어대사전"에 표제어로 실린 조사가 152개에 달한다고 한다. 그러나 사전 표제어에는 조사 중첩형들이 실린 경우도 많고 또 모든 조사 중첩형들이 실린 것도 아니어서 이 개수를 모두 인정하기는 어렵다. 이규호(2001)는 조사의 수효를 98개로 잡고 있고, 남윤진 1997, 2000에는 71개의 조사가 수록되어 있다.

될 것이다. 그러나 이 책이 조사의 분포와 통합체계를 다룬다 하더라도 이들 조사를 모두 연구 대상으로 삼아 다룰 수는 없는 일이다. 다만 중요한 조사들을 중심으로 그 분류를 정해 보고자 한다.

조사 연구에서 항상 대두되는 것은 명사구 구조이다. 이 명사구 구조에서 조사의 지위가 무엇인가 하는 것은 조사 연구의 핵심이 되곤 했다. 명사구의 핵은 두말할 것 없이 명사이다. 하지만, 교착어로서 조사가 풍부한 한국어에서는 명사구에 조사가 결합할 경우 여전히 전체 구성체가 명사구인지 명사가 핵으로서의 지위를 그대로 유지할 수 있는지 하는 문제가 대두된다. 우선 조사가 명사구에 결합되는 요소라는 사실은 다음과 같은 예들이 잘 보여준다(임홍빈, 1997: 121)

(1) ㄱ. [[고요한 명상]이] 깊은 진리에 이르게 한다.

ㄴ. *[[고요한] [명상이]] 깊은 진리에 이르게 한다.

ㄷ. *[[고요한 명상과] [사색이]] 깊은 진리에 이르게 한다.

ㄹ. [[[고요한 명상과] [사색]]이] 깊은 진리에 이르게 한다.

(1ㄱ)에서 꺾쇠 묶음된 부분은 '고요한'이 '명상'을 수식하는 것임을 보인 것이다. 이와 달리 '고요한'이 '명상이'를 수식한다면 그 구조는 (1ㄴ)과 같을 것이다. 언뜻 (1ㄴ)의 꺾쇠묶음이 틀린 것이 아닌 것처럼 보일지도 모르지만 (1ㄴ)에 의거하면 (1ㄷ)의 '고요한 명상과 사색이'의 꺾쇠묶음이 결정된다고 했

을 때, (1ㄴ)이 매우 반직관적이라는 것을 알 수 있다. (1ㄷ)대로라면 주어는 '사색이' 하나일 뿐이고 '고요한 명상과'는 해석을 받을 수 없게 된다. 즉 '고요한 명상과 사색이'는 (1ㄹ)과 같은 방식으로 꺾쇠묶음 되어야 마땅할 것이며, 이는 곧 (12ㄱ)이 타당한 구조라는 것을 말해 준다. 본 저서는 이처럼 조사가 구(phrase)와 결합하는 구접사(phrasal affix)라는 것을 전제로 하여 이루어질 것이다.

이런 전제가 성립된다면 조사의 부류를 결정하는 것이 첫 번째 과제가 될 것이다. 조사의 부류를 결정하기 위해서는 우선 조사의 분포에 대한 관찰과 이를 바탕으로 한 기술이 필요할 터이지만, 이 책의 목적이 현존하는 한국어 조사를 하나하나 모조리 살피고 분류의 체계를 세우고자 하는 것은 아니므로 우선 기존 논의들에서 나온 조사 분류에 대한 업적들을 중심으로 그 체계를 살펴보고 이 책에서 주로 어떤 조사들을 다루게 될지 정하고자 한다.

초기 생성문법에서 격 문법을 기반으로 조사를 다룬 논의로는 I.-S. Yang 1972와 김영희 1974가 있다. I.-S. Yang(1972)은 학교문법에서 격조사라고 부르는 조사들을 격 표지(case marker)라 칭하고 보조사들을 한정조사(delimiter)라 부르면서 후자를 X-lim, Y-lim, Z-lim이라는 하위범주로 나눈다.

(2) ㄱ. X-lim: 마저, 마다, 까지, 부터

　　ㄴ. Y-lim: 만, (밖에)

　　ㄷ. Z-lim: 은/는, 도, 야, 나, 라도

　한국어의 조사들을 정밀하게 다룬 것은 아니지만 I.-S. Yang (1972)의 논문은 한정조사가 일정한 순서에 따라 결합하고 그 결합 순서에 따라 하위범주로 다시 분류될 수 있다는 것을 한정 조사 전반에 대해 정리한 첫 저작이라고 할 수 있다. 그러나 격 문법에 의거한 논의를 하면서도 주격·대격·속격 조사를 여 타 의미격 조사들과 동일하게 취급하고 "마다"를 별 비판 없이 한정조사로 분류하는 등 일정 부분 한계를 보인다고 할 수 있다 (cf. 김영희, 1974).

　김영희(1974)는 당시까지의 연구들이 조사들의 배열 유형들 로부터 엄정한 분포의 규칙성을 추출하지는 못했다는 한계를 지적하면서 다음과 같은 조사 분류를 제시한다.

(3) 조사의 분포와 기능

격조사			연결조사				
			등위연결조사			비교조사	
			접속조사	이접조사	열거조사	대등비교조사	차등비교조사
1	2	3	4				
에 에게 한테 께 로 더러	로 서 써	다 부터 까지	와 하고 랑 서껀	고 나 든	에 며 하며	만 만큼 처럼 같이 마냥 대로	만 보다

한정조사				주어조사 / 목적어조사	소유조사
I	II	III	IV		
5	6	7	8	9	10
부터 까지 뿐	밖에 조차 마저 만	나마 ㄴ들 나	는 도 라도 야말로	가/를	의

(3)의 표는 한국어의 조사를 거의 총망라하다시피 하여 상호
배열 관계를 일목요연하게 보여주고 있어서 이 책이 분명히 참
고할 만한 것이라 할 수 있다. 그런데 '이/가', '을/를', '의' 등을
격조사가 아닌 단순한 "문법 기능 표지"로 분석한 것은 의미격

만을 격으로 보는, 격 문법이라는 이론 자체의 내적 논리라고 할 수 있을지 모르지만, 조사의 배열 순서에는 선뜻 수긍하기가 힘든 점이 있다. 표에서 아라비아 숫자는 그 크기대로 조사의 순서를 가리키는데 4-5-6-7의 순서는 거의 찾아보기 힘들다. 그리고 소유 조사가 주어 조사·목적어 조사를 후행한다고 볼 증거가 있는지 의심스럽고, 8-9의 순서도 극히 예외적인 경우를 제외하고는 거의 성립되지 않는다. 따라서 (3)의 분류는 조사를 무리하게 한꺼번에 배열하여 일반 순서와 예외 순서를 제대로 보여주지 못한다는 문제가 있어 보인다. 이 책에서는 김영희(1974)의 조사 분류를 많이 참고하되 위 표에서 "연결 조사"를 제외하고 "소유 조사"를 "문법 기능 표지"에 포함시켜서 이러한 문제들을 회피할 것이다.[2]

남윤진(1997, 2000)은 이전의 연구 업적들에서 조사로 다루어진 항목들을 다음과 같이 제시한 바 있다.

(4) 가운데, 가지고, 같이, 거나~거나, 게서, 고, 고~고, 곧, 그려, 까지 깨나, 껏, 께, 께로, 께서, 께옵서, 꼴, 꾸나, 끼리, ㄴ들, ㄴ즉, ㄴ즉슨, 나, 나~나, 나마, 내지, 넘어, 니, 니~니, 다, 다가, 대로, 더러, 도, 든지, 든지~든지, 들, 등, 따라, 따위, 때문,

---

2) 여기서 "회피"라는 단어를 쓴 것은 이것이 문제를 해결하는 것은 아님을 뜻하기 때문이다. 여기서 "연결 조사"로 분류된 소위 접속 조사들의 문제는, 이 책에서 전혀 다루지 않는 것은 아니라 하더라도 이 책의 주된 관심거리가 아니다.

ㄹ라믄, ㄹ랑, ㄹ랑은, ㄹ지언정, 라고, 라는, 라니, 라도, 라든 가~라든가, 라든지, 라든지~라든지, 라서, 란, 랑, 랑~랑, 랴~ 랴, 로, 로는, 로도, 로부터, 로서, 로써, 론, 마냥, 마는, 마다, 마따나, 마저, 만, 만은, 만치, 만큼, 말고, 말이야, 며~며, 밖에, 보고, 보다, 보담, 부터, 부텀, 뿐, 새려, 새로, 서, 서껀, 서부터, 설라무니, 설라믄, 설랑, 설랑은, 속에, 손, 시피, 써, 씩, 아래 에, 아네, 안으로, 앞에, 야, 야만, 야말로, 에, 에~에, 에게, 에 게다, 에게로, 에게서, 에까지, 에는, 에다~에다, 에다가, 에를, 에서, 에서부터, 에서처럼, 에의, 엔, 엔들, 엘, 엘랑, 와/과, 요, 우에, 은/는, 을/를, 의, 이다, 이/가, 이건, 이기로서니, 이든가, 이든가~이든가, 이면, 이사, 인가, 인가~인가, 인지, 인지~인 지, 조차, 중간, 지(之), 짜리, 째, 쯤, 처럼, 치고, 치고는, 치고 서, 커녕, 토록, 하고, 하고~하고, 하고는, 하며~하며, 한테, 한 테로, 한테서

남윤진(1997, 2000)은 말뭉치 자료의 분석에 기초하고 자신이 마련한 기준에 근거하여 이 가운데 "시피, 꾸나, 손, 서(어서, 고서, 면서), 설랑(은), (이)건, (이)기로서니, (이)나마, (이)든가, (이)니, (이)니~(이)니, (이)요, (이)라도(양보), 말로, 새로, 새려, 커녕, 써, 가지고/갖고(용언 활용형), 넘어, 가운데, 중간(에), 뒤 에, 앞에, 아래에, 우에, 안에, 안으로, 속에, 밖에(外에), 만(시 간), 곧, 내지, 및, 같이(동반) …" 등을 조사에서 제외하고 71종 의 단순조사와 452종의 복합조사를 추려내었다. 이 책에서는

"은커녕, 로써, 로서 …" 등의 일부 다중 형태소로 이루어진 조사를 제외하고는 복합조사를 인정하지 않는다.3) 또한 남윤진 (1997, 2000)이 추려낸 단순조사 71개를 모두 인정한다는 입장도 아니다. 남윤진이 조사로 인정한 "들, 씩, 껏, 마냥, 깨나, 께, 끼리, 꼴, 가량, 짜리, 째, 쯤, 마따나"는 논란의 여지가 있는 것으로서 이 책에서 다루는 조사의 범위에 들지 않는다.4)

이 책에서의 조사 분류를 위해 우리가 특히 눈여겨볼 만한 연구는 임동훈 2004이다. 여기서 그의 논의를 좀 상세히 들여다봄으로써 이 책의 조사 분류의 기초로 삼고자 한다. 우선 임동훈(2004)은 조사를 격조사와 특수조사로 나눈다.5) 그는 이어서 전자는 다시 문법격 조사와 의미격 조사로 나누고 후자는 후치사와 첨사로 나눈다. 우선 격조사의 두 부류를 살펴보자면, 문법격 조사는 의미적 관계와 무관한 통사적 관계를 표시하고 의미격 조사는 처소(location)나 도구(instrument) 같은 의미적 관계를 표시한다. 임동훈(2004)은 한국어에서 문법격 조사 (이/가, 을/를, 의)와 의미격 조사(에/에게, 에서, 으로/로, 와/과)의

---

3) 복합조사와 여러 조사들의 통사적 결합을 구별하는 기준에 대해서는 이규호 2001을 참고하라.

4) 이것이 곧 이들을 하나도 조사로 인정하지 않는다는 의미는 아니다. 다만 이들 요소들을 조사로 인정하는 데는 많은 논란이 있을 수 있으므로 이 책에서는 이들 요소들의 분포와 통합체계에 대해 다루지 않는다는 의미이다.

5) 임동훈(2004)의 논의에는 흔히 접속조사로 알려진 '와/과', '이랑', '이며', '하고' 등이 제외되어 있다. 이 책에서도 접속조사에 대한 논의는 미뤄 두고자 한다.

경계가 그리 선명하지 않다고 본다. 그럼에도 불구하고 그가 격조사를 문법격 조사와 의미격 조사로 나누는 이유는 이 둘이 서로 구별되는 특징적 속성을 갖고 있기 때문이다.

첫째, (5)에서 보듯 명사구 접속에서 문법격 조사는 전체 구성에 한 번 나타나지만 의미격 조사는 접속된 명사구 각각에 나타날 수도 있고 전체에 나타날 수도 있다.

   (5) ㄱ. 철수와 순희가, *철수가와 순희가
       ㄴ. 철수와 순희에게, 철수에게와 순희에게

둘째, 어떤 문장에 대응되는 명사구에서 문법격 조사인 '이/가, 을/를'은 생략되지만 의미격 조사는 그대로 유지되며, 특수조사와 결합할 때 의미격은 유지되나 문법격은 유지되지 못한다.

   (6) ㄱ. 철수가 순희와 연애를 한다.
       ㄴ. 철수(*가)의 영희와의 연애
   (7) ㄱ. 순이는 집에서도 활발하다.
       ㄴ. 철수는 순이의 손도/*손을도/*손도를 잡았다.

셋째, 문법격과 문법격은 중첩될 수 없으나 문법격과 의미격, 의미격과 의미격은 중첩될 수 있다. 이는 문법격과 의미격의 성격이 같지 않음을 잘 보여준다.

넷째, 문법격 조사는 아래에서 보듯 그 선행어의 의미역이 매우 다양하나, 의미격 조사는 그 선행어의 의미역이 대체로 제한된다.

(8) ㄱ. <u>철수가</u> 순희를 때렸다. [행위주]

ㄴ. <u>철수가</u> 순희에게 맞았다. [피해자]

ㄷ. <u>사람을</u> 죽이다[피해자], <u>나무를</u> 심다[대상], 회사를 다니다 [목표], 집을 나오다[시원]

이런 대조적 특성으로 보건대, 이른바 문법격 조사의 특징들은 일반적으로 구조격 조사의 특징이라 볼 수도 있다. 그런데 왜 임동훈(2004)은 굳이 문법격이란 용어를 택하고 있는가? 임동훈에 따르면, 예를 들어 '을/를'이 격 할당자라고 할 수 있는 후행 동사의 어휘적 속성과 무관하지 않다. 또 '이삿짐이 비를 맞았다'와 '이삿짐이 비에 맞았다'에서 '비'와 '맞다'가 이루는 구조적 형상이 다르다고 보기 어렵기 때문에 '을/를'의 할당을 구조적 형상에만 맡길 수는 없다. 즉 구조적 형상은 같을지라도 어떤 요소가 목적어인지 아닌지와 관련한 문법적 기능은 다를 수 있는 것이다. 또한 아래에서 보듯이 내포문의 서술어가 형용사이거나 피동사이면 'S-지' 뒤에 '이/가, 을/를'이 모두 올 수 있으나 내포문의 서술어가 타동사나 자동사(피동사 제외)이면 'S-지' 뒤에 '을/를'만 올 뿐 '이/가'는 오지 못한다. 아래 문장에서 'S-지'와 '않' 사이의 구조적 관계가 다르다고 볼 수는 없으므로 임동훈(2004)은 '이/가, 을/를'의 분포는 '않'이 드러내는 타동성의 정도나 이에 말미암은 'S-지'와 '않' 사이의 문법적 관계에 기인한다고 판단한다.

(9) ㄱ. 철수가 구두를 닦지를/*가 않아.

ㄴ. 철수가 집에 가지를/*가 않아요

ㄷ. 바람이 불지를/*가 않는군요.

(10) ㄱ. 순희가 얼굴이 예쁘지를/가 않아서.

ㄴ. 철수는 밥이 먹히지를/가 않았다.

ㄷ. 순희는 영화를 보고 싶지를/가 않았다.

(9)와 (10)에 나타나는 '이/가, 을/를' 사이의 대조는 분명 구조격을 전제로 해서 설명하기 어렵다.[6] 그러나 임동훈의 여러 가지 고려가 '이/가, 을/를, 의' 따위를 구조격으로 설정하는 것을 결정적으로 억제할 수 있는 것이라고 보기는 더더욱 어렵다. 예를 들어 '이삿짐이 비를 맞았다'와 '이삿짐이 비에 맞았다'에서 '비를'과 '비에'가 구조적으로 동일한 위치에 기저 생성되었을 수는 있다. 그러나 이들이 끝끝내 그 위치를 고수하지 않을 수도 있고, 실제로 현재의 최소주의 문법에서는 이들이 다른 위치에 있을 수 있음을 설명할 수 있는 기제를 제공하

---

6) 이것이 (9)와 (10)의 대조를 구조격으로 설명하는 것이 불가능하다는 것을 의미하지는 않음에 유의하라. 이들과 같은 장형 부정문에서의 주격/대격 인허 양상에 대한 일반적 논의로는 최기용(2009: 285~304)을 보라.

고 있기도 하다. 이 책의 관심이 '비를/비에 맞다'의 조사 교체를 다루는 데 있지 않으므로 이 문제를 더 깊이 다루기는 어려우나, 문법격/구조격 중에서 기꺼이 구조격을 '이/가, 을/를, 의' 등의 조사가 나타내는 격이라고 주장한다. 그리고 구조격이라는 개념이 이들의 분포를 설명하는 데 더 유용하다는 것도 논의가 진행되면서 더 분명해지리라고 생각한다.

또한 이 책에서는 임동훈(2004)의 의미격 조사들을, 전치사에 대응하는 후치사로 취급하고자 한다. 물론 이것도 용어의 문제에 지나지 않으므로 가볍게 넘길 수 있지 않겠느냐고 생각할 수 있다. 그러나 '의미격'이라는 용어가 생성문법의 '의미역'과 거의 동의어 취급을 받는다는 점을 생각하면 '에, 에게, 에서, 으로, 와/과' 등의 조사가 '의미격'만을 표시하지는 않으므로 의미격 조사는 적절한 용어라고 보기 힘들다.

이제, 임동훈(2004)의 특수조사들인 후치사와 첨사를 살펴보자. 임동훈(2004)이 후치사로 보는 요소들은 '까지, 부터, 조차' 등의 조사들로서 기원적으로, 보충어(complement)를 취하는 명사나 동사가 문법화한 것이거나 이와 유사한 통합 상의 특징을 보인다. 첨사는 지금까지 소개된 조사들 이외의 조사들로서 다른 조사들 모두에 후행한다. 임동훈(2004)에 따르면, 이들 특수조사들은 의미론적으로 선행어의 통사 범주가 무엇이든 그것과 잠재적 대립 관계에 있는 의미상의 자매 항목들을 배경으로 하여 선행어를 한정한다는 특징이 있다. 하지만 임동훈의 후치사는 잠재적 대립 관계에 있는 항목들의 집합에서 특정 항목을 선택해 이를 자신의 작용역으로 삼지만, 첨사는 상황에 대한 화자의 전제를 바탕으로 특정 상황을 표상하여 자신의 작용역이 선행 명사를 넘어 관련 상황에까지 이르게 된다는 차이가 있다. 결국 후치사와 첨사의 구분은 그 뒤에 다른 조사가 올 수 있느냐 없느냐 하는 분포 상의 차이와 아울러 이에 상응하는 의미상의 차이, 즉 그 작용역이 선행어에 국한되느냐 그렇지 않느냐의 차이에 의해서 뒷받침된다.

이런 논의들을 통해서 임동훈(2004)은 다음과 같은 조사 분류를 보여주고 있다.

(11) ㄱ. 문법격 조사: 이/가, 을/를, 의
    ㄴ. 의미격 조사: 에/에게, 에서, 으로/로, 와/과
    ㄴ'. 께서, 에서
    ㄷ. 후치사: 만^1, 까지, 다가, 밖에, 부터, 조차, 처럼, 같이, 보다, 만큼, 만^2, 뿐, 대로
    ㄹ. 첨사: 은/는, 이야/야, 도, 이나/나, 이라도/라도

용어의 문제와 이론적 입장의 차이를 제외하면 대체로 (11)과 같은 분류가 일정한 타당성을 갖고 있다고 할 수도 있다. 그런데 과연 후치사와 첨사의 구분이 임동훈(2004)이 제시한 의미적 차이를 기준으로 삼아야 될지는 매우 의심스럽다.[7] 이

---

7) 이는 그의 논의가 전혀 무의미하다는 의미가 아니다. 다만 그의 논의는 부

책에서는 이들 중에서 '까지, 부터'를 (11ㄷ)의 조사 부류에서 제외하며, '다가'는 '에'와 함께 '에다가'라는 조사의 일부로만 존재하는 요소로 여겨서 조사 목록에서 아예 제외한다. 그리고 '뿐, 만큼, 대로'는 의존 명사로만 다루어야 할지 조사로서의 지위도 인정할지가 문제이므로 이 책에서는 조사에서 제외한다. 또한 여기서 '만¹'과 '만²'는 각각 단독의 의미와 비교의 의미를 표시하는 다른 요소들인데, 이 책에서는 '만²'를 조사로 다루지 않는다. 이와 같이 조사들을 정리하고 나면 이 책에서 파악하고자 하는 조사의 부류는 다음과 같은 것이다.

(12) ㄱ. 부사격 조사: 에, 에게, 에서, 로, 하고, 한테 ……

ㄴ. 보조사 Ⅰ: 부터, 까지 ……

ㄷ. 보조사 Ⅱ: 밖에, 조차, 마저, 만, 나마 ……

ㄹ. 보조사 Ⅲ: 나, 은/는, 도, 야, 라도/이라도 ……

ㅁ. 구조격 조사: 이/가, 을/를, 의

위와 같은 분류는 국어학계에서 어느 정도 확립된 것이다. 이 책에서 추구하는 것은 이와 같은 조사의 부류를 더 세분하는 것이 아니라 일정한 기준에 따라 부류의 수를 줄이는 것이다. 우선 보조사 Ⅰ에 해당하는 조사들은 부사격 조사와 통합될 수 있을 것으로 보인다. 그 이유는 다음과 같이 보조사 Ⅰ에 해

분적인 진실만 담고 있는 것으로 여겨질 뿐이다.

당하는 요소들의 분포가 부사격 조사와 일부 중첩되기 때문이다(cf. 임동훈, 2004; 황화상, 2003).

(13) ㄱ. 학교에까지, 학교에서부터
　　 ㄴ. 학교까지에, 학교부터서

더 추가적인 자료 분석을 통해 이런 가설이 입증될 수 있다면 부사격 조사와 보조사 I은 후치사(postposition)로 통합될 수 있을 것이다.

보조사 II는 후치사에 통합되기는 어려울 것으로 보인다. 거기다 분포적 특징으로 볼 때 이들은 보조사 III과 통합되기도 어려울 것 같다. 하지만 이들이 부정 극성어(negative polarity item) 형성에 참여하고 작용역(scope)을 표시할 수 있다는 점으로 미루어 이들이 일종의 Q(quantifier) 요소일 가능성이 존재한다고 본다(cf. 최재웅, 1996).

(14) ㄱ. 철수는 책밖에 좋아하지 않는다.
　　 ㄴ. 모든 이만 동의하면 나도 따르겠소.
　　 (cf. 모든 이가 동의하기만 하면 나도 따르겠소.)

따라서 보조사 II는 다른 조사들과 공동의 부류를 이룬다기보다는 독립적인 부류를 이루는 것으로 보는 것이 합리적인 것으로 보인다. 물론 이러한 가설도 자료 분석과 검증을 통해 확립되어야 할 것이다.

보조사 Ⅲ에 속하는 조사들은 D에 속하는 부류들일 가능성
이 높다. 그렇게 볼 만한 증거들이 있는가? 예를 들어 김용하
(1999)는 우선 Ahn(1988)이 X-lim이라 명명한 일련의 보조사들
이 Watanabe(1992)가 D로 설정한 일본어의 조사들과 대응한다
는 점을 지적했다. 한정사에 대해 통사적으로 두 가지 구별되
는 위치가 있다고 하는 Jackendoff(1972)의 주장, 그리고 DP 구
조에 대한 Abney(1987)와 Murasugi(1991)의 분석에 기초해서,
Watanabe(1992)는 DP가 (27)의 구조를 가진다고 가정한다.

(15) ㄱ. *{Fred's/the/those/which} {some/any/no/each/all} dwarf(s)

ㄴ. {Fred's/the/those/which} {many/few/several} dwrafs

(16)

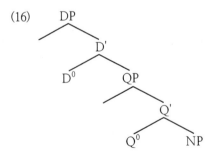

주지하다시피, (15ㄱ)의 양화사들은 관사, 지시사 같은 일련
의 한정사들과 공기할 수 없어서 강 양화사(strong quantifier)라 불
리며, (15ㄴ)의 양화사들은 그런 한정사들과 공기할 수 있어서
약 양화사(weak quantifier)라 불린다. Abney(1987)를 따라 Watanabe

(1992)는 강 양화사를 D에 속하는 것으로, 약 양화사를 Q에 속하는 것으로 취급한다. 그래서 그는 (16)과 같은 DP 구조를 결론적으로 내놓았다. 또한 비한정적 표현들이 진정한 양화사가 아니라 다른 무언가에 결속되는 자유 변항이라는 Kamp(1984)와 Heim(1982)의 제안을 채택하여 영어와 일본어의 양화사를 단일하게 설명하는 방법을 제안한다. 그에 따르면 일본어는 Kamp/Heim의 의미에서의 비한정적 표현들과, 진정한 양화적 효력(quantificational force)을 가지는 조사로써 다양한 양화적 표현들을 구성할 수 있다.

(17) ㄱ. Wh-어구: dare 'what', nani 'what', doko 'where', itsu 'when', naze 'why', dono NP 'which NP'

　　 ㄴ. 존재 양화사: dare-ka 'someone', nani-ka 'something', doko-ka 'somewhere', itsu-ka 'sometime', naze-ka 'for some reason', dono NP-ka 'some NP'

　　 ㄷ. 보편 양화사: dare-mo 'everyone', #nani-mo 'everything', doko-mo 'everywhere', istu-mo 'whenever', *naze-mo

　　 ㄹ. 부정 극성어: dare-mo 'anyone', #nani-mo 'anything', doko-mo 'anywhere', itsu-mo, *naze-mo, dono NP-mo 'any NP'

여기서 중요한 것은 위 목록에 들어 있는 조사들이 진정한 양화적 효력을 제공하고, 그리하여 한정사 범주를 구성한다는 것이다. 김용하(1999)는 한국어 양화 표현들이 일본어의 그것들과 대응한다는 것에 주목한다.

(18) ㄱ. Wh-어구: 누구, 무엇, 어디, 언제, 왜, 어느 NP

ㄴ. 존재 양화: 누군가, 무언가, 어딘가, 언젠가, 어느 NP인가

ㄷ. 보편 양화: 누구나, 무엇이나, 어디(에)나, 언제나, *왜나, 어느 NP나

ㄹ. 부정 극성어: 아무도, 아무것도, 아무데도, #언제도, *왜 도, 아무 NP도

일본어와 한국어의 이러한 상응을 감안하면 우리는 다음과 같은 DP 구조를 설정할 수 있다.

(19)

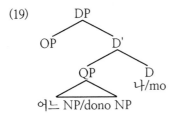

한국어의 보조사들이 D라는 또 다른 증거는 Kang(1988)으로 부터 나온다. 한국어의 당나귀/지정어-결속 구문(donkey/specifier binding construction)들을 설명하면서 Kang(1988)은 보조사 '이나' 가 비한정 명사구에 보편 양화 효력을 제공한다는 것을 보여 준다. 아래는 그의 예 중 하나이다.

(20) 어느 비행기ᵢ의 승객이나 그것ᵢ이 안전히 날기를 바란다.

여기서 Kang(1988)의 분석을 온전히 검토하지는 못할 것이
지만 '어느 비행기'와 대명사 '그것'의 결속 관계는 영어에서
지정어-결속이 작동하는 방식과 똑같이 이루어진다는 것이
Kang(1988)의 주장이다. 결국 이는 '이나'가 영어의 D와 같은
범주에 속한다는 것을 의미한다.

이에 더해 이 책에서는 구조격 조사들도 보조사 III과 하나의
부류를 이룰 가능성이 있다고 가정한다. 우선 구조격 조사 '이/
가', '을/를', '의'가 이들 보조사들과 대립하고 있다는 점, 즉
분포가 동일하다는 점을 들 수 있다. 구조격 조사와 분포 상
대립하는 보조사들은 다음과 같다.

(21) 는, 도, 이야, 이나, 이라도 …

이들 보조사들은 구조격 조사 '이/가', '을/를', '의'와 공기할
수 없는데 다음은 그 예들이다.

(22) ㄱ. 아버지께만{*은이/*이는/*이라도가/*이이라도} 이 옷이
     어울리신다.
   ㄴ. 아버지께만{은/이라도/이} 이옷이 어울리신다.
(23) ㄱ. 순희가 철수한테만{*은을/*을은/*이라도를/*을이라도} 사
     랑을 준다.

ㄴ. 순희가 철수한테만[은/이라도/을] 사랑을 준다.

(24) ㄱ. 그것은 철수한테만[*은/*은의/의는/*이라도/*이라도의/*의이라도]의 승리이다.

ㄴ. 그것은 철수한테만의 승리이다.

이처럼 구조격 조사들이 조사 결합 순서에서 D로 볼 수 있는 조사들과 동일하다면 이들은 D 범주에 속할 가능성이 아주 크다고 할 수 있다.

둘째, 보조사-III에 속하는 다른 요소들만큼 강한 것은 아니지만, 이들이 선행 명사구의 특정성에 일정한 영향을 미친다는 점을 들 수 있다(D.-B. Kim, 1993).

(25) ㄱ. 철수가 사과 세 개를 먹었다.

ㄴ. 철수가 사과 세 개 먹었다.

(25ㄱ)이 특정한 사과의 집합을 전제하지 않으면 발화할 수 없는 문장인 것은 아니지만, 특정적 해석이 가능한 것 또한 사실이다. 반면, (25ㄴ)은 비특정적 해석만 가능하다는 점에서 '-를'의 결합이 특정성과 관련이 있는 것만큼은 인정해야 할 것 같다. 이에 더해 '이/가'와 '을/를'은 Kuroda(2005)의 의미에서 '완전 열거 의미'(exhaustive listing reading)를 갖고 '은/는'은 대조의 의미를 갖는다. 이것은 임홍빈(1979)에서 배타적 대립과 비배타적 대립으로 지적된 바 있다.

(26) ㄱ. 철수와 영희가 학생이다.

　　　ㄴ. 철수와 영희는 학생이다.

이뿐만이 아니다. 목정수(2003)가 보여준 인구어 관사 체계와 구조격 조사 간의 대조는 구조격 조사가 D에 해당하는 요소임을 극명하게 보여준다.

(27) ㄱ. Un soldat français ne craint pas la fatigue

　　　　 a soldier French NE fear not the fatigue

　　　　 "A French soldier does not fear the fatigue."

　　　ㄴ. Le soldat français ne craint pas la fatigue

　　　　 the soldier French NE fear not the fatigue

　　　　 "The French soldier does not fear the fatigue."

(28) ㄱ. 그 정도로, 불란서 병사가 지쳐서야 되겠습니까?

　　　ㄴ. 원래 불란서 병사는 피곤이 뭔지 몰라요.

(27)의 문장들은 나폴레옹의 발화라고 한다. 이들 문장에서 정관사와 부정관사는 공히 총칭적 표현으로 쓰이고 있으나 (27ㄴ)의 정관사 'le'는 프랑스 병사들을 다른 나라의 병사들과 대조되게 만드는 특별한 효과를 갖는다고 한다. (28)의 두 문장은 (27ㄱ, ㄴ)에 대한 의역이라고 할 수 있겠다. (28ㄱ)에서 주격 조사 '가'의 의미 효과는 프랑스 어의 부정 관사에 상응하며, (28ㄴ)에서 화제 보조사 '는'은 프랑스 어 정관사가 가지는 것과

동일한 대조 효과를 가진다.

> (29) ㄱ. Il était une fois un prince très malheureux: le prince aimait une
> it was one time a prince very unfortunate the prince loved a
>
> belle   princesse qui ne l'aimait   pas
> beautiful princess who NE him-loved not
>
> "There once was a very miserable prince: The prince loved a
> beautiful princess who did not love him."
>
> ㄴ. 옛날에 (한) 임금이 있었어. 그런데 (그) 임금은 딸이 없었어.

(29ㄱ)의 선행 절은 존재 구문으로서 '왕자'의 존재가 신정보로서 도입되고 있는 반면 후행 절에서는 동일 실체가 정관사와 더불어 다시 언급되고 있다. 여기서 우리는 정관사와 부정관사가 일종의 상보적 분포를 보인다는 것을 알 수 있다. (29ㄴ)의 두 문장은 (29ㄱ)과 비슷한 한국어의 문장들이다. 여기서 첫 번째 문장은 '가'를 이용해서 '임금'의 존재를 신정보로서 도입하고 있다. 다른 한 편으로, 동일 실체가 그 다음 문장에서 다시 언급되었을 때에는 해당 명사구에 '은'이 결합되어 있다. 우리는 프랑스 어에서 본 상보적 분포를 다시 한 번 확인하게 된다. 만일 인구어의 관사들이 DP를 이끄는 핵이라고 한다면 이러한 분명한 대조들은 한국어의 구조격 조사도 동일한 D 범주의 핵이라고 할 충분한 증거가 된다 할 것이다.[8]

마지막, 보조사-Ⅲ에 해당하는 요소들과 구조격 조사들은

의문사 어구와의 결합 가능성에서 완전히 상보적 분포를 보여
준다(cf. 김용하, 1999).

(30) ㄱ. 누가 철수를 보았니?

　　 ㄴ. *누구는/도/나/라도 철수를 보았니?

이들이 동일한 분포 상의 요소이면서 의문사 어구와의 결합
양상에서 완전한 차이를 보여 주는 것은, 이들이 동일한 D이
면서 가지고 있는 특정한 자질의 차이에 기인한다고 설명하는
것이 합당할 것이다.

　정리하자면, 조사는 그 분포와 문법적 특성에 따라 다음과
같은 부류로 나누어 볼 수 있을 것이다.

(31) ㄱ. 후치사(postposition): (12)의 부사격 조사 + 보조사-I

　　 ㄴ. 양화첨사(Quantificational particle): (12)의 보조사-II

　　 ㄷ. 한정사(Determiner): (12)의 보조사-III + 구조격 조사

---

8) 대격 조사가 보여주는 관사와 상응한 효과는 여기서 제시하지 않는다. 자세
한 논의는 목정수 2003을 참고하라. 속격 조사는 문제가 조금 복잡한데,
예의 관사 효과를 보기는 힘들다. 하지만 속격 조사의 유무가 대조 자매항
이 무엇인지를 결정하는 효과를 보인다는 점이 이남순(1988)에 의해 지적
된 바 있고 존재 전제와의 상관성이 임홍빈(1981)에 의해 제시된 바 있다.
이러한 효과들 역시 관사/한정사에 전형적인 것임은 말할 나위가 없다.

제4장 조사는 핵인가?

'명사구 + 조사' 구성에서 조사가 핵의 지위를 차지하고 명사구가 조사의 보충어(complement)가 된다는 분석은 1980년대 말 이래로 상당한 설득력을 얻어 왔다(Ahn, 1988; 임동훈, 1991). 특히 국어학계에서는 이러한 조사구를 KP로 분석하자는 임동훈(1991)의 주장으로부터 대체로 조사구를 인정하는 분위기였다(최규수, 1994; 임홍빈, 1997). 그런데 이러한 흐름에 대해 한정한(2003)이 반기를 들고 나왔고 이에 대해 임동훈(2008)이 반박을 하고 엄홍준(2010), 한정한(2010)이 재반박을 하면서 명사구와 조사가 결합된 구성체의 핵이 무엇인지를 어떻게 결정하는 것이 옳은가 하는 문제를 두고 갑론을박이 진행되어 왔다. 이 장에서는 조사가 핵으로 분석되어야 한다는 임동훈(1991, 2008)

의 주장을 옹호하면서 (적어도 일부의) 조사가 '명사구 + 조사' 의 구성에서 핵이 될 수 없다고 하는 반론을 비판하고자 한다. 특히 이 장에서 비판의 대상으로 삼는 것은 한정한(2003, 2010) 의 주장들인바, 그의 주장 혹은 반론의 부당성을 명백히 밝힐 것이다. 또한 엄홍준(2010)의 반론이 어느 정도 일리가 있음에 도 불구하고 '명사구 + 조사' 구성에서 조사가 핵이 아니라는 것을 결정적으로 반박하는 것이 아님을 주장할 것이다.

1. 조사의 핵성과 관련된 쟁점들

임동훈(1991)은 핵에 대한 일반적인 논의를 바탕으로 격조사 를 핵으로 볼 수 있다는 적극적인 증거를 제시하면서 조사의 핵성을 옹호한다. 핵에 대한 일반적인 논의가 무엇인지는 다음 절에서 살펴보기로 하고 여기서는 그가 제시한 적극적 증거를 살펴보기로 한다. 우선 임동훈(1991)은 대부분의 격조사가 서 술어의 어휘적 속성에 따라 선택된다는 점을 지적한다.

(1) ㄱ. 씀바귀는 민들레와 비슷하다.

ㄴ. 그 옷은 내 마음에 들지 않는구나.

ㄷ. 점원이 사장처럼 군다.

(1)에서 보듯 '와', '에', '처럼' 등은 후행하는 서술어에 의해

선택되는데 만약 격조사를 핵이 아니라 부가어라고 한다면 이러한 선택관계를 설명하기가 어렵다.

둘째, 일부 격조사는 선행 명사구와 일치 관계를 보인다. 처격 조사 '에게'와 '에'는 선행 명사구의 유정성에 따라 교체되며, 주격 조사 '이/가'와 '께서'는 선행 명사구의 존칭성에 따라 교체된다.

셋째, 격조사는 선행 성분으로 올 수 있는 범주가 제약되어 있다. 즉 격조사는 그 선행 성분으로 NP나 KP만 취한다. 핵이 특정한 하위범주화 틀을 갖고 있다고 본다면 이처럼 제약된 선행 성분의 범주는 격조사가 핵임을 보여주는 증거가 될 수 있다.

그래서 조사구를 포함하는 한국어 명사구의 구조는 다음과 같은 구 구조 규칙과 표상으로 나타낼 수 있다(cf. 이정훈, 2008).

(2) ㄱ. KP → NP + K

　　ㄴ. KP → KP + K

　　ㄷ.

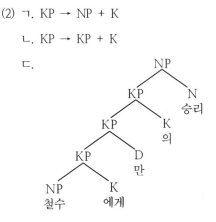

(2ㄷ)의 명사구에는 속격 KP가 포함되어 있고 이 KP가 전형적인 조사구 구조를 보여주고 있다. "철수에게"라는 하위 구성체와 "철수에게만의"라는 전체 구성체에 붙은 범주 명칭은 모두 KP지만 "철수에게"의 핵은 '에게'이고 "철수에게만의"의 핵은 '의'라는 점에 주목해야 한다. 결국 임동훈(1991)은 '만'과 같은 보조사는 자체의 투사를 이끌지 못한다고 보고 있어서 모든 조사가 언제나 핵이라고는 보지 않고 있다 할 것이다.

국어학계에서는 아마도 임동훈(1991)의 연구가 조사를 핵으로 보자는 최초의 논의일 것이다. 물론 생성문법에 입각한 연구로서 조사의 핵성을 주장한 것으로는 Ahn(1988)이 이미 존재하고 있었지만, 임동훈(1991) 이후로는 조사가 핵이라는 데 대해 암묵적이든 명시적이든 학계에 대체적인 동의가 있었다 할 수 있을 것이다. 그런데 10년 이상 시간이 흐른 후 한정한(2003)이 조사의 핵성을 주장하는 연구에 이의를 제기하면서 일부의 격조사만이 핵일 뿐 모든 격조사가 핵일 수는 없다는 주장을 들고 나왔다.

한정한(2003)은 우선 격조사를 논항 표시 조사와 부가어 표시 조사로 나눌 것을 제안하고 이 둘 중 부가어 표시 조사만이 핵일 수 있다고 주장한다. 다음을 고려해 보자.

(3) ㄱ. 아이들이 방에서 놀고 있다.

ㄴ. 아이들이 집에서 나갔다.

(3ㄱ)의 '방에서'는 어떤 식으로 보든 해당 문장의 서술어 '놀다'의 논항이라고 할 수가 없으며, 따라서 부가어일 것이다. 한정한(2003)은 이때의 '에서'를 독자적으로 '방'을 의미역/격 지배하는 핵으로 보며 그 범주는 후치사(postposition)라고[1] 분석한다. (3ㄴ)의 '집에서'는 출발점에 해당하는 의미역을 가진, '나가다'의 논항이라고 할 수 있다. 한정한(2003)은 이때의 '에서'가 '나가다'의 어휘개념구조(LCS; lexical conceptual structure)에 포함되어 있으므로 핵일 수 없다고 주장한다. 만일 위에서 살펴본 (1)의 밑줄 친 조사들도 논항 표시 조사라면 역시 핵일 수 없을 것이다.

이러한 한정한(2003)의 주장에 따르면 '에', '에서', '에게', '와' 등은 동반하는 서술어에 따라서 논항 표시 조사가 될 수도 있고 후치사가 될 수도 있다. 또한 한정한(2003)에 따르면 주격 조사 '이/가'와 대격 조사 '을/를' 그리고 속격 조사 '의'는 전형적인 논항 표시 조사이므로 결코 핵으로 등장하는 일이 없다. 따라서 한정한(2003)에 따르면 '철수에게만의 승리'라는 구성체는 다음과 같이 표상될 수 있다.[2]

---

1) 여기서 후치사는 인구어의 전치사(preposition)에 해당하는 요소라고 할 수 있다. 후치사에 대한 다른 방식의 정의는 임동훈 2004를 참조하라.

2) (4)에서 특기할 만한 점은 한정한(2003)이 보조사 '만'이 포함된 '철수에게만'이라는 하위 구성체의 범주를 PP로 보고 있다는 것이다. 한정한(2003)에 따르면 보조사는 논항을 취하는 함수자(functor)이지만 핵은 될 수 없다고 한다.

(4)

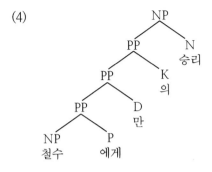

위와 같은 한정한(2003)의 반격에 대해 임동훈(2008)은 재차 반론을 재기한다. 임동훈(2008)에 따르면 한정한(2003)의 주장은 Jolly(1993)와 Van Valin·LaPolla(1997)의 역할·참조 문법(role and reference grammar)에 입각한 영어 전치사 분석에 기댄 바 크다. 이들의 역할·참조 문법 식 분석의 선악은 차치하고라도, 한국어 격조사의 핵성을 따질 때 영어 전치사와 같은 어휘 범주를 대상으로 제기된 논의를 국어에 바로 적용하는 것은 무리라는 것이 임동훈(2008)의 생각이다.3) 이러한 임동훈의 생각은 '에게'와 같은, 학교 문법에서 부사격 조사라 칭하는 일련의 조사들을 후치사가 아닌 격조사로 취급하고 있는, 조사에 대한 그의 체계와 관련이 있다고 볼 수 있다. 이에 더하여 임동훈 (2008)은 임동훈 1991에서 제시하지 않은, 격조사의 핵성을 지지하는 몇 가지 추가 증거를 제시한다. 우선 아래 (5)에서 보듯,

---

3) 임동훈(2008)의 비판 대상에는 김영희(1999ㄱ)의 분석도 포함된다. 하지만 논의의 일관성을 위해서 이 장에서는 한정한(2003)에만 집중하고자 한다.

격조사가 생략될 수 없는 경우나 격조사가 생략되면 그 분포나 문법적 기능이 달라지는 경우가 적지 않다

(5) ㄱ. 철수에게만의 승리
    ㄴ. *철수에게만 승리

임동훈(2008)에 따르면 (5)에서 '의'는 생략될 수 없을뿐더러 '철수에게만의'와 '철수에게만'의 분포와 통사적 기능이 다르다. 이는 격조사를 한정한(2003)처럼 부가어로 보아서는 설명하기 어려운 현상이다.

둘째 동일한 의미역에 대해 격조사가 교체되는 예들이 있다. 아래 (6)을 보라.

(6) ㄱ. 아이가 집에서/집을 나왔다.
    ㄴ. 그이가 술에서/술이 깼다.

위에서 '집'과 '술'은 모두 출발점 의미역을 지닌 것으로 해석되는데 의미역에 기반한 규칙으로는 이런 격조사 교체를 설명할 수가 없다. 임동훈(2008)은 '나오다'나 '깨다'의 어휘 내항에 'X-에서/을'이나 'X-에서/이'와 같은 격틀 정보가 있다고 보아야 한다고 주장한다.

셋째, 임동훈(2008)은 절이 보충어로 등장할 때 보문소를 핵으로 보듯이 이에 대응하는 조사도 핵으로 봄이 합리적이라고

주장한다. 아래 (7)이 대표적인 예이다.

(7) ㄱ. 기계가 *(고물이) 되었다.

   ㄴ. 기계가 못 쓰게 되었다.

(8) ㄱ. Lee's belief in extraterrestrials is misguided.

   ㄴ. Lee's belief that there are extraterrestrials misguided.

(7ㄴ)에서 '못 쓰게'의 '게'가 핵이라면 (7ㄱ)에서 '고물이'의 '이'도 핵으로 보는 것이 합리적이라고 주장하면서 임동훈 (2008)은 (8ㄱ,ㄴ)에서 'in'과 'that'이 핵 역할을 하는 것과 같은 맥락이라고 보고 있다.

한정한(2010)은 이와 같은 임동훈(2008)의 재반박에 다시 응대해서 자신의 주장을 굽히지 않는다. 그는 임동훈(2008)의 주장이 부당하다고 비판하면서 (5)와 같은 예에서 '의'의 실현이 필수적인 것은 '의'의 실현 여부에 대한 전반적인 고찰 위에서 설명되어야 한다고 주장한다.

(9) ㄱ. 여성 잡지, 컴퓨터 책상, 축구공 가방, 박정희 정부, 아침 산책

   ㄴ. 문제(의) 해결, 우주인(의) 비행, 교회(의) 종소리, 예루살렘(의) 성지, 인도(의) 간디

   ㄷ. 철수*(의) 승리, 마음*(의) 소리, 자연*(의) 노래, 사랑*(의) 힘, 평화*(의) 종소리

(9ㄱ)은 '의'의 실현이 불가능한 예들이고, (9ㄴ)은 '의'의 실현이 수의적인 경우이며, (9ㄷ)은 '의'의 실현이 필수적인 예들이다. 한정한(2010)은 '의'의 출현과 비출현에 대해 이런 전반적인 고찰에 의거하지 않고 단순한 예들끼리만 비교한 임동훈(2008)의 주장이 부당하다는 것이다.

한정한(2010)은 또한 의미역에 기반한 격 실현 이론으로도 '집에서/집을 나오다'의 차이를 설명할 수 있다고 주장한다. 그가 설정하는 격 실현의 방법은 다음과 같다.

(10) ㄱ. 의미역 위계에 의한 논항의 격 실현

ㄴ. 의미역에 의한 논항의 격 실현

ㄷ. 격 표지 또는 양태 조사에 의한 격 실현

한정한(2010)은 '집을 나오다'의 경우는 (10ㄱ)에 의한 격 실현이어서 '을'을 생략할 수 있지만, '집에서 나오다'의 경우는 (10ㄴ)에 의한 격 실현이어서 '에서'를 생략하면 해당 조사의 의미가 손상되어 버린다고 본다.4)

마지막으로 한정한(2010)은 '되다' 구문의 두 번째 성분의 주

---

4) 필자는 한정한(2010)의 이러한 격 실현 기제에 결코 동의하지 않는다. 하지만 한정한(2010)의 주장을 비판하기 위해서는 의미역과 격 실현에 대한 전반적인 논의를 해야 하므로 이 장에서는 이 격 실현 문제에 대한 비판을 삼가고자 한다. 물론 이렇게 비판을 삼가는 것은 굳이 이 문제를 언급하지 않고도 격조사의 핵성을 부인하는 입장을 충분히 비판할 수 있기 때문이기도 한다.

격 조사는 생략될 수 있으므로 핵이 아니라고 주장한다. 임동훈(2008)의 주장대로 "못 쓰게 되었다"의 '게'는 생략될 수 없으므로 핵일 수 있지만, "이 기계가 고물이 되었다"에서 '고물이'의 '이'는 생략될 수 있으므로 핵이 아닌 것이다.5)

(11) 이 기계 고물 됐다.

한정한(2010)은 논항을 표시하는 조사인 한 통사 핵이 될 수 없다는 자신의 입장을 이처럼 군건히 견지한다.

한편, 임동훈과 한정한 간의 논쟁에 이어서 엄홍준(2010)도 다른 격조사는 몰라도 구조격 조사는 핵이 아니라고 하면서 논쟁에 끼어든다. 그는 임동훈(1991, 2008)이 제시한 조사의 예들이 이른바 부사격 조사들인바 이들 조사들은 특정 서술어가 선택하는 구의 핵이라 인정할 수 있다고 한다. 즉 아래에 다시 인용된 (1)의 예들에서 밑줄 친 조사들이 핵임을 인정받을 수 있는 조사라는 것이다.

(12) ㄱ. 씀바귀는 민들레와 비슷하다.

　　ㄴ. 그 옷은 내 마음에 들지 않는구나.

　　ㄷ. 점원이 사장처럼 군다.

---

5) 한정한(2010)은 학교 문법의 체계대로 이 경우 '고물이'의 '이'를 주격 조사가 아닌 보격 조사로 보고 있다. 필자는 이를 보격 조사로 보지 않지만 이 또한 자세히 다루지 않는다.

하지만 구조격 조사들의 경우에는 특정 서술어가 해당 격조사가 이끄는 구를 선택한다고 보기 어렵다. 왜냐하면 아래 예들에서 보듯 상이한 범주와 의미역을 가진 요소가 구조격 조사인 대격 조사와 결합할 수 있기 때문이다. 이들 예의 대격 조사가 특정 의미역과 결합하는 고유격의 경우라 보기는 어렵다.[6]

(13) ㄱ. 철수가 영희를 안다.

　　 ㄴ. 철수가 영희가 떠났음을 안다.

　　 ㄷ. 철수가 그것을 안다.

사정이 이와 같다면, 구조격 조사는 해당 명사구의 격을 표시하는 역할을 할 뿐, 자체의 투사를 이끈다고 보기 힘들기 때문에 핵성을 인정할 수 없다는 것이 엄홍준(2010)의 주장이다.

지금까지 조사의 핵성과 관련한 주요 쟁점들을 살펴보았다. 아래의 절들에서는 조사의 핵성을 부정하는 입장들을 비판하고 조사를 핵으로 보는 것이 옳다는 입장을 옹호하고자 한다.

---

6) 최동주(1997) 역시 비슷한 이유로 격조사의 핵성을 거부한다.

2. 핵, 투사체, 그리고 분포

격조사가 핵임을 주장하는 임동훈(1991, 2008)을 비롯하여 한정한(2003, 2010), 엄홍준(2010) 등은 기존 연구들의 검토를 통해 정립된 핵의 특성을 공통적으로 전제하고 있다. 기존 연구들에서 정립된 핵의 특성은 임동훈(1991)에 따라 다음과 같이 제시될 수 있다.

(15) ㄱ. 핵의 분포는 전체 구성의 그것과 동일하다.
　　 ㄴ. 핵은 수의적 성분이 아니라 필수적 성분이다.
　　 ㄷ. 핵은 수식하거나 한정하는 성분이 아니라 수식받거나 한정받는 성분이다.
　　 ㄹ. 핵은 전체 구성의 형태·통사적 자질을 결정한다.
　　 ㅁ. 핵은 지배와 호응의 중심 성분이다.
　　 ㅂ. 핵은 함수자(functor)로서 논항을 취한다.
　　 ㅅ. 핵은 그 통사적 출현 환경이 제약되어 있다.
　　 ㅇ. 핵은 X^0의 범주로서 자신의 어휘적 속성에 따라 투사하여 통사적 구성을 형성한다.

(15)에 제시된 핵의 특성들은 언어학에서 논의되어 온 것들을 잘 정리하여 내어놓은 것이라 할 수 있다. 그런데 어찌 된 일인지 임동훈(1991, 2008)도 한정한(2003, 2010)도 (15ㄱ)을 핵심적인 정의에서 제외시킨다. 특히 한정한(2003)은 분포 차이

의 원인이 비통사적일 때는 (15ㄱ)에 문제가 있다는 의견을 피력한다.[7] 과연 통사체(syntactic object)의 분포 차이의 원인이 비통사적인 경우가 존재하긴 하는가? 한정한(2003)은 최경봉(1999)을 인용해서 '시멘트 바닥'이나 '소금 물'과 같이 속성-대상의 의미 관계로만 구성 성분들이 결합되면 이 구성 사이에 '의'나 다른 수식어들이 삽입될 수 없음을 언급하고, '마음의 소리, 자연의 노래' 같은 예들처럼 후행 명사의 의미 특성이 추상성을 띠고 있거나 그렇게 해석되는 경우에는 '의'의 실현이 필수적이라고 지적한다. 한정한(2003)은 이러한 최경봉(1999) 식의 설명에 분명한 호의를 보이고 있는바, 이런 식의 설명이 그의 입장이라고 봐도 무방할 것이다. 따라서 한정한은 '*시멘트의 바닥'에서 '시멘트의'라는 속격 조사 결합형이 불가능하고 '시멘트'라는 속격 조사 부재형만이 가능하다는 분포적 차이가 의미적인 원인에 기인한 것이라고 주장할지 모른다. 그러나 필자는 이것이 속격 조사 결합형과 속격 조사 부재형의 분포 차이를 진실로 설명하는 방법이 결코 될 수 없다고 본다. 만일 속격 조사의 출현이 구조와 관련되어 있고 해당 구조에 따라서 의미 해석이 달라질 수 있다는 분석이 가능하다

---

7) 임동훈(1991)은 (15ㄱ)이 기능 범주를 구명하는 데 무력하고 어휘 범주에서도 전치사구는 다른 어휘 범주들과 달리 이심적 구성(exocentric construction)으로 분류되는 문제가 있다고 하면서 (15ㄱ)을 핵심적인 정의에서 배제한다. 필자는 왜 (15ㄱ)이 기능 범주를 구명하는 데 무력한지 이유를 알지 못하겠다. 또한 전치사구의 이심성은 Bloomfield(1933) 시대의 문법 분석이 가진 한계 탓이라 할 수 있으므로 적절한 이유가 될 수 없다.

면 그것이 더 나은 설명이 될 수 있을 것이다. 속격 조사가 있을 경우와 없을 경우를 구조의 차이로 포착하고자 한 김용하 (1990)의 분석이 한 예가 될 수 있을 것이다.8)

(16) ㄱ. 전라도의 모든 남자

ㄴ. 모든 전라도 남자

(17)

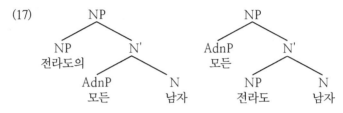

김용하(1990)는 속격이 겉으로 드러나지 않은 NP가 명사의 수식어가 될 경우 보충어 위치에 생성되고 속격이 겉으로 드러난 NP가 명사의 수식어가 될 경우 지정어 위치에 생성된다고 보았다. (16a)와 (16b) 간의 의미 차이는 바로 이러한 NP 위치에 의한 것으로서 (17a)의 구조를 가진 '전라도의 모든 남자'에는 '전라도에 사는 경상도 남자'가 포함될 수 있으나 (17b)의 구조를 가진 '모든 전라도 남자'에는 '경상도에 사는

---

8) 혹자는 (17)이 필수 구 구조 이론으로 포착될 수 있는지 의심스러울지도 모른다. 이 시점의 논의가 반드시 최소주의 프로그램을 전제로 하고 있지는 않으므로 (17)의 구조는 전통적인 X'-식형에 따른 것으로 보면 될 것이다. 다만 편의상 아주 세부적인 부분—예를 들어 (17ㄱ)의 '모든'은 부가어이지 보충어가 아니다—에 대한 논의는 생략한다. 최소주의 하에서의 한국어 속격 실현 문제는 김용하 1999를 참조하라.

전라도 남자'도 포함될 수 있는 것이다. 이러한 의미 해석과 관련해서 우리는 다음과 같은 일반화를 할 수 있을 것이다.

(18) N의 보충어 위치에서 전형적으로 해석되는 의미와 N의 지정
   어 위치에서 전형적으로 해석되는 의미는 다를 수 있다.

물론 (18)로써 핵 명사 앞 명사구와 핵 명사 간의 의미 관계를 모두 설명할 수는 없을 것이다. 하지만 (18)과 같은 일반화, 그리고 (17)의 구조를 통한 (16)의 의미 규명은 구조의 파악이 의미 관계 규명에 선행해야 한다는 것을 잘 보여주는 예라 할 수 있을 것이다.

한정한(2003)의 입장이 가지는 불합리함은 여기에 그치지 않는다. 그는 '철수에게만'과 '철수에게만의' 간의 분포 차이를 통사 범주의 차이로 보지 않으려고 애쓴다. '철수에게만의 승리'에서 '의'가 출현하지 못하는 것은 아마도 한정한(2003)에 따르면 아래에 다시 인용된 (9c)의 예들과 동일한 이유 때문이라고 보아야 할 것이다.

(19) 철수*(의) 승리, 마음*(의) 소리, 자연*(의) 노래, 사랑*(의)
   힘, 평화*(의) 종소리

필자는 '사랑의 힘'과 '철수에게만의 승리'를 두고 수식어-핵 명사 의미 관계를 어떤 점에서 한데 묶을 수 있는지 도통 알지

못하겠다. 필자는 한정한(2003, 2010)이 다음과 같은 예들을 자신의 분석 틀 안에서 설명할 수 있을지 무척 의심스럽다.9)

(20) ㄱ. 철수가 도시에서 탈출했다.
ㄴ. 철수의 도시에서의 탈출
(21) ㄱ. 철수가 도시를 탈출했다.
ㄴ. 철수의 도시(의) 탈출

(20ㄱ)에서 '도시에서'와 '탈출하다'가 맺고 있는 의미 관계가 (20ㄴ)에서 '도시에서의'와 '탈출'이 맺고 있는 의미 관계와 다르다고 볼 수는 없을 터, '에서'는 '탈출'의 LCS(어휘개념구조)로부터 예측 가능할지 모르나 '의'의 출현은 예측 가능하다 할 수 없다. (21ㄱ)과 (21ㄴ)도 일정한 대칭성을 보이는바, 여기서는 왜 '의'의 출현이 필수적이지 않은가? 한정한(2003, 2010)과 같은 의미론적 접근법이 납득할 만한 설명을 내놓을 수 있지는 않을 것 같다.

한정한(2003, 2010) 식의 분석은 아주 근본적으로, 다음 예들의 문법성 차이를 설명하는 데도 곤란을 겪을 것이다.

(22) ㄱ. 순희가 철수에게만 열렬히 사랑을 주었다.

---

9) (20b)는 "격이란 종속 명사가 그 핵에 대해 지니는 관계 유형을 표시하는 체계이다"라는, 한정한(2003, 2010)이 금과옥조처럼 여기는 격의 정의에도 어울리지 않는다. '도시에서'는 이미 핵에 대해 종속 명사가 지니는 관계 유형이 표시되어 있으므로 '의'가 전혀 필요하지 않기 때문이다.

ㄴ. *순희가 철수에게만의 열렬히 사랑을 주었다.

(22ㄱ)의 비문법성은 무엇 때문인가? 한정한(2003)은 '철수에게만'과 '철수에게만의' 간의 차이를 명사구 내부에만 국한해서 논의하면서 자신의 주장을 강변하고 있으나 그 논리로서 (22ㄱ)과 (22ㄴ)의 차이를 설명할 수 있을 것 같지는 않다. 이 두 문장의 문법성 차이를 가장 간단하게 설명하는 방법은 '의'가 해당 구성체의 핵이고, 이 핵의 특성 때문에 분포의 차이가 있다고 얘기하는 것이다.

(15)에 제시된 핵의 특성들 중에서 한정한(2003)은 (15ㄴ)과 (15ㅂ)을 가장 중요한 기준으로 삼고 있다. (15ㄴ)은 모르겠으되, 과연 (15ㅂ)이 (15)의 다른 모든 정의를 제쳐두고 인정되어야 할 만큼 중요한 기준인지는 매우 의심스럽다. 한정한(2003)이 (15ㅂ)을 주요한 기준으로 삼겠다고 언명한 것은 의미 중심의 문법 이론을 전개하겠다고 선언하는 것이나 마찬가지이다. 또한 한정한(2003)은 투사하지 않는 범주는 핵이 아니라는 상당히 해괴한 주장을 펼치고 있다. 그래서 그에 따르면 한국어의 감탄사, 접속어, 관형사 등은 투사를 하지 않으므로 결코 핵이 될 수 없다. 우리는 이러한 주장을 받아들일 수가 없다. 왜냐하면 핵의 개념은 사실 상대적인 것이기 때문이다. 다음을 고려해 보자.

(23) ㄱ. This book is mine.

ㄴ. This is my book.

(23ㄱ)에서 'this book'은 DP이고 'this'는 함수자이자 핵이다. (23ㄴ)에서 'this'는 DP를 이끄는 핵이자 그 자체로 최대 투사이다(Chomsky, 1994). (23ㄴ)에서 'this'는 무엇에 대한 함수자이며 그 논항은 무엇인가? 이에 대한 답은 쉬운 문제가 아닐 것이다. 또한 한정한이 결코 핵이 될 수 없다고 한 감탄사나 관형사도 자신 이외의 수식어와 함께 구를 형성하는 경우가 있다.10)

(24) ㄱ. 하느님 맙소사! 부처님 맙소사!
　　 ㄴ. 아이고 데이고
(25) [아주 새] 책, [매우 헌] 집

이와 같이 볼 때, 필자는 (15ㅂ)이야말로 가장 불확실한 핵의 특성이다. 한정한(2003)은 의미 해석의 문제와 통사 구조의 문제를 동일시하는 오류를 범하고 있다. 어떤 통사체의 범주적 성격을 결정하는 가장 확실한 방법은 분포에 의거하는 것이다. 이런 의미에서 (15ㄱ)은 어떤 통사체의 핵을 결정하는 가장 중요한 기준이어야 할 것이다.11)

---

10) 핵 개념의 핵심이 무한 귀환(infinite recursion)의 보장이라고 한다면 (24)의 예들이 제한적인 것이 아니냐고 지적할 수도 있다. 필자는 무한 귀환성이 통사 구조 구축의 속성이지 어떤 핵이 반드시 그것을 보장해야 한다고 보지는 않는다.

3. 마무리

어떤 학문적 논쟁이 생산적인 것이 되려면 논쟁의 과정에서 어떤 중요한 본질적 반성이 이루어져야 할 것이다. 이런 점에서 조사의 핵성을 두고 근래에 벌어진 논쟁은 한국어 조사의 본질이 무엇인지에 대한 고민으로 이끈다는 점에서 매우 생산적인 논쟁이라고 할 수 있을 것이다. 이 장은 조사의 핵성과 관련된 근래의 이러한 논쟁에서 중요한 쟁점들이 무엇인지를 제시하고 조사를 핵으로 취급하는 접근법이 옳다는 것을 주로 한정한(2003, 2010)의 주장을 반박하면서 보여주려 했다. 그런데 한 가지 간과하지 말아야 할 것은 이 장에서의 반박으로 인해 한정한(2003, 2010)의 주장 혹은 분석이 완전히 무의미한 것이 되는 것은 아니라는 점이다. 그의 주장 혹은 분석은 어떤 특정한 이론 모형을 전제로 했을 때는 충분히 옳은 것이 될 수 있을지도 모른다. 이를 염두에 두고서 이 장에서 논의한 바를 요약하여 결론으로 삼고자 한다.

첫째, 조사를 핵으로 취급할 수 있는가 하는 문제는 핵의 특성을 어떻게 정의하느냐 하는 문제와 관련이 깊은데, 이 장에서는 핵과 그 투사체의 분포가 동일하다는 것을 가장 기준이

---

11) 만일 의미 해석으로 통사 구조를 결정해야 한다면 'a red hat' 같은 구성체는 등위 접속으로 표상되어야 할지도 모른다. 왜냐하면 이 구성체의 의미를 가장 효과적으로 드러내는 방법이 등위 접속 구조이기 때문이다(cf. Cormack·Smith, 2005).

되는 특성으로 보는 것이 옳다는 것을 보여주었다.

둘째, 통사 구조를 의미 해석에 기초해서 해명하려는 시도는
성공적일 수 없다는 것을 특히 속격 조사 '의'의 출현 여부와
관련해서 파악할 수 있었다.

제5장 조사구 그리고 조사들의 통합관계

　한국어의 명사구 구조를 논하기 위해서는 명사의 후접 요소들인 조사의 분포를 따지고 그 통합체계를 분석하는 것이 필수적인 일이다. 이 장에서는 한국어의 명사구 구조를 파악하는 작업의 일환으로 조사의 분포와 통합체계를 밝히고자 하는바, 흔히 부사격 조사라 불리는 일련의 조사들의 분포적 특징에 기초하여 명사 후접 요소를 중심으로 한 명사적 투사체(nominal projection)[1]의 구조와 분포를 해명하고자 한다. 이 장에서 명사구라는 용어보다 명사적 투사체란 말을 선택한 것은 앞장들에서 살펴본 바와 같이 이 책이 명사구의 투사를 범주 N의 투사

---

　1) '명사적 투사체'와 '동사적 투사체'란 용어에 대해서는 2장을 참조하라.

가 아니라 D의 투사로 보는 생성문법의 일반적인 분석(Abney, 1987; Fukui·Speas, 1986)과, 명사구와 조사의 결합에서 조사를 핵으로 분석한 국어학의 연구 성과들(임동훈, 1991; 김용하, 1999; 임홍빈, 1999; 이정훈, 2004, 2007)을 받아들이기 때문이다. 그런데 이처럼 조사를 명사적 투사체의 핵으로 볼 경우, 특히 부사격 조사와 관련하여서는 다음과 같은 의문이 제기될 수 있다.

(1) 한국어의 부사격 조사를 인구어 전치사에 대응하는 후치사로 볼 수 있는가?

부사격 조사가 결합된 구성체들의 문법 기능이나 의미를 살피면 (1)의 의문에 대한 응답은 긍정적인 것이 될 수 있다. 실제로, 반드시 인구어 전치사에 대응하는 P라는 범주를 설정하지는 않지만 위에서 언급된 많은 국어학계의 연구들에서 부사격 조사를 P와 유사한 요소로 다루고 있다.

그런데 부사격 조사가, 후핵 언어(head-final language)인 한국어에서 명사의 후접 요소로 나타나는 후치사라고 할 때 우리는 한 가지 난점과 만나게 된다. 즉 일반적으로 전치사가 이끄는 전치사구가 명사(구)를 수식할 수 있는 인구어와 달리, 한국어에서는 후치사가 이끄는 구성체가 그 자체로는 명사(구) 수식어가 될 수 없다는 것이 그것이다. 이에 우리는 다음과 같은 의문을 제기할 수 있다.

(2) 부사격 조사구가 PP라면 왜 그 자체만으로는 명사구 수식어
　　가 될 수 없는가?

　부사격 조사구가 그 자체만으로 명사구 수식어가 될 수 없
다는 것은 부사격 조사가 연결된 구성체가 명사구 수식을 아
예 할 수 없다는 의미가 아니다. 하지만 부사격 조사구가 명사
구 수식에 참여하기 위해서는 반드시 속격(혹은 관형격) 조사
'의'의 도움을 받아야 한다. (2)는 곧 부사격 조사구가 왜 관형
격 조사 '의'의 도움을 받아야만 명사구 수식어가 될 수 있는가
하는 의문으로 환원되며, 궁극적으로는 (3)과 같은 의문에서
답을 구해야 할 것이다.

　(3) 속격 조사 '의'는 어떤 기능을 하는가?

　이러한 의문들에 대해 대답하기 위해서 이 장에서는 한국어에
명사적 수식(관형성)과 동사적 수식(부사성)의 구별이 존재한다는
점에 착안할 것이다. 이 장에서 제시되는 논증을 통해 위의 의문
들에 대한 일정한 해답을 얻게 되면 이는 명사구 후접 요소가
명사적 투사에서 어떤 위치를 차지하는가 하는 의문에 실마리를
제공할 것인바, 우리는 다음의 의문에 대해서도 답을 얻게 될
것이다.

　(4) 보조사와 구조격 조사는 자체의 투사를 갖는가?

1. 부사격 조사의 범주

한국어에는 전통적으로 부사격 조사라 불리는 일련의 조사들이 있다(cf. 최현배, 1937). 아래 문장들에서 밑줄 친 요소들이 대표적인 부사격 조사들이다.

(5) ㄱ. 철수가 고향<u>에서</u> 떠났다.

　　ㄴ. 순희가 철수<u>에게</u> 책을 주었다.

　　ㄷ. 철수가 감기<u>로</u> 앓는다.

　　ㄹ. 순희가 학교<u>에</u> 다닌다.

(6) ㄱ. Tom left <u>from</u> his hometown.

　　ㄴ. Jane gave a book <u>to</u> Tom.

　　ㄷ. Tom suffers <u>from</u> a cold.

　　ㄹ. Jane goes <u>to</u> school.

(5)의 한국어 예문에 대응하는 (6)의 영어 예문으로부터 확인할 수 있다시피, 부사격 조사들이 의미상·기능상 인구어의 전치사와 유사하기 때문에 일부 연구자들이 이들을 전치사에 대응하는 후치사로 취급하는 경향이 있다(cf. Ahn, 1988; 김용하, 1999). 이런 의미상·기능상의 유사점과, 영어와 한국어가 서로 거울 영상(mirror image) 언어임을 고려한다면 (5)의 밑줄 친 조사들을 후치사로 취급하는 것이 불합리해 보이지는 않는다. 그러나 부사격 조사를 전치사와 비교할 때 간과해서는 안 되는

점이 있으니, 그것은 곧 영어(혹은 인구어)의 경우 전치사의 보충어(complement) NP/DP가 형태론적인 격 표시가 된다는 점이다. 예를 들어, 격 이론을 정립한 Chomsky(1981)는 전치사가 자신의 보충어 NP/DP에 사격[2]을 부여한다는 격 부여 원리를 제시한다.[3]

(7) NP는 P에 지배되면 사격이다(Chomsky, 1981: 170).

(8) [P [NP]]
    격 부여

각주 2에서 밝혔다시피 영어의 경우에는 전치사의 보충어 NP/DP에 실현되는 격이 대격이다. 어쨌든 (7)은 P 자체가 격을 부여하는 요소로서 그 보충어 NP/DP에 따로 격이 실현된다는 것을 의미한다. (7)에 의하면 한국어의 부사격 조사들이 P라 할 경우 이들도 (9)에서처럼 자신의 보충어 NP/DP에 사격/대격을 부여해야 할 것이다.

---

2) 사격(oblique case)은 원래 고대 그리스어 문법에서 주격 이외의 격들을 통틀어 가리키는 말이었지만(cf. Blake, 1994), 아래 (7)에서 사격은 구조격인 주격, 대격, 속격 이외의 격들을 가리키는 것으로 이해되어야 한다.

3) (7)은 일반적이고 원칙적인 격 부여 원리이다. 영어는 형태론적 격이 빈약하기 때문에 대명사만이 대격으로 곡용을 하는바, 전치사의 보충어 NP/DP에는 대격이 실현되는 것으로 봐야 한다(Chomsky, 1981: 172).

(9) [[NP] P]

격 부여

우리가 현재 한국어의 부사격 조사가 P에 해당하는 후치사라고 가정한다는 점을 상기하자. 격 여과 때문에 NP/DP가 반드시격을 받아야 한다면, 그리고 (9)에 의해 부사격 조사의 보충어명사구에 격이 부여된다면 그 격은 어떻게든 실현되어야 할것이다. 그러나 (5)의 예들에서 보듯, 후치사의 보충어 명사구에는 어떤 격도 표시되어 있지 않다(cf. 오충연, 2001: 57~58).

(9)에서 보충어 NP/DP가 어떻게든 격을 부여받았다고 분석할 수 있는 방법은 없을까? 다행스럽게도, 한국어에서는 전치사의 보충어 NP/DP뿐만 아니라 주어, 목적어, 관형어와 같은논항 NP/DP들이 아무런 표면적 격 실현 없이 나타날 수 있는데, 이를 안병희(1966), 이남순(1988)은 부정격(indefinite case)이라 부르고, 민현식(1982), 김영희(1991), 김용하(1999)는 무표격(unmarked case)이라고 불러 격이 아예 부여조차 되지 않은 것은아니라는 입장을 취한다.

(10) ㄱ. 철수∅, 학교에 갔어요? (무표 주격)

ㄴ. 순희도 그 책∅ 샀어. (무표 대격)

ㄷ. 나는 순희∅ 얼굴이 마음에 들더라. (무표 속격)

이처럼 무표격 NP/DP가 나타날 수 있는 한, (5)에서 부사격 조사들과 결합한 NP/DP도 역시 무표격으로 나타난 것이 아니라고 일방적인 주장을 할 수는 없을 것이다. 이들 NP/DP가 무표격으로 나타난다면 (5)는 (11)과 같이 표시할 수 있을 것이다.

(11) ㄱ. 철수가 <u>고향</u>∅에서 떠났다.

  ㄴ. 순희가 <u>철수</u>∅에게 책을 주었다.

  ㄷ. 철수가 <u>감기</u>∅로 앓는다.

  ㄹ. 순희가 <u>학교</u>∅에 다닌다.

그러나 문제는 이처럼 간단하지 않다. (10)에서 밑줄 친 무표격 NP/DP들은 외현적으로 격이 실현되어서 나타날 수도 있는 반면, (11)에서 밑줄 친 무표격 NP/DP들은 외현적으로 어떤 격도 실현되어서 나타날 수 없기 때문이다.

(12) ㄱ. 철수가 학교에 갔어요?

  ㄴ. 영희도 그 책을 샀어.

  ㄷ. 나는 영희의 얼굴이 마음에 들더라.

(13) ㄱ. *철수가 고향이/을/의에서 떠났다.

  ㄴ. *순희가 철수가/를/의에게 책을 주었다.

  ㄷ. *철수가 감기가/를/의로 앓는다.

  ㄹ. *순희가 학교가/를/의에 다닌다.

이처럼 부사격 조사의 보충어 명사구에 격이 실현될 수 없다는 사실은 부사격 조사와 보충어 명사구 간의 결합 관계가 전치사와 그 보충어 명사구 간의 결합 관계와 다르다는 것을 말해준다.[4] 오히려 한국어에서는 부사격 조사 뒤에 구조격 조사가 연결될 수는 있다(cf. 김영희, 1999ㄱ; D.-W. Yang, 1996).

(14) ㄱ. 손님이 의자<u>에를</u> 앉는다.
　　 ㄴ. [?]그 공장<u>에가</u> 불이 났다.

부사격 조사를 P에 해당하는 후치사로 취급할 경우 (14)와 같은 예들에서는 후치사구에 어찌하여 구조격 조사가 다시 연결되는가 하는 문제가 발생한다. 이런 문제를 해결하는 한 가지 방법은 부사격 조사를 P에 해당하는 후치사로 보기보다 일종의 격 표지로 보는 것이다.[5] 격이 전통적으로 의미격과 문법격(cf. Fillmore, 1968; Blake, 1994), 혹은 어휘격과 구조격으로 분

---

4) 한국어의 명사 후접 요소들 사이의 결합 순서에 제약이 있다는 것은 널리 알려진 사실이다. 부사격 조사가 명사에 가장 가깝게 결합하고, 그 뒤를, I.-S. Yang(1972)의 용어를 빌리자면, X-lim, Y-lim, Z-lim 조사들이 뒤따른다. 이는 (13)의 예들이 이러한 후접 요소들 사이의 결합 순서 제약을 어긴 것이라고 치부될 수도 있다는 것을 뜻한다. 그러나 결합 순서 제약과 같은 표면 제약만으로 (13)의 비문법성을 설명하는 데는 한계가 있다. 이 점은 바로 아래에서, 그리고 3절에서 더 논의될 것이다.

5) '부사격 조사'라는 전통적인 명칭에 '격'이 포함되어 있음에 주목하라. 이러한 명칭은 부사격 조사라 불리는 일련의 조사들이 자신들과 결합하는 명사구를 '부사어'라는 문장 성분으로 만들어준다는 점에 착안하여 붙은 것이다(cf. 최현배, 1937). 따라서 전통적인 명칭에 붙은 '격'은 대단히 느슨한 개념임을 주의해야 한다.

류된다는 점을 감안하여 부사격 조사들은 의미격 혹은 어휘격을 표시하고 그 외 구조격 조사들은 문법격/구조격을 표시하는 것이라고 보는 것이다.6) 실제로, 논의에 다소 차이는 있지만, 이정훈(2004, 2007), 임동훈(1991, 2008), 임홍빈(1999)이 이러한 접근법을 취하고 있다. 예를 들어 이정훈(2004, 2007)은 (14)의 '의자에를'을 다음과 같이 어휘격 조사와 구조격 조사가 중첩된 것으로 분석한다(K_S=구조격 조사, K_L=어휘격 조사).

(15)

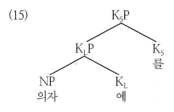

격이 의미격/어휘격과 문법격/구조격으로 구분될 수 있는 것이라면 (14)와 같은 예들은, 구분되는 두 종류의 격이 이처럼 중첩되어 나타난 것이라고 볼 수도 있는 것이다.7) 그런데 부사격 조사를 어휘/의미격 표지로 보는 접근법은 부사격 조사구가 서술어와 특정한 어휘·의미적인 관계(의미역 관계)를 맺

---

6) 문법격/구조격의 용어 문제에 대해서는 3장을 참조하라.

7) 임홍빈(1999)은 이정훈(2004, 2007), 임동훈(1991)과 약간 다른 분석 방식을 택한다. 그는 (부사격이든 구조격이든) 격조사가 항상 NP를 보충어로 취하며 이들 조사들이 중첩될 경우 먼저 NP와 결합한 조사의 투사체가 NP로 재분석된다고 보아 격조사가 항상, 일종의 하위범주화조건을 만족시키는 것으로 처리한다.

고 있음을 전제로 하는 것이다. 이는 어휘격/의미격이 서술어의 의미적 특성에 의해서 부여된다는 개념에 크게 기대고 있기 때문이다.[8] 즉 어휘격/의미격 조사라는 명칭은 해당 조사가 특정 서술어의 논항으로 나타날 때가 아니면 적용하기가 어려운 명칭인 것이다. 부사격 조사가 주로 어휘격/의미격 표지로 쓰이고 있는 것처럼 보이기는 하나, 부사격 조사구는 어떤 서술어와 특정한 어휘·의미적인 관계(의미역)를 맺지 않고도 부가어로 쓰일 수 있다.

(16) ㄱ. 아이가 <u>마당에서</u> 논다.

　　 ㄴ. 철수가 장작을 <u>도끼로</u> 팬다.

　　 ㄷ. 순희가 <u>아침에</u> 귀가했다.

(16)과 같은 예들까지 포괄적으로 설명하기 위해 김영희(1999ㄱ)는 격 표시의 양상을 통해 부사격 조사의 기능을 나누면서 부사격 조사가 사격 표지가 되는 경우도 있고 후치사가 되는 경우도 있다고 주장한다. 그는 우선 논항을 직접 논항과 간접 논항으로 나누고, 직접 논항에 결합된 부사격 조사는 사격 표지로, 간접 논항에 결합된 부사격 조사는 후치사로 간주한다.[9] 또한 부가어에 나타나는 부사격 조사도 후치사로 간주

---

8) 격을 이렇게 파악하는 가장 극단적인 경우를 허웅(1983)에게서 찾아볼 수 있다. 그는 '의'를, 서술어와 직접적인 관계를 맺는 요소가 아니라는 이유로 연결조사(이음토씨)로 분류하고 있다.

한다. 따라서 김영희(1999ㄱ)에 의하면 (16)에서 밑줄 친 부사격 조사구는 모두 후치사구, 즉 PP이다. 부가어가 동사에 의해 결정되는 것이 아니며 그래서 동사가 부가어인 부사격 조사구에 의미격을 부여할 수 없는 만큼, 부가어에 나타나는 부사격 조사를 스스로 선행 명사구를 자신의 보충어로 결정하고 거기에 의미역을 부여하는 핵으로서 후치사라고 해야 한다는 것이 그의 주장이다. 김영희(1999ㄱ)의 부사격 조사 분류는 다음과 같이 요약될 수 있다.

(17) ㄱ. 사격 표지(oblique case marker): 동사의 직접 논항에 부여되는 사격을 표시함.

→ 철수가 고향에서 떠났다.

ㄴ. 비서술적 후치사(non-predicative postposition): 동사가 간접 논항에 부여하는 의미역을 이차적으로 부여함.

→ 철수가 이 학교에 다닌다.

ㄷ. 서술적 후치사(predicative postposition): 보충어 NP와 함께 부가어를 이끄는 핵.

→ 순희가 마당에서 논다.

김영희(1999ㄱ)의 (17)과 같은 분류가 기술적으로(descriptively)

---

9) 그의 이러한 논항 분류는 김영희(1999ㄴ)에 따른 분류이다. 그의 논항 분류는 분열문(cleft sentence)에서 "이다" 앞 초점 성분으로 나타날 때, 직접 논항과 간접 논항은 부사격 조사를 동반하지 않는다는 것을 기초로 하고 있다.

어느 정도 진실을 담고 있는 것은 사실이다.10) 이러한 분류 결과에 따르면 사격 표지로서의 부사격 조사가 명사구와 결합하면 그 구성체는 그대로 명사구가 되며, 후치사로서의 부사격 조사가 명사구와 결합하면 그 구성체는 후치사구가 된다.11) 그러나 어느 모로 보나 동일한 형태소들인 요소들을 이처럼 의미적 기준에 의거하여 완전히 다른 범주(격 표지 대 후치사)로 다루는 것이 과연 타당한 것인지 의문이 든다. 다음 예를 보자.

(18) ㄱ. *철수의 서울에서 출발
     ㄴ. 철수의 서울에서의 출발
(19) ㄱ. *광대의 앞집에서 유희
     ㄴ. 광대의 앞집에서의 유희

(18ㄴ)과 (19ㄴ)의 문법성에 비추어 볼 때 (18ㄱ)과 (19ㄱ)의 비문법성은 부사격 조사구가 '의'의 도움을 받지 않고 홀로 나타났기 때문에 발생하는 것이다. 이는 이들 부사격 조사구들이 동일한 범주에 속한다는 것을 단적으로 보여주는 예일 터인데,

---

10) 김영희(1999ㄱ)의 분류는 영어 전치사와 관련된 Van Valin·Lapolla(1997)의 역할·참조 문법(role and reference grammar)적 논의에 기댄 바 크다. 한정한 (2003)도 비슷한 접근법을 취하고 있지만, 그는 격조사를 핵으로 보지 않는 다. 임동훈(2008)에 따르면 전치사/후치사에 대한 이런 분류의 연원은 Bresnan 1982에까지 거슬러 올라간다고 한다.

11) 서술적 후치사가 되느냐 비서술적 후치사가 되느냐는 관련 서술어의 논항 이 되느냐 여부에 달려 있을 뿐이다.

김영희(1999ㄱ)의 분류는 (18ㄱ)을 문법적인 것이라고 할, 잘못된 예측을 유발한다. 다음 예를 보자.

(20) ㄱ. 철수의 서울 출발
    ㄴ. *광대의 앞집 유희

김영희(1999ㄱ)에 기대자면, 무표격으로 나타날 수 있는 (20ㄱ)의 "서울"은 "출발"의 직접 논항일 것이고 그러지 못하는 (20ㄴ)의 "앞집"은 부가어일 것이다. 이것은 곧 (18ㄱ)의 "서울에서"에서 "에서"는 사격 표지임을 뜻하고 (18ㄴ)의 "앞집에서"에서 "에서"는 후치사임을 뜻한다. 결과적으로 우리는 (18ㄱ)의 "서울에서"를 명사구로 취급해야 하고 (18ㄴ)의 "앞집에서"를 후치사로 취급해야 한다. "의"의 출현에 대해서 기술할 때, 이들 예에 나타나는 "에서"를 김영희(1999ㄱ)처럼 분류할 경우 우리는 (21ㄱ)과 같은 일반화에 기대야 하고, 서술성 명사와의 의미 관계에 상관없이 후치사로 단일하게 취급할 경우 (21ㄴ)과 같은 일반화를 얻을 수 있다.

(21) ㄱ. 후치사구는, 그리고 사격으로 표시된 명사구는 자신이 포함된 명사구 내에서 '의'의 도움을 받아야 한다.
    ㄴ. 후치사구는 자신이 포함된 명사구 내에서 "의"의 도움을 받아야 한다.

더 간단한 것이 더 좋다는 오컴의 면도날을 적용하면 (21ㄱ)
과 (21ㄴ) 중에서 어느 것이 더 나은 일반화인가는 명확하다.
이로써 우리는 김영희(1999ㄱ)의 기술적(descriptive) 사실을 포괄
하면서도 부사격 조사를 단일 범주로 취급할 수 있다면 그것
이 더 타당한 분석이라고 주장할 수 있을 것이다.[12]

이 절의 논의를 통해서 모든 경우의 부사격 조사를 일률적
으로 어휘격/의미격 조사로 다루는 것도 문제가 있고, 의미적
기준에 의거하여 범주를 달리 보는 것도 문제가 있음이 드러
났다. 우리에게 남은 선택은 부사격 조사를 후치사로 분석하는
것뿐이다. 이후의 논의는 부사격 조사를 후치사로 취급할 경우
생기는 문제들에 대한 해결책의 모색이 될 것이다.

2. 조사구 구조와 최강 일률성 가설

조사가 명사 후접 요소들인 점을 감안할 때, 조사가 포함된
구성체의 구조는 곧 한국어 명사구의 구조를 밝히는 문제를
푸는 열쇠가 될 것이다. 전통적으로 명사구는 NP라는 어휘범
주 투사체로 여겨져 왔지만 Abney(1987) 이후 명사구의 완전

---

12) 김영희(1999ㄱ)에 대한 비판은 임동훈 2008에서도 이루어지고 있다. 필자는
임동훈(2008)의 비판에 일부는 동의를 하고 일부는 동의를 하지 않지만, 그
의 비판이 이 장의 논의에 큰 영향을 미치지 않으므로 여기서 그의 비판
내용을 자세히 다루지는 않겠다.

투사체가 DP라는 것은 생성문법에서 거의 확립된 이론이다. 3장에서 논의한 대로 이 책에서는 조사들을 다음과 같이 분류한다.

(22) ㄱ. 부사격 조사: 에, 에게, 에서, 로, 하고, 한테 ……

　　ㄴ. 보조사 I: 부터, 까지 ……

　　ㄷ. 보조사 II: 밖에, 조차, 마저, 만, 나마 ……

　　ㄹ. 보조사 III: 나, 은/는, 도, 야, 라도/이라도 ……

　　ㅁ. 구조격 조사: 이/가, 을/를, 의

(23) ㄱ. 후치사(postposition): 부사격 조사 + 보조사-I

　　ㄴ. 양화첨사(Quantificational particle): 보조사-II

　　ㄷ. 한정사(Determiner): 보조사-III + 구조격 조사

(24)

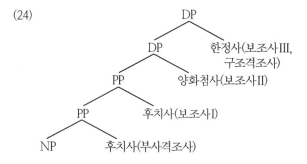

다소 논란의 여지는 있으나 (23)의 분류는 조사 분류와 조사구 구조 연구에서 일반적으로 제시하는 것과 크게 다르지 않다.[13] 일단 이러한 구조를 상정하고 부사격 조사를 전치사에 대응하는 후치사라고 가정해서 명사구와의 상대적 위치를 원

쪽으로 돌려보자. 그러면 우리는 한국어와 영어에서 대응하는
범주들 간의 위치 상 차이가 다음과 같다는 것을 알 수 있다.

(25) ㄱ. 한국어: D ⋯ P ⋯ NP

　　 ㄴ. 영　어: P ⋯ D ⋯ NP

(25)가 명백히 보여주듯 한국어에서는 P가 명사구에 가장 가
까운 요소이지만 영어에서는 P가 가장 멀리 떨어진 요소이다.
더욱이 영어에서는 P가 자신의 보충어 DP에 격을 부여하지만
한국어에서는 P가 NP와 직접 결합하여 PP를 이루고 여기에
구조격 조사를 포함한 D 요소들이 다시 결합된다. 한국어의
부사격 조사를 후치사로 다루기 위해서는 이런 차이를 설명할
수 있어야 한다. (25)에서 드러나는, P와 D 간의 위치 상 차이
가 두 언어에 본유적인 것인가? 이에 대한 답을 얻기 위해 우
리는 잠시 다른 이야기로 가야 한다.

　영어를 비롯한 인구어를 다룰 때, 일반적으로 전치사는 어휘
범주의 일종으로서 자체의 투사체를 이끄는 것으로 분석된다.
특히 생성문법 내에서도 Chomsky 1970 이후부터 전치사를 어
휘 범주의 일종으로 취급하는 것이 일반적이다.[14] 이 경우 전

---

13) 논란의 여지란 주로 범주 명칭에 관련된 것이라 할 수 있다. 특히 보조사-I
을 일종의 P로 처리하는 것에는 문제가 있을 수 있다(cf. 김용하, 1999). 그러
나 핵심적인 부분은 일단의 보조사들을 D로 받아들이느냐 그러지 않느냐
하는 것에 달려 있다.

치사구는 명사적 투사체(nominal projection; NP, DP)의 연장선에 있는 것이 아니라 명사적 투사체와는 독립적인 투사체로 간주된다.15) 그러나 DP를 명사적 투사체의 최종 구성체로 볼 경우, (25)에서 보듯 한국어에서는 후치사가 명사적 투사체의 일부이다. 이들이 명사구와의 상대적 위치 때문에(궁극적으로는 핵 매개변인 때문에) 전치사/후치사로만 구별될 뿐 P라는 동일 범주로 묶인다면, 이는 대단히 심각한 문제이다. 그래서 (25)의 차이가 본유적인 차이여서는 아니 되는 것이다.

Pesetsky·Torrego(2001)는 영어의 wh-구문에서 주어-조동사 도치, 즉 T→C 이동(T-to-C movement)의 다음과 같은 대조를 원리적으로 설명하고자 했다.

(26) 비주어 wh: "수의적" T→C 이동

　ㄱ. What a nice book Mary read ____!

　ㄴ. What did Mary read ____?

(27) 주어 wh: T→C 이동 없음

　ㄱ. Who ____ read the book?

　ㄴ. *Who did ____ read the book?

---

14) 어휘 범주를 [±N, ±V]라는 범주 자질로 명세하는 것은 Chomsky(1970, 1974) 이래로 거의 확립되었다. P는 주요 어휘 범주들 중의 하나로서 [-N, -V] 자질을 가지므로 [+N, -V] 자질을 갖는 명사와는 완전히 변별된다.

15) Abney(1987)는 전치사가 어휘 범주라는 데 대해 유보적인 태도를 보인다. 그는 전치사를 어휘 범주와 기능 범주의 중간쯤 되는 범주로 처리하고 있다. 반면, Grimshaw(2005)는 P를 완전한 기능 범주로 취급한다.

ㄷ. *What a nice person did ____ read the book!

Pesetsky·Torrego(2001)의 접근법은 Chomsky(1995, 2000, 2001)가 발전시킨 이동 이론에 의지하는데, 이 이론은 곧 최소주의 프로그램의 이동이론으로서 이동의 첫 번째 요소가 어떤 탐침 범주 H의 비해석성 자질 uF와 그에 상응하는 목표 범주 G의 상응하는 자질 간에 이루어지는 일치 관계(Agree relation)라고 본다. 이동의 두 번째 요소는 이동 그 자체인데, 이는 H가 갖고 있는 uF의 EPP 하위자질(EPP subfeature)에 의해 촉발된다.16) Pesetsky·Torrego(2001)는 (26ㄴ)의 T → C 이동이 C의 uT 자질과 TP 간에 성립되는 일치 관계에 대한 반응이라고 주장한다. C가 [uT, +EPP] 자질을 지니고 있다면 (26ㄱ)과 (26ㄴ)에 T → C 이동이 없다는 것은 좀 놀라운 일인바, 그들은 주격이 실상 T-자질이어서 TP 자체와 마찬가지로 C의 uT 자질을 위한 목표 역할을 할 수 있다고 가정한다. 주격 주어도, TP도 서

---

16) EPP(확대투사원리; extended projection principle)는 Chomsky(1981, 1982)가 지배·결속 이론 하에서 투사 원리(projection principle)로 온전히 설명되지 않는 논항 위치인 절의 주어 위치가 항상 차 있어야 한다는 요건으로 설정한 것이었다. 그러나 최소주의 프로그램에서 EPP는 기능 범주 특히 T가 자신의 지정어 위치에 반드시 어떤 범주를 채우고 있도록 만드는 자질로 간주된다. 그래서 vP 내부에 있던 주어가 T의 지정어 위치로 이동하는 것은 T의 EPP 자질을 만족시키기 위한 것이다. EPP를 자질로 간주하는 데도 많은 문제가 있는데, 필자는 EPP를 어떤 자질의 하위자질로 설정하는 데 찬동하지 않는다. 하지만 이 문제를 여기서 다루는 것은 부적절해 보인다. 관련 논문들, 특히 Bošković 2002를 참고하라.

로 성분-통어를 하지는 못하므로 둘 다 C와 등거리에 있는 T-자질 보유자들로 간주된다. 그러므로 (26ㄱ)에서는 'Mary'가 CP의 내부 지정어(inner Specifier) 위치에 있고, (26ㄴ)에서는 T 자체가 이동한다.

(26)과 (27)의 모든 예들에서 C는 [uT, +EPP]뿐만 아니라 [uWh,[17] +EPP] 자질도 지니고 있다. (26ㄱ, ㄴ)에서 해당 절 내에서 가장 가까운 wh가 uT도 갖고 있는 것이 아니므로, C에 의해서 촉발되는 이동이 두 가지 포함되어 있는데, C의 [uT, +EPP] 자질에 의해 촉발되는 T-이동과 [uWh, +EPP] 자질에 의해 촉발되는 wh-이동이 그것이다. (27ㄱ)에서는 주격 주어가 wh-어구이기도 하다. 따라서 가장 가까운 uT 보유자가 가장 가까운 wh 보유자이기도 하다. 그러므로 이동이 한 차례만 관찰되는 것은 놀라운 일이 아니다. 주격 wh-어구는 C의 [uT, +EPP]와 [uWh, +EPP] 양자 모두에 대한 목표 역할을 동시에 할 수 있기 때문이다.

그렇다면 (27ㄴ, ㄷ)의 비문법성은 무엇인가? 이 비문법성은 다음과 같은 경제성 조건으로 설명된다.

(28) 이동의 경제성
어떤 핵 H가 지닌 uF의 EPP 속성들은 가능한 가장 작은 수의 이동 작용에 의해 만족된다.

---

17) [uWh]는 비해석성 Wh-자질을 뜻한다.

(28)에 의해 (27ㄴ, ㄷ)에서 C의 두 EPP 속성은 주어 wh-어구의 이동에 의해서 동시 만족될 수 있다. 공연한 T → C 이동은 (28)을 어겨서 비문법성을 유발하는 것이다.

Pesetsky·Torrego(2001)의 이러한 설명/분석은 매우 흥미로운 것인데, 이들은 주격이 D의 T-자질이라는 가정을 대격까지 확장하여 다음과 같이, 격 여과(Case filter)를 논항 시제 조건으로 재정의한다(Pesetsky·Torrego, 2004).

(29) 논항 시제 조건(격 여과)

논항은 반드시 T 자질(uT 혹은 iT[18])을 지녀야 한다.

위의 조건이 옳다면, 영어에서 형용사의 보충어 핵은 T-자질을 지니고 있어야 한다. 그런데 영어 형용사의 투사 혹은 확대 투사 안에는 T-자질을 점검할 요소가 없다. 그런데 영어 형용사는 PP를 보충어로 취할 수는 있으나 DP를 취할 수는 없다.

(30) Bill was afraid *(of) the storm.

Pesetsky·Torrego(2004)는 이 차이가 DP와 PP의 "자족성(self-sufficiency)" 차이 때문이라고 주장하는데, 이는 곧 DP 안에서는 T-자질이 자체적으로 해결되지 못하는 반면, PP 안에서는 T-

---

18) 여기서 "iT"는 해석성 T 자질을 가리킨다.

자질이 자체적으로 해결될 수 있다는 가정을 하는 것이다. 그들은 P를 T의 일종이라고 주장하는데 그 증거로 내세우는 것은 Kayne(1984)이 관찰한 "P-흔적" 효과이다.19)

(31) ㄱ. The unpublished paper that he apologized [the student reading ____]

ㄴ. *The student that he apologized [for ____ reading your unpublished paper]

(32) ㄱ. How much attention did you talk about [Bill paying ____ to this]?

ㄴ. *How much attention did you talk [about ____ being paid to John and Mary]?

(33) ㄱ. Which tunnel did she argue against [the government constructing ____ with public money]?

ㄴ. *Which company did she argue [against ____ constructing this … tunnel with public money]?

(34) ㄱ. Who do you think [____ read the book]?

ㄴ. *Who do you think [that ____ read the book]?

왜 동명사구를 취하는 P가 있을 때 (34)와 거의 동일한 P-흔적 효과가 존재하는가? Pesetsky·Torrego(2004)는 자신들이 'that'

---

19) 여기서 "P-흔적" 효과란 *that*-흔적 효과를 P에 대응시킨 용어이다.

을 일종의 T로 보듯이 P도 일종의 T로 봄으로써 이 두 구문에 동일한 분석을 적용하려 한다. 즉 P가 T로서 T→C 이동을 겪는 데, 이때의 C는 [uWh]가 아니므로 [uT, EPP]만 갖고 있고 이를 P가 만족시키므로 더 이상 C의 지정어로 다른 요소가 이동하는 것이 불가능하다는 것이다. Pesetsky·Torrego(2004)가 상정하는 동명사구에서의 P-이동은 다음과 같다.

(35)

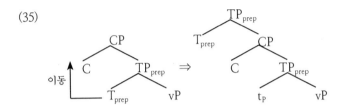

여기서 T_{prep}가 어떻게 자체적으로 이동하여 다시 투사할 수 있는가 하는 물음이 던져질 수 있을 터인데, Pesetsky·Torrego (2004)는 Matushansky(2006)의 핵-이동 이론을 응용하여 이 이동을 가능케 한다. Matushansky(2006)에 따르면 핵-이동은 통사부의 이동으로서 그 기제는 지정어로의 이동과 동일하다. 다만 다른 점이 있다면 핵-이동의 경우에는 인접 핵과의 형태론적 병합(morphological merger)이 일어난다는 것이다.

(36)

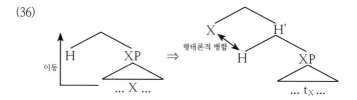

Pesetsky·Torrego(2004)의 P-이동이 Matushansky(2006)의 핵-이동과 다른 점은 형태론적 병합이 일어나지 않는다는 것이다. 형태론적 병합은 통사부에서의 강요된 문법 작용이 아니라 (36)에서 X가 접사이기 때문에 일어나는 일이므로 P-이동이 형태론적 병합으로 끝나야 된다는 강제요인이 없다. 또한 (35)에서 P가 새롭게 자기 투사체를 갖는 핵으로 재정의되는 것도 불가능한 일은 아니다. 다음과 같은 대조를 보라.

(37) ㄱ. *I shall visit [what town] you will visit [t]

ㄴ. I wonder [what town] you will visit [t]

ㄷ. I shall visit [what] you will visit [t]

ㄹ. I wonder [what] you will visit [t]

(37ㄷ, ㄹ)에서 보다시피 'what'은 홀로 나타날 때는 간접 의문문 문맥에서도, 자유 관계절 문맥에서도 사용될 수 있으나 (37ㄱ, ㄴ)에서 보다시피 다른 표현과 구를 형성하면 자유 관계절 문맥에서 사용될 수 없다. Donati(2006)는 이 차이를 'what'의 핵성을 이용해서 성공적으로 설명하는데, 곧 'what'은 그 자체

로 핵이므로 이동해 간 자리에서도 다시 핵으로서 자신의 투사체로 확장될 수 있다는 것이다. 반면 (37ㄱ, ㄴ)의 'what town'은 이미 최대 투사체이고 'what'은 이 최대 투사체에 핵으로서 매입되어 있으므로 더 이상 투사를 확장하는 핵이 될 수 없다.

다시 Pesetsky·Torrego(2004)의 논의로 돌아와 보자. 그들은 동명사구에서의 P-이동을 DP 구조에까지 tp_{Pp} 확장시킨다. 이 확장에 따르면 영어와 같은 언어에서도 전치사가 원래 NP와 가장 가까이 결합하는 기능적 요소이며, 전치사구는 DP 내부에 있던 전치사가 핵-이동하여 이동한 위치에서 투사함으로써 생기는 범주이다. 이는 다음과 같이 도식화할 수 있다.

(38)

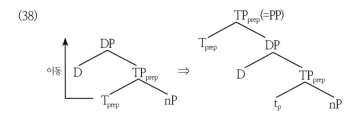

(38)에서의 P-이동이 T_{prep}, 즉 P와 D 간의 T-자질 점검과 관련되어 있음은 말할 필요도 없을 것이다. Pesetsky·Torrego(2004)가 P를 자족적이라고 한 것은 이를 두고 한 말이다. 이 책에서는 기본적으로 Chomsky(2001, 2008)의 입장을 지지하므로 P의 이동에 시제 자질이 간여한다는 데 동의하지는 않는다. 그러나 P를 D 아래에 설정하고 이것이 이동한다는 것이 어떤 방식으로든 설명 가능한 것이라면 이는 충분히 받아들일 만한 것이

라고 본다. 즉 전치사가 (38)과 같이 DP 구조 내에 매입된 채로 기저 생성되는 것이라면, 영어를 비롯한 인구어와 한국어에서 P에 해당하는 요소가 서로 동일한 구조적 위치를 차지하게 되는 것이다(물론 어순은 논외이다). 2장에서 논의한 Grimshaw (2005)를 원용하여 V-v-INFL-C 등의 핵의 투사로 이어지는 투사체를 동사적 투사체(verbal projection)라 명명하고 N-n-P-D 등의 핵의 투사로 이어지는 투사체를 명사적 투사체(nominal projection)라 명명해 보자. 이제 우리는 다음과 같은 보편적인 동사적 투사체와 명사적 투사체를 설정할 수 있게 된다(왼쪽에 있는 요소일수록 구조적 위계가 높다).[20][21]

(39) ㄱ. 동사적 투사체: C ··· INFL ··· v ··· VP

　　 ㄴ. 명사적 투사체: D ··· P ··· n ··· NP

---

20) 앞에서도 밝혔듯이 명사적 투사와 동사적 투사가 서로 병렬적임은 Chomsky (1970)의 X′-이론 제안 이래로 일반화되었으며, Abney(1987)에 의해 확립되었다고 볼 수 있다. 최소주의적 입장에서 이 문제를 다룬 논의로는 Svenonius 2004와 Hiraiwa 2005를 참고할 만하다.

21) (39)에는 기능 범주로서 v와 n이 포함되어 있다. 이들이 맡고 있는 기능들 중 한 가지는 범주 중립적인 어근을 동사 혹은 명사로 만드는 것이다(cf. Marantz, 1997). 이런 측면에서라면 (39)의 VP와 NP는 √P(어근구; root phrase)가 되어야겠으나 논의를 단순화하기 위해 전통적인 VP와 NP를 그대로 표기했다. 물론 언어에 따라 '···' 부분에 다른 요소들이 끼어들 수도 있지만(cf. Rizzi, 1997), 우리는 그런 요소들이 (39)의 기본 요소들로부터 분화된 것으로 볼 수 있을 것이다.

이로써 인구어의 전치사든 한국어의 후치사든 P는 명사적 투사체의 일부인 것이다. 영어에서 표면적으로 전치사구가 최종적인 명사구 투사체가 되는 것은 도출을 거친 후의 일이다. 이러한 분석은 다음과 같은 최강 일률성 가설과 어휘 매개변인 가설에 부합한다.

(40) ㄱ. 최강 일률성 가설(Strongest Uniformity Hypothesis): 반대되는 결정적 증거가 없는 한, 모든 언어들이 일률적이라고 가정하라(Chomsky, 2001; Sigurðsson, 2003; Miyagawa, 2004; 김동석 외, 2006). 변이는 쉽게 발견 가능한 발화 속성들에 국한된다.

ㄴ. 어휘 매개 변인 가설(Lexical Parametrization Hypothesis): 매개 변인은 어휘부 속성에 국한된다(Borer, 1984).

(40ㄱ)의 최강 일률성 가설은 보편 문법의 존재를 상정하는 생성문법의 근본적 입장을 가장 강력히 밀어붙이고 있는 가설이다. 물론 이는 많은 언어들의 경험적 사실들에 의해 검증되어야 하는 것이지만 이론을 더욱 제약적인 것으로 만드는 데 크게 기여한다고 볼 수 있다. 모든 언어의 동사적 투사체와 명사적 투사체의 근본적인 구조가 동일하다고[22] 보는 것은 곧

---

22) 어찌하여 동사적 투사체와 명사적 투사체에 참여하는 핵들의 순서가 (39ㄱ, ㄴ)과 같아야 하는가 하는 의문은 더욱 근본적인 질문이라 할 것이다. 이 의문에 대해서 필자는 답을 갖고 있지 못하다. Grimshaw 2005에 관련 논의가 있어 참고가 된다.

최강 일률성 가설에 부합하는 것이며, 영어의 전치사를 한국어의 후치사(=부사격 조사)와 동일하게 NP와 가장 가까이 결합되는 요소로 처리하여 이들이 근본적으로 동일한 범주에 속하는 요소들임을 설명할 수 있게 해 준다. (40ㄴ)의 어휘 매개 변인 가설에 의하면 영어의 P가 이동을 하는 것이나 한국어의 P가 제자리에 있게 되는 것은 P 자체와 관련 핵(아마도 D)의 어휘적 속성/자질이 간여한다고 보아야 한다. 마치 영어의 wh-어구는 외현적 이동을 해야 하지만 한국어의 wh-어구는 제 자리에 있을 수 있는 것이 wh-어구나 C의 속성/자질 때문이듯, 영어의 P 이동과 한국어의 제 자리 P도 P 자체나 D의 속성/자질 때문이라고 설명할 수 있는 것이다. 그렇다면 이에 관련된 속성/자질이란 것은 어떤 것들일까? 이에 대한 답을 구하는 것은 그리 쉬운 일이 아닐 것이므로 이 책에서는 이런 가능성만 일단 제기해 둔다. 이 장의 관심은 P가 (39ㄴ)에서처럼 D의 투사체 내부에 있다고 했을 때 조사구의 분포를 어떻게 설명할 수 있을 것인가 하는 것이다. 다음 절에서 이를 살피게 될 것이다.

3. 동사적 수식, 명사적 수식, 그리고 조사구

조사구의 분포를 설명하기 위해서 이 책에서는 격 이론 등 기존 이론에서 쓰고 있는 것과 좀 다른 개념을 도입하고자 한다. 그것은 곧 동사적 수식(verbal modification)과 명사적 수식

(nominal modification)이라는 것인데, 이것이 이론적으로 어떤 중요한 의의를 가지는지는 미지수이지만, 이 개념을 이용해서 영어의 DP와 PP 간의 분포 차이를 설명해 볼 수도 있을 것 같다. 주지하다시피 한국어와는 반대로 영어에서는 DP가 맨몸으로 명사의 수식어가 될 수 없지만, PP는 명사의 수식어도, 동사의 수식어도 될 수 있다. 동사적 수식과 명사적 수식이라는 개념을 이용해서 말해 보면 영어의 DP는 동사적 수식에만 참여하지만 PP는 동사적 수식과 명사적 수식에 모두 쓰일 수 있다.23) 두 개념은 또한 한국어의 명사적 투사체와 동사적 투사체 내의 수식24) 관계를 적어도 기술적(descriptive) 수준에서는 어느 정도 포착해 줄 수 있을 것으로 보인다.25) 즉 동사적 수식이란 동사적 투사체 내에서 핵의 수식 성분들이 핵에 대해 맺는 관계를 말하며, 명사적 수식이란 명사적 투사체 내에서 핵의 수식 성분들이 핵에 대해 맺는 관계를 말한다. 다음의 예들을 보라.

---

23) 형용사의 수식에 있어서도 DP와 PP가 동일한 분포적 특성을 노정하는 것은 어떻게 설명할 수 있는가 하는 질문이 바로 제기될 수 있다. 형용사가 인구어에서 동사보다는 명사와 더 많은 특성들을 공유하고 있다는 점을 생각하면 DP와 PP의 이런 분포적 특성은 오히려 더 자연스럽다고 할 수 있다.

24) 여기서 수식(modification)이란 Radford(1988)의 의미로 핵 이외의 모든 성분(즉, 보충어, 지정어, 부가어 일체)들이 핵과 맺는 관계를 통틀어 일컫는 말이다.

25) 이 두 개념은 영어의 형용사와 부사를 부용사(advective)라는 상위 범주의 이형태들처럼 취급하자고 주장한 Radford(1988)의 주장과 일맥상통하는 면이 있다.

(41) ㄱ. 철수는 순희가 학교에 다닌다고 생각했다. (동사적 수식)

　　 ㄴ. 순희가 학교에 다닌다는 철수의 생각. (명사적 수식)26)

(42) ㄱ. 철수는 공손하게 인사했다. (동사적 수식)

　　 ㄴ. 철수의 공손하ㄴ 인사. (명사적 수식)27)

(43) ㄱ. 김 의원은 정부의 실책에 대해 언급했다. (동사적 수식)

　　 ㄴ. 김 의원의 정부의 실책에 대한 언급. (명사적 수식)

(44) ㄱ. 어머니는 아들을 위하여 기도하신다. (동사적 수식)

　　 ㄴ. 어머니의 아들을 위한 기도. (명사적 수식)

(45) ㄱ. 판사가 법률에 의하여 판결을 한다. (동사적 수식)

　　 ㄴ. 판사의 법률에 의한 판결. (명사적 수식)

위 예문들 각각에 대한 분석은 상술을 요하지만, 각 ㄱ 문장
과 ㄴ 문장의 대조는 동사적 수식과 명사적 수식의 대조가 한국
어에 존재한다는 것을 보여주기에 충분한 듯하다. 이제 이처럼

---

26) (41ㄴ)은 완형 보문(cf. 남기심, 1973) "순희가 학교에 다닌다"에 관형형 어미
　　 '는'이 통합된 구성체가 포함되어 있는데 이는 흔히 "순희가 학교에 다닌다
　　 고 하는"에서 "고 하" 부분이 생략된 것으로 분석된다(cf. 김영희, 1981). 이럴
　　 경우 사실 (41ㄴ)에서 명사적 수식에 관여하는 부분은 "고 하는"이 될 터인
　　 데, 설혹 그렇다 하더라도 이것이 명사적 수식을 위한 요소라는 점에서 이
　　 장의 논지에 큰 영향을 미치지는 않는다.

27) (42ㄱ)의 "공손한 인사"는 "[Op₁ [t₁ 공손하] ㄴ 인사₁]"와 같은 관계절 분석
　　 이 필요한지도 모른다. 그러나 이 경우의 '공손한'이 관계절로 분석되어야
　　 만 하느냐 하는 것은 좀 복잡한 문제가 얽혀 있는 듯하다. 이 문제를 여기서
　　 논하기는 어려우나 전통적인 변형론으로 이와 같은 구문을 다룬 김영희
　　 1976, 그리고 이와 같은 구성체는 아니지만 범주 통용 문제를 다룬 이정훈
　　 2005, 2006을 참고할 만하다.

동사적 수식과 명사적 수식이 존재한다는 것을 염두에 두고 한국어의 후치사구(PP)를 살펴보자. 앞에서도 지적했다시피 한국어의 PP는(인구어의 PP와 달리) 그 자체만으로 명사의 수식어가될 수 없으며, 반드시 관형격 조사 '의'의 도움을 받아야 한다. 해당 예문인 (18)과 (19)를 여기에 (46)과 (47)로 재인용한다.

(46) ㄱ. *철수의 <u>서울에서</u> 출발
     ㄴ. 철수의 <u>서울에서의</u> 출발
(47) ㄱ. *광대의 <u>앞집에서</u> 유희
     ㄴ. 광대의 <u>앞집에서의</u> 유희

이들 예는 PP가 동사적 수식에만 쓰일 수 있다는 것을 보여준다. 이런 점에서 한국어의 P를 가리키는 전통적인 술어 "부사격 조사"는 매우 적절한 것이라 할 수 있다. 그러나 (39ㄴ)에 의거하여 명사적 투사체가 DP로 완결되고 PP는 이 DP 안에 내포되어야 한다는 것을 상기하라. 그렇다면 PP 뒤에 외현적인 D 요소가 등장하지 않더라도 영 형태소 D가 설정되어야 한다. 즉, 한국어의 PP도 사실상은 ∅가 이끄는 DP인 것이다.

(48) 표면상 PP로 보이는 DP: [$_{DP}$ [$_{PP}$ [$_{NP}$ ⋯ N] P] ∅]

결국 표면상 PP로 보이는 구성체가 (48)과 같은 DP라면, (46ㄱ)과 (47ㄱ)으로 보아, PP가 포함된 DP들이 명사적 수식에 참여하지 못하는 것은 D 요소인 ∅의 탓이라 판단하기가 십상이다. 그러나 다음 예에서 보듯이 ∅가 직접 NP를 이끌 경우에는 명사적 수식이 불가능하지 않을 뿐만 아니라, 동사적 수식도 가능하다.

(49) ㄱ. 철수의 재미있는 소설∅ 창작.
    ㄴ. 철수가 재미있는 소설∅ 창작한다.

이것이 의미하는 바는 무엇일까? 일차적으로 이것은 ∅의 명사적 수식 가능성과 동사적 수식 가능성이 본유적으로 결정되는 것이 아님을 의미한다. 그래서 우리가 잠정적으로 내릴 수 있는 결론은 ∅의 명사적 수식 가능성과 동사적 수식 가능성이 자신의 보충어 핵에 의해 결정된다고 보는 것이다.[28) 전

---

28) 모든 명사적 투사체가 DP로만 완결된다는 가설을 강력하게 밀어붙일 경우 PP가 명사적 수식에 참여할 수 없다는 것은 결코 증명될 수가 없다. 왜냐하면 D가 결여된 맨 PP(bare PP)가 명사를 수식하는 경우란 결코 없을 것이기 때문이다. 또한 NP가 명사적 수식과 동사적 수식이 둘 다 가능하므로 NP가 ∅의 보충어가 되어 DP를 이룰 경우 명사적 수식과 동사적 수식이 가능하다는 것도 결코 증명될 수가 없다. 즉 ∅의 명사적 수식 가능성과 동사적 수식 가능성이 자신의 보충어 핵에 의해 결정된다는 가정은 아주 공허한 것이 되어 버린다. 그러나 안타깝게도 필자는 이 문제에 대한 해결책을 갖고 있지 못하다. 한 가지 방법은 DP로까지 투사가 완결되지 않은 맨 NP나 맨 PP가 독자적으로 출현할 수 있다고 보는 것인데 이는 명사적 투사체가 DP로 완결되지 않아도 되는 것을 의미하게 되므로 또 다른 문제를 일으킨다. 그러므로 우리는 ∅의 명사적 수식 가능성과 동사적 수식 가능성이 자신의 보충어 핵에 의해 결정된다는 가정을 이론의 강요에 의한 작업가설로 인정할 수밖에 없다.

통적인 술어를 차용하여 명사적 수식이 가능한 성질을 관형성 (adnominality)이라 하고, 동사적 수식이 가능한 성질을 부사성 (adverbiality)이라고 해 보자. ∅는 D로서 범주자질을 비롯한 다른 자질은 명세가 되어 있으나 관형성이나 부사성과 관련된 자질은 미명세된 채로 투입되는 요소인 것이다. 김용하(1999)의 초범주(super-category) 형성이나 Grimshaw(2005)의 확대 투사 같은 메커니즘이 작용하면서, 관형성과 부사성에 대해 미명세된 ∅는 자신의 보충어 핵으로부터 관련 자질을 상속받는다.29)

∅가 명사적 투사체를 완결 짓는 D 요소라면 이와 자연 부류를 이루는 것은, (28)로 볼 때 보조사-III과 격조사들일 것이다. ∅를 포함시켜 (24)를 여기에 (50)으로 다시 제시한다.

(50)

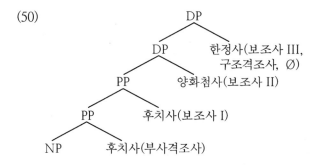

---

29) 관형성과 부사성이 보편적 어휘자질이 될 수 있을지는 더 따져봐야 할 문제이다. 형용사와 부사를 일종의 이형태처럼 다룬 Radford(1988)의 논의도 관형성과 부사성이라는 자질과 관련해서 논의를 확장할 수 있을 것으로 보인다.

∅처럼 명사적 투사체를 완결 짓는 D 요소들이 나타날 경우 명사적 수식과 동사적 수식의 가능성은 어떻게 되는가? 아래에서 보듯 소위 관형격 조사 '의'를 제외하고는 이들 중 명사적 수식이 가능한 조사는 없다.

(51) ㄱ. *소설의 창작

　　 ㄴ. *소설을 창작

　　 ㄷ. 소설의 창작

(52) ㄱ. (철수에 의해) 소설이 창작되었다.

　　 ㄴ. 철수가 소설을 창작하였다.

　　 ㄷ. *철수가 소설의 창작하였다.

(53) ㄱ. *소설은 창작

　　 ㄴ. *소설도 창작

　　 ㄷ. *소설이야 창작

　　 ㄹ. *소설이나 창작

(54) ㄱ. 철수가 소설은 창작하였다.

　　 ㄴ. 철수가 소설도 창작하였다.

　　 ㄷ. 철수가 소설이야 창작하였다.

　　 ㄹ. 철수가 소설이나 창작하였다.

관형성/부사성과 관련된 ∅와 이들 조사들의 차이는 곧 이들 조사들이 ∅와 달리 관형성/부사성에 대해 명세된 자질을 갖는다는 데서 발생한다. 이로써 우리는 다음과 같이 명사적 투사를 완결하는 D 요소들을 분류할 수 있다.

(55) ㄱ. 관형성: 의

　　 ㄴ. 미명세: ∅

　　 ㄷ. 부사성: 이, 을, 은, 도, 이야, 이나 …

그렇다면 후치사와 최종 D 요소들 외의 조사들은 어떠할까? 이에 답하기 위해서는 이들이 자체의 투사체를 이끌 수 있는지 여부를 살펴보아야 한다. 이정훈(2004, 2007)과 임동훈(1991)은 보조사-III에 속하는 조사들까지 포함하여 모든 보조사류가 자체의 투사체를 이끌지 못한다고 주장한다. 이들이 이렇게 주장한 이유는 이들 보조사들이 결합한 구성체의 범주적 특성이 이들 보조사들로 인해 달라지지 않기 때문이다. 보조사-II에 속하는 '만'이 포함된 예들을 고려해 보자.

(56) ㄱ. 철수는 소설만 창작한다. (명사구)

　　 ㄴ. 철수는 소설책을 대강만 읽는다. (부사구)

　　 ㄷ. 철수는 순희를 못살게만 군다. (절)

(56)에서 '만'이 자체의 투사를 이끈다고 가정한다면 어찌하여 이처럼 다양한 범주적 쓰임을 가지고 있는지 설명하기가 어려울 것이다. 그래서 이정훈(2004, 2007)과 임동훈(1991)의 주장은 언뜻 상당히 설득력이 있는 것처럼 보인다. 그러나 관형

성과 부사성이라는 자질을 상정한다면 (56)의 예들에서 '만'이 자체의 투사를 이끈다 하더라도 별로 문제 될 것이 없다는 점을 주목해야 한다. 즉 (56)의 예들에서 '만'이 자신이 포함된 투사체의 핵이 된다고 하더라도 부사성 자질을 갖고 있는 한 '만'의 투사체들이 동사적 수식에 참여하는 것이 아무런 문제가 되지 않는 것이다.

오히려 '만'이 자체의 투사를 갖지 못한다면 왜 이런 보조사들이 '의'의 도움 없이는 명사적 수식에 참여할 수 없는지를 설명하는 것이 어렵게 된다. 이정훈(2004, 2007)과 임동훈(1991)의 분석대로라면 '만'과 같은 보조사가 결합된 명사구는 범주 변화 없이 명사구가 될 터인데, 명사구는 '의'의 도움이 없더라도 명사를 수식할 수 있다. 즉 '만'이 이끄는 구성체가 명사구라면 맨 명사구와 마찬가지로 명사적 수식을 할 수 있어야 하는 것이다. 그러나 이것은 사실과 반대된다.[30]

(57) ㄱ. 소설만*(의) 창작 (cf. 소설 창작)

　　ㄴ. 순희만*(의) 옷 (cf. 순희 옷)

　　ㄷ. 민속만*(의) 연구 (cf. 민속 연구)

그렇지만 관형성/부사성이라는 자질을 상정하고 '만'이 자

---

30) 이 진술에 약간의 견강부회가 있음을 인정해야 할 것이다. 이 책의 논리대로라면 맨 명사구가 다른 명사를 수식할 수 없다.

체 투사를 한다는 것을 인정하면 (57)에서 '만'이 '의' 없이 나타날 경우 왜 비문법성이 발생하는지를 설명할 수 있다. 즉 '만'은 부사성 자질을 갖고 있어서 명사적 수식에 참여할 수 없기 때문에 관형성 자질을 갖고 있는 요소인 '의'가 반드시 해당 명사적 투사를 완결해야만 하는 것이다. '의'가 해당 명사적 투사를 완결하면 전체 DP는 관형성을 띄게 되는 것이고 결국 명사적 수식에 참여할 수 있게 된다. 이로써 우리는 '만'과 같은 보조사들이 자체의 투사체를 이끈다고 보는 것이 더 합리적인 분석을 가능케 한다는 것을 확인할 수 있다.

'만'을 비롯한 보조사들이 자체의 투사를 이끈다고 했을 때 한 가지 해명해야 할 문제가 있다. 그것은 곧 이들이 나타났을 때도 후치사의 경우와 같이 Ø가 투사를 완결하기 위해 나타나야 한다고 가정해야 하느냐 하는 문제이다. 이에 대해서는 두 가지 해결책이 가능하다. 하나는 이런 보조사들이 나타나기만 하면 자동적으로 Ø가 해당 투사를 완결한다고 보는 것이고 다른 하나는 이런 보조사들이 명사적 투사의 연장선상에 있을 경우에만 Ø가 명사적 투사를 완결한다고 보는 것이다. 이 책에서는 후자의 해결책을 택할 것인데 그 이유는 이런 보조사들이 항상 명사적 투사에만 관여하는 것이 아니기 때문이다. 우리가 영 형태소를 설정할 때는 분석의 편의를 위한 남용을 항상 경계해야 한다. (56ㄱ)에서처럼 '만'이 명사적 투사의 연장선에 있을 경우에는 최강 일률성 가설에 의거해서 명사적 투사가 D에 의해 완결되어야 한다는 요건에 따라 Ø의 설정을 정당화할 수 있지만, (56ㄴ)과 (56ㄷ)에서 '만'이 보충어로 취하는 구성체는 그 투사가 D에 의해 완결되어야 하는 명사적 투사체가 아니다. 이런 경우 ∅가 투입되어 투사를 완결할 이유는 전혀 없다. 즉 (56ㄴ, ㄷ)에서 "대강만"과 "순희를 못살게만"이 '만'의 투사체라고 하더라도 문제가 없으며 오히려 ∅의 설정이 자의적인 것이 되고 만다.31) 우리는 다음과 같은 원칙을 세워 ∅가 명사적 투사의 완결을 위해서만 투입된다는 것을 보장하고자 한다.

(58) ∅는 명사적 투사만을 완결 짓는 최종 D-요소이다.32)

---

31) (50)에 따르면 '만'은 D에 해당하는 요소이므로 (56ㄴ, ㄷ)에서 문제의 구성체들은 DP가 될 것이다. 최종 D-요소에 해당하는 보조사-III 요소들도 명사적 구성체 외의 구성체들과 결합할 수 있으므로 또한 우리는 어찌하여 DP가 부가어로 쓰일 수 있는가 하는 의문을 제기할 수 있다. 명사구 아닌 구성체와 D로 이루어진 DP가 부가어로 쓰이는 것은 다른 언어에서도 발견할 수 있는 예이므로 한국어에만 특수한 현상이 아니다.

  (i) ㄱ. I like you [the most].
    ㄴ. He is speaking [the slowest].
    ㄷ. The strange thing is [this big].

그러나 이런 현상이 다른 언어에도 존재한다는 사실이 DP가 어찌하여 부가어로 쓰일 수 있느냐 하는 의문에 대한 답이 될 수는 없으므로 그 답을 얻기 위한 연구가 더 필요한 것은 사실이다.

32) 최종 D-요소들 중 "은, 도, 이나…" 등은 어찌하여 '만'과 같이 명사적 투사가 아닌 구성체와 결합할 수 있는가 하는 의문을 제기할 수 있다. 그러나 모든 최종 D-요소들이 명사적 투사에만 간여해야 한다고 규정할 이유는 없다. 오로지 ∅만이 명사적 투사를 완결시킬 수 있는 요소라면 문제가 될지도 모르나 최종 D-요소들 중 "이, 을, 의" 등 구조격 조사들도 또한 이러한 특성을 갖고 있으므로 ∅의 이런 특성이 문제가 될 것 같지는 않다. 다만

지금까지의 논의를 종합하여 관형성/부사성 자질로써 우리는 한국어의 조사들을 다음과 같이 분류할 수 있다.

(59) ㄱ. 관형성: 의
     ㄴ. 미명세: ∅
     ㄷ. 부사성: 그 외 모든 조사

이제 서두에서 제기한 문제 중 '의'가 과연 어떤 기능을 하는 요소인가 하는 문제에 답을 제공해야 할 단계에 온 것 같다. 기본적으로 '의'는 최종 D-요소들 중 유일하게 관형성 자질을 지니고서 명사적 투사체를 완결 짓는 조사이다. 또한 '의'는 자신이 투사를 완결 짓는 DP에 속격이 부여되었다는 것을 드러내는 구조격 조사라는 점도 반드시 지적되어야 한다. 그런데 우리가 놓치지 말아야 할 점은 '의'가 다른 구조격 조사들과는 상당한 차이를 보이는 요소라는 점이다. 주격 조사 '이', 대격 조사 '을' 등은 일반적으로 논항 DP의 투사를 완결 지으면서 주격, 대격이 부여되었음을 드러낸다.[33] 그러나 '의'는 논항과

─────────────

이들이 왜 "은, 도, 이나…" 등과 달리 명사적 투사에만 간여하는지 그 근본적인 이유를 밝히는 것은 필요한 일이라 할 수 있다. "이, 을, 의" 등이 격에 민감한 D-요소들이라는 점을 감안하면 이런 특성에는 격이 관계하고 있을 가능성이 크다. 하지만 이 책에서는 이를 더 확장적으로 다루지는 않겠다.
33) "일반적"이라는 단서는 한국어에서 다중 격 출현이 가능하기 때문이다. 그러나 다중 격 출현의 경우에도 해당 DP들은 논항적 성격을 띠고 있으므로 다중 격 출현의 예들을 여기서 일일이 열거할 필요는 없을 것이다.

부가어를 막론하고 명사적 투사체에 수식어로 참여하는 명사
적 구성체라면 무엇이든 그 구성체와 무차별적으로 결합하여
명사적 수식을 가능케 한다.34)

(60) ㄱ. 그 도시에서의 철수의 생활

ㄴ. *그 도시에서가 철수가 생활했다.

ㄷ. *철수가 그 도시에서를 생활했다.

김용하(1999)의 관찰에 의하면 '의'의 도움을 받지 않고 명사
적 수식에 참여할 수 있는 DP는 맨 명사구를 보충어로 하고
∅가 투사를 완결 짓는 무표격 DP의 경우뿐이다. 또한 그에
의하면 무표격 DP는 명사의 내부 논항으로만 인허되는바, 그
분포가 매우 제약되어 있다.

(61) ㄱ. 철수는 [어머니의 막내아들 사랑]을 늘 질투했다.

ㄴ. ??철수는 [어머니 막내아들 사랑]을 늘 질투했다.

---

34) 여기서 "무차별적"이란 표현은 좀 과도한 것일 수 있다. 왜냐하면 '의'가
결합된 성분이 연속적으로 나타나는 것을 한국어 화자들이 상당히 꺼리기
때문이다.

(i) ???그 도시에서의 철수의 회사에의 버스로의 출근

그러나 (i)과 같은 표현을 한국어 화자들이 꺼리는 것을 문법적인 이유라
고 하는 데는 무리가 따른다. '의'가 결합된 성분이 여럿 나타나더라도 자연
스럽게 느껴지는 경우도 있을뿐더러 어떤 빈도에서 어색함이 나타나는지
를 계량화하는 것도 불가능하기 때문이다. '의'의 다중 출현이 어색해지는
데는 문체적인 요인이 작용하는 것 같다.

이런 고려로부터 우리가 제시할 수 있는 해결책은 '의'를 일종의 무상격(default case) 표지로 취급하는 것이다. 즉 '의'는 명사적 수식을 가능하게 하기 위해 '최후 수단'적으로 실현되는 최종 D-요소이다.

4. 마무리

지금까지 우리는 부사격 조사의 범주적 성격을 결정하는 문제에서 출발하여 조사구의 구조와 조사들의 분포에 대한 설명을 시도하였다. 그 과정에서 명사적 수식과 동사적 수식이라는 개념이 한국어에서 유효한 개념임을 제시하고 이를 관형성/부사성이라는 자질로 상정하였다. 최강 일률성 가설에 입각하여 모든 언어의 명사적 투사체가 동일한 양상을 갖고 있다고 가정함으로써 이 장에서는 한국어에서 P 요소인 후치사(=부사격 조사)가 명사에 가장 가까운 후접 요소로 나타나는 것이 오히려 명사적 투사체의 본질에 가까운 모습이라는 주장을 내놓았다. Pesetsky·Torrego(2004)의 분석이 옳다면, 영어와 같은 언어에서 P 요소인 전치사가 명사에서 가장 먼 요소로 나타나는 것이 오히려 도출의 결과인 것이다. 이제 이 장에서 논의된 바를 요약하여 결론으로 삼고자 한다.

첫째, 한국어의 부사격 조사는 그 기능과 의미로 보아 영어와 같은 언어의 P 요소인 전치사에 대응하는 P 요소 후치사이다. 따라서 부사격 조사가 이끄는 투사체는 후치사의 투사체인 PP이다.

둘째, 한국어의 부사격 조사, 영어의 전치사를 막론하고 P는 D로 완결되는 명사적 투사체에 내포된다. 표면적으로 드러나는 위치 상의 차이는 도출의 결과이다.

셋째, 부사격 조사가 이끄는 부사격 조사구는 명사적 수식에 참여할 수 없다. 그 이유는 P 요소인 부사격 조사가 한국어에서 관형성 자질이 아니라 부사성 자질을 갖고 있기 때문이다.

넷째, 보조사와 구조격 조사들도 명사적 수식과 동사적 수식에 참여하는 양상에 차이를 드러내는바, 각각 자신의 투사체를 이끈다고 보아야 한다.

다섯째, 명사적 투사체에 최종 D-요소가 현시되지 않는다 하더라도, 최종 D-요소인 ∅가 명사적 투사를 완결 짓는다. 따라서 표면적으로 PP이거나 비완결 D-요소의 투사체로 보이는 구성체들도 실상은 명사적 투사체의 완결적 DP이다.

여섯째, '의'는 최종 D-요소로서 명사적 수식을 가능하게 하기 위해 '최후 수단'적으로 실현된다.

제6장 조사의 중첩

조사와 관련된 문법 현상들은 한국어 통사론·형태론의 논의를 풍부하게 만들어 주고 있다. 이 장에서는 그런 현상들 중에서 조사 중첩(particle stacking)의 문제를 다루고자 한다. 특히 이 장의 주된 논의는, 조사 중첩에 대해 주로 핵-이동에 기초를 두는 통사론적 접근법을 비판한 Sells(1995)의 분석이다. 그는 한국어와 일본어 동사·명사의 형태론적 행태가 이동과 같은 통사 작용에 의해 결정되지 않는다고 주장하는데, 그 이유는 이들 언어들의 활용 어미와 조사가 통사적 핵의 성격을 노정하지 않기 때문이다. 따라서 Sells(1995)는 한국어와 일본어 동사·명사의 형태론적 행태가 어휘부에서 온전히 결정된다고 보는 강어휘론자 입장(strong lexicalism)의 분석을 제안한다. 그러나 이 장에서 우리는 Sells(1995)와 같은 어휘론적 접근법이 장점보다는 단점이 많다는 것을 보게 될 것이다.

다른 한 편으로, Sells(1995)의 비판이 일리가 있다고 인정하면서도 통사론적 접근법으로 조사 중첩의 문제를 해결하려는 시도가 있으니 최근 Koopman(2005a)의 연구가 그것이다. 그녀는 Kayne(1994, 2003)의 반대칭성 접근법(antisymmetry approach)을[1] 채용해서 이동 접근법의 문제점들을 해결하려 한다. 그런데 Koopman의 분석은 정당화하기 어려운 엄청난 이동들을 허용하기 때문에 문제가 없지 않다. 따라서 이 장에서 우리는 Sells(1995)와 Koopman(2005a)의 분석들, 그리고 그 대안으로서 Li(2005)와 Saito(2012)의 혼종 접근법을 검토한 후에 Sells(1995)가 지적한 통사적 분석의 문제점에 대한 해결책을 탐구한다.

1. 강어휘론자 접근법의 문제점들

앞장에서 살펴보았다시피 한국어 조사의 영역에서 가장 유망한 분석은 조사를 통사적 핵으로 취급하는 것이다(cf. 임동훈,

---

1) 주지하다시피 Kayne(1994, 2003)의 접근법이란 선형 대응 공리(LCA; linear correspondence axiom) 혹은 어순 공리에 기초를 두고 있으므로, 선형 대응 공리 접근법이란 용어를 쓰는 것이 더 어울릴지 모른다. 그러나 선형 대응 공리가 반대칭성을 매우 중요한 개념으로 사용하고 있기 때문에 생성문법의 문헌에서는 Kayne 식의 접근법을 반대칭성 접근법이라고 통칭하는 것이 상례다.

1991; 김용하, 2011). 조사에 어떤 통사 범주를 부여해야 할 것인가에 대해 갑론을박이 있긴 하지만, DP-가설 하에서 한국어의 명사적 투사체는 다음과 같이 상정되는 것이 보통이다(cf. Abney, 1987; 김용하, 1999).[2]

(1) ㄱ. 철수에게만을

ㄴ.

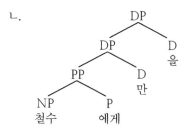

하지만 한국어와 일본어의 동사·명사 형태론을 함께 다루면서 Sells(1995)는 한국어와 일본어의 활용 어미와 조사를 핵으로 다루는 통사적 접근법을 반박할 몇 가지 증거를 내놓는다. 그 중에서도 가장 설득력 있는 것은 통사적 접근법이 조사 중첩의 문제를 제대로 설명할 수 없다는 관찰이다.[3] 아래의 예를 보자.

(2) 순이-한테-까지-는 주었다.

---

2) 앞장에서 여러모로 DP-가설의 타당성을 살펴본 바 있으므로 이 장에서는 이 가설에 대한 논의를 생략한다.

3) Schütze(1996, 2001)는 한국어 조사 중첩의 문제에 대한 포괄적 해결책을 제공하려고 시도했다. 그러나 그 결과가 성공적인 것 같진 않다. 그의 분석은 8장에서 다룰 것이다.

Sells(1995)에 따르면, '한테'에 의해 표현되는, 목표(goal) 논항의 여격을 결정하는 것은 동사 '주다'의 어휘적 속성이다. 하지만 '주다'와 '한테' 사이에는 일반적으로 보조사라 불리는 '까지'와 '는'이 끼어들어 있다. 이 조사들이 모두 구를 투사하는 핵이라면 '주다'는 두 개의 구적 투사체(phrasal projection) 때문에 자신의 여격 논항과 격리된다. 달리 말하자면, (1)과 같은 분석은 '주다'가 '한테'에 이끌리는 투사체를 선택한다는 사실에 대한 우리의 직관을 포착하지 못한다. 나아가 Sells(1995)는 통사적 접근법이 한국어의 명사 형태론을 설명하지 못한다는 추가 증거가 있다고 주장한다. 다음 문장을 고려해 보자.

(3) [선생-님-들]-께서-만-이 그런 일을 하십니다.

(3)에서 Sells(1995)의 관심을 끄는 것은 높임 주어 표지 '께서'이다. 그에 따르면 '께서'는 후치사와 같은 형태론적 홈에 들어가긴 하지만 주어의 주격을 표시하는 것이 그 역할 중 하나라는 것이다.4) Sells(1995)가 올바르게 지적했다시피, 이 조사는 정규 주격 조사보다 더욱 "문법" 표지다운 면이 있어서, 정규 주격 조사와는 달리 일부 표면적인 주어, 주격 목적어(nominative object),5) 비논항

---

4) 이는 또한 일반적인 한국어 문법의 분석이기도 하다(cf. 이익섭·채완, 1999).
5) 주격 목적어란 의미역 관계로 보아서는 목적어 논항에 해당하지만 격은 주격이 표시되는 그런 종류의 목적어들을 가리키는 용어이다. 이는 주로 심리 술어 구문에 등장한다.

부가어와 결합하지 못한다. 따라서 Sells(1995)는 '께서'가 주격 주어만을 표시한다고 주장한나. 나아가 그는 통사적 접근법이 두 개의 주어 표지, 즉 '께서'와 '이/가'가 (3)에서 왜 각기 다른 홈에 동시적으로 나타날 수 있는지 설명할 수 없다고 주장한다. 다른 한 편으로, 그는 자신이 제안하는 어휘론자 접근법이 이 두 조사의 공기 현상을 설명할 수 있다고 강조한다. 그 이유는 동일 정보가 형태론에서 다중적으로 표시되는 것은 드문 일이 아니기 때문, 즉 두 표지의 출현이 통사론적 설명을 요하는 것이 아니기 때문이라고 한다.

결론적으로, Sells(1995)에 따르면, 문제가 많은 통사적 접근법에 대한 가장 개연성 있는 대안은, (4)에서처럼 명사 어근과 조사들이 어휘부에서 결합되어 조사 중첩이 일어난다고 하는 어휘론자 분석이다.[6]

(4)

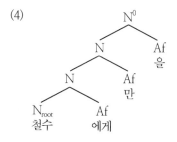

___

6) 이것은 어휘부에서 온전히 굴절된 단어들을 형성하는 것으로 보자는 Chomsky (1993)의 어휘론자 입장의 제안을 연상시킨다. 하지만 Chomsky는 이런 제안을 곧 철회한다.

여기서 우리가 제기할 수 있는 문제는 (4)의 단어 구조가 (2)와 (3)의 예들이 부과하는 문제들을 진정 해결할 수 있는가 하는 것이다. 불필요한 세부사항들을 제외하면, Sells(1995) 식 접근법의 요체는, (4)의 명사 "철수에게만을"이 "철수에게"와 똑같은 여격 접미사를 가진 명사이므로 '주다' 같은 동사의 선택 자질을 만족시킬 수 있다는 것이다. 그러므로 Sells(1995)가 제안한 강어휘론자 접근법은 한국어 조사들이 독립적 통사 핵이 아니라 체언의 일부인 곡용 어미라고 보는 것이다.

하지만 Sells(1995)가 통사적 접근법의 문제와 관련해서 지적한 것들은 충분히 반박될 수 있다. 우선, '께서'와 '이/가'에 의한 이중적인 주어 표시는 '께서'를 격 표지가 아닌 일치 표지로 취급하면 비잉여적인 것이 될 수 있다(cf. 김동석 외, 2006).[7] 더욱이, 강어휘론자 접근법은 다음의 예들과 맞닥뜨리면 매우 군색해진다.

---

7) Sells(1995)는 '께서'가 표시하는 "일치"라는 것이 일반적인 일치와 같은 의미에서 통사적으로 필요한 것은 아니라고 주장하는 Han(1991)과 Park(1991)을 따르고 있기 때문에 '께서'가 높임 일치 표지라는 설명을 거부한다. Sells(1995)에 따르면, '께서'가 표시하는 일치의 가장 중요한 양상은 높임 주어와 높임 표시 없는 동사가 주어 형식이 화용적으로 무표적일 수 없긴 하지만 엄밀히 비문법적이진 않다는 점이다. 그렇지만 필자는 '엄밀히 비문법적'이라는 표현의 의미가 무엇인지 이해할 수가 없다. 주체 높임 선어말 어미 '시'의 존재와 '께서'의 부재가 양립 가능하다는 것은 인정할 수 있으나, '께서'의 존재가 '시'의 존재를 필연적으로 요구하지 않는다는 것은 인정할 수 없다. 이 문제에 대해서는 7장에서 다시 다루게 될 것이다.

(5) ㄱ. [[철수-와 [어떤 남자]]-가] 왔다.

　　ㄴ. [철수-와] [[어떤] [남자-가]] 왔다.

　강어휘론자 접근법은 (5ㄴ)의 주어 구조가 옳은 것이라고 여길 것이다. 쉽사리 확인할 수 있다시피, 선행 접속구 "철수와"는 (5ㄴ)에서 후행 접속구로부터 격리되어 있는데, 이는 받아들이기가 너무 어색한 구조이다. "철수와"가 "어떤 남자"가 아니라 "어떤 남자가"와 접속되어 있다는 이러한 분석은 명백히 반직관적이다(cf. 임홍빈, 1997, 1999). (5ㄱ)이 보여주다시피, 주어 명사구에 대한 가장 개연성 있는 분석은 주격 조사 '가'가 두 접속구 "철수와"와 "어떤 남자"로 구성된 전체 명사구와 결합한 구조이다.

　우리가 감안해야 할 또 한 가지 사실은 Sells(1995)의 접근법이 한국어 구 구조에 대한 올바른 분석에 필수적인 구별인, 파생 형태소와 굴절 형태소 간의 구별을 하지 못하거나 할 수 없다는 점이다. Sells(1995)의 분석에서는 한국어 계사 '이다'가 어휘부에서 명사 어근과 결합하는 동사화 접미사와 같다. '이다'의 부정형인 '아니다'가 (7ㄴ)에 제시된 바와 같이 부정 부사 '아니'와 계사 '이다'가 결합해서 만들어진 복합어라는 사실을 고려하면 이 분석의 결점이 분명히 드러난다. Sells(1995) 자신이 '아니'가 부정 부사라고 가정하고 있으므로 이 부사는 (접사) 형태론에 참여하지 않는다.[8]

(6) ㄱ. 그 남자가 범인이다.

ㄴ. 그 남자가 범인이 아니다.

(7) ㄱ. [$_V$ [$_N$ 범인] 이다]]

ㄴ. [$_N$ [범인]-이] [$_V$ [$_{Neg}$ 아니] 이다]

더욱이나 Sells(1995)의 접근법은 '답다'나 '스럽다' 같은 표현
들을 만나면 힘을 잃는다. 이 두 표현은 전통문법에서 공히 파
생 접미사로 취급되지만, 자신들이 결합되는 언어 단위와 관련
해서 다른 행태를 보여서 그 범주적 지위가 서로 다르다는 것
을 강하게 시사한다. 이 둘의 가장 현저한 차이점은 '답다'가
구 범주와 결합할 수 있는 반면 '스럽다'는 그럴 수 없다는 사
실에 의해 분명히 드러나는바, 강어휘론자 접근법이 이 차이점
을 자연스럽게 설명하기는 매우 어려워 보인다. 다음 예를 살
펴보라.

(8) ㄱ. 역시 철수는 우수한 학자답다.

ㄴ. *역시 철수는 우수한 학자스럽다.

ㄷ. [$_V$ [$_N$ 학자]-답/스럽-]

---

8) 우리는 '아니다'가 '아니-이다'의 보충법 형식이 아니라 축약형이라고 본다.
이렇게 보아야 할 한 가지 형태론적 근거는 간접 인용 구문에서 '이다'와
'아니다'의 평서법 어미로 공히 '라'가 쓰인다는 점이다. 내포문 동사와 결합
하는 일반적 평서형 어미가 '다'이므로, 계사와 그 부정형이 '라'라는 똑같은
어미를 취한다는 사실에 대한 가장 개연성 있는 설명은 '아니다'를 '아니'와
'이다'로 구성된 복합어로 분석하는 것이다.

'우수한'이 상태동사 '우수하다'의 관형형이라는 점을 감안하면 (8ㄷ)의 구조 표상으로써 (8ㄴ)의 비문법성이 예상될 수 있다. 관형형이 용언을 수식할 수는 없으므로 '우수한'은 '학자스럽다'를 수식할 수 없는 것이다. 반면, '답다'에 대해서도 (8ㄷ)의 분석을 고수하면 똑같은 '우수한'이 (8ㄱ)에서는 '학자답다'를 수식할 수 있다고 봐야 하는 딜레마에 빠지게 된다. 어떻게 해서 '학자답다'와 같은 용언 요소가 관형형의 수식을 받을 수 있는가? Sells(1995)가 제안한 강어휘론자 접근법이 설득력 있는 답을 내놓을 수 있을 것 같지는 않다. 결국 (8)의 문법성 대조를 설명할 유일한 방법은 통사적 접사의 존재를 인정하는 것이다.

이상으로, 우리는 Sells(1995)가 취하는 강어휘론자 입장이 문제를 해결하기보다는 악화시키는 점이 더 많다는 것을 보았다. 그러나 우리는 이것이 범주 선택의 문제에 대한 그의 날카로운 비판조차 무력화시킨다는 의미가 아님을 주지해야 한다. 다음 절에서는 범주 선택의 문제에 대한 한 가지 가능한 통사적 해결책을 살펴볼 것이다.

2. 반대칭성 접근법

2.1. 반대칭성과 선택의 국부성 원리

자신의 선형 대응 공리(LCA)에 근거해서 Kayne(2003)은 일본어 같은 언어들의 격조사들과 후치사들이 이끄는 명사적 투사체들을 구축하는 한 가지 방법을 제시한다. 그에 의하면 후치사 핵 P와 격(Kase) 핵 K는 언제나 VP 바깥에 병합된다. 그의 분석을 한국어에 대해 원용하면, '학교에 가다'와 같은 구성체를 구축하기 위해 다음과 같은 도출의 과정이 가정될 수 있다.

(9) ㄱ. … 가 학교 → K의 병합

ㄴ. … K 가 학교 → '학교'의 Spec-K로의 이동

ㄷ. … [학교$_1$ K 가 t$_1$] → P' 병합9)

ㄹ. … P' [학교$_1$ K 가 t$_1$] → VP의 Spec-P'로의 이동

ㅁ. … [가 t$_1$]$_2$ P' [학교$_1$ K t$_2$] → P의 병합

ㅂ. … 에 [가 t$_1$]$_2$ P' [학교$_1$ K t$_2$] → KP의 Spec-P로의 이동

ㅅ. … [학교$_1$ K t$_2$]$_3$ 에 [가 t$_1$]$_2$ P' t$_3$

Kayne(2003)의 분석에서 가장 눈에 띄는 점은 지금까지 당연

---

9) Kayne(2003)에 따르면 P'은 음성 형식 없는, P의 중복으로서 나중에 VP가 P'의 지정어 위치로 이동한다. Kayne의 반대칭성 분석의 문제점들 중 한 가지는 P' 같은, 도처에 등장하는 자리-차지(place-holder)들의 존재이다.

한 것으로 여겨온 명사적 기능 범주가 사실은 절 단위 기능 범주라는 가정이다. 따라서 K와 P 같은 기능 범주들이 VP 외부에서 도입된다. '학교에 가다' 정도의 단순한 구성체를 구축하는 데 (9)에서와 같은 엄청난 이동들이 일어난다는 것을 정당화하기 어려워 보이긴 하지만, 한국어 혹은 일본어 같은 언어들에 Kayne의 반대칭성 분석을 적용해 보는 것은 흥미로울 수 있을 것 같다. Koopman(2005a)의 연구가 곧 그러한 시도인데 곧 살펴보기로 한다.

한편, Sportiche(2005)는 A-이동에서도 재구(reconstruction)가 일어난다는 주장을 내놓는다. 그가 이러한 주장을 하는 이유는 작용역 재구가 일어나는 명백한 예들이 존재하기 때문이다. 아래를 보라.

(10) ㄱ. A southerner is predicted to win every senate race.

　　ㄴ. It is predicted that for every senate race, there is a (possibly different) southerner who will win it.

　　ㄷ. For every senate race, there is a (different) southerner who is predicted to win it.

　　ㄹ. For every senate race, it is predicted that there is a (different) southerner who will win it.

Sportiche(2005)에 따르면, (10ㄷ, ㄹ)에 의역된 해독(paraphrased reading)은, 해당 문장이 상원 의원 선거 당 하나의 개별적 예상들에 대한 요약을 표현하는 해독과 일치한다. 이러한 해독의 가용성이 A-재구의 가능성과 관련이 없음을 고려하면 (10ㄴ)이 그의 취지에 가장 걸맞다. Sportiche(2005)는 (10ㄱ)의 문장이 (10ㄴ)의 해독과 일치하는 유일한 거국적 예상을 보고한다고 보는 것이 가장 자연스럽다고 주장한다. 이는 'every senate race'와 'a southerner' 둘 다가 동사 'predict'의 작용역 안에 있으면서 전자가 후자보다 넓은 작용역을 가질 수 있음을 의미한다. 따라서 작용역 연산을 위한 한 가지 입력은 (11ㄱ)이어야 한다.

(11) ㄱ. is predicted [a southerner to win every senate race].

ㄴ. a southerner will win every senate race.

(11ㄴ)의 현저한 해독이 보여주다시피, 'every senate race'는 'a southerner'보다 넓은 작용역을 가질 수 있다. 따라서 Sportiche(2005)는 A-이동 하의 재구가 작용역 연산에서 일어난다는 결론에 단단한 근거가 있는 것 같다고 주장한다.

이 관찰과 나란히, 재구가 있다고 가정할 수 없는 경우들도 있다. 그래서 Sportiche(2005)는 우리가 아래의 두 질문에 직면해 있다고 주장한다.

(12) ㄱ. 재구가 일어날 경우 그 기제(mechanism)는 무엇인가?

ㄴ. 그 기제가 적용될 수 있어야 하지만 작용역 재구는 허용하지 못하는 사례들을 어떻게 설명해야 하는가?

(12ㄱ)의 의문에 대해서 Sportiche(2005)는 재구가 복사체(copy)들의 해석일 뿐 다른 기제가 전혀 포함되어 있지 않다고 본다. (12ㄴ)에 대해서는 (관련 있는) 재구가 존재하지 않는 사례들이란 (관련 있는) 이동이 없는 경우들이라고 주장한다. 아래 문장을 고려해 보자.

(13) In 1986, *no* integer had been proven to falsify Fermat's theorem.

표준적인 QR(양화사 올리기; quantifier raising) 분석(cf. May, 1985)의 관점에서 (13)의 'no integer'는 내포절 주어 위치에서 상승되며 이 상승은 전형적인 A-이동으로 간주된다. 또한, A-이동이 재구되지 않는 것으로 간주되므로, 동사 'prove'는 'no integer'보다 작용역이 클 수 없다. 하지만 Sportiche(2005)는 이 표준적인 분석의 노선을 따르지 않는다. 그는 V와 DP의 여타 속성들 간에 선택 관계가 없다고 주장한다. 그에 따르면 V는 NP를 선택하지 DP를 선택하는 것이 아니며, D는 VP 내부가 아니라 표면 위치에 생성된다. 따라서 (12)에서 'no'는 내포절 VP의 한 부분으로서 병합되는 것이 아니라 주절의 표면 위치에서 병합되는 것이다. 결론적으로, (14)가 아니라 (15ㄱ)이 (12)의 기저 구조이며, (15ㄴ)은 (13)의 구조를 부분적으로 표상한다.

(14) In 1986, had been proven to no integer falsify Fermat's theorem.

(15) ㄱ. 기저 구조: No ⋯ prove ⋯ [$_{embedded\ clause}$ integer falsify ⋯]

ㄴ. 표면: [No integer] had been proved [to ~~integer~~ falsify ⋯]

Sportiche(2005)는 자신이 선택의 국부성 원리(PLS; principle of locality of selection)라 부르는 요건에 'integer'가 'no'가 이끄는 DP 로 이동하는 것의 근거를 둔다. 이 원리는 선택 관계가 LF에서 통사적으로 국부적이어야 한다고 요구한다. PLS에 따르면, 'falsify'의 선택적 속성이 LF에서 'integer'의 복사체에 의해 국부적으로 만족되며, 'no'의 선택적 속성도 이동해 온 NP 'integer' 에 의해 LF에서 만족된다. 동기가 다르긴 하지만 Sportiche (2005)의 PLS-기반 분석은 Kayne(2003)의 반대칭성 접근법과 비슷한 효과를 갖는다는 점에 유의하라. 이제 우리는 범주 선택 문제에 대한 Sells(2005)의 비판을 Koopman(2005a)이 어떻게 해결하려 하는지 볼 수 있다.

2.2. 조사 중첩에 대한 Koopman(2005a)의 통사적 접근

Koopman(2002a)은 Kayne(2003)의 비대칭성 접근법과 Sportiche (1999, 2005)의 PLS에 의거하면 Sells(1995)가 지적한 선택의 문제에 대해 통사적 설명이 가능하다고 주장한다. 범주 선택의 문제는 (16)과 같은 문장에서 아주 현저한데, 조사 중첩이 명사적 표현이 동사 '주다'의 선택적 속성을 만족시키지 못하게 만든다는 것이다.

(16) 순이-한테-까지-는 주었다.

Koopman(2005a)에 따르면 Sportiche의 PLS는 Sells(1995)가 지적한 선택의 문제에 해결책을 제공한다. 조사는 통사적 핵이지만 범주 선택이 통사적으로 만족되는 도출 시점에는 아직 병합되지 않는다. 조사는 도출에서 좀 더 후에 병합되며, Kayne (2003)이 제시한 바와 같이 자신의 지정어 위치에 초점 성분을 유인해서 (16)과 같은 표면 연쇄체를 생산한다. (16)의 도출을 좀 단순화해서 예시하면 (17)과 같다.

(17) ㄱ. [VP 순이 [주 …]] → P한테를 병합하고 DP(순이)를 유인하라.

ㄴ. [PP 순이 [한테 [VP 순어 [주 …]]]] → F를 병합하고 VP를 이동시키라.10)

ㄷ. [FP [[주 …]] [F [PP 순이 [한테 [주…]]]] → '까지'를 병합하고. 잔여 PP를 이동시키라.

ㄹ. [[PP 순이 [한테 …] [까지 [FP [[VP 주 …]] [F [PP 순어 한테]]]]] → T 병합하고 잔여 VP를 이동시키라.

ㅁ. [TP [주 …] [었 [[PP 순이 한테 …] [까지 [FP [[주]]]]] → '는'

---

10) 여기서도 'F'는 자리-차지이다.

을 병합하고 PP를 이동시키라.

ㅂ. [TopP [[[PP 순이 한테 …] [까지 …]]] [는 [TP [주 …] [었 [[PP 순어 한테 …] [까지]]]]]]] → '다'를 병합하고 TP를 이동시키라; TP는 TopP('는'P)에 동반이동(piedpiping)된다.

ㅅ. [DeclP [TP 순이 한테 까지 는 주 었] [다 [순어 한테 까지 는 주 었]]]

Koopman(2005a)에 따르면, (17ㄴ, ㄹ, ㅁ, ㅂ, ㅅ)의 이동은 PLS에 의해 강제되며, 범주 선택은 이동 후에 만족된다. (17ㄷ)의 단계는 (17ㅂ)에 필요한 잔여 PP를 만들어 낸다.

이러한 Koopman(2005a)의 분석 노선은 또한, 한국어 보조사 '만'이 촉발하는 작용역 상호작용에 대한 Y. Lee(2004, 2005)의 관찰을 흥미롭게 설명한다. 다음 예들을 살펴보라.

(18) ㄱ. 철수-만-을 모든 사람이 사랑한다.
　　　　(모든 〉 만, *만 〉 모든)
　　ㄴ. 철수-하고-만 모든 사람이 악수했다.
　　　　(모든 〉 만, 만 〉 모든)

(18ㄱ)에서 보편 양화된 주어를 선행하는 대격 목적어는 이 주어 QP보다 넓은 작용역을 가질 수 없으나, (18ㄴ)에서 보편 양화된 주어를 선행하는 PP는 이 주어보다 더 넓은 작용역도 더 좁은 작용역도 가질 수 있다. Y. Lee(2004, 2005)는 단어 구조

가 이 작용역 상호작용을 설명한다고 주장한다.[11] Koopman (2005a)은 이 작용역 현상이 자신의 제안에 의해 아주 유사하게 설명된다고 주장한다. 그녀에 따르면 보편 핵-보충어 어순을 받아들여 '만'은 초점 핵으로서, (절 단위에 병합되는) 대격 범주 Acc보다 더 상위에 직접 병합된다(cf. Kayne, 1994). '만-을'의 선형 순서는, "초점 〉 격"이라는 보편 위계에 따라서, '만'이 Acc 바로 위에 병합되어야만 한다는 것을 보여주는데, 왜냐하면 그것이 이 특정한 표면 구성체를 형성하는 유일한 방법이기 때문이다.

(19) [$_{FocP}$ NP$_1$ [만 [$_{AccP}$ N̶P̶$_T$ [을 [··· N̶P̶$_T$ ···]]]]]

이러한 분석의 노선으로 Y. Lee(2004, 2005)가 관찰한 작용역 현상을 어떻게 설명할 수 있는가? Koopman(2005a)이 내놓는 답은 '만'이 Acc과 결합할 때는 주격 주어보다 더 상위에 병합될 수 없는 반면 P와 결합할 때는 더 상위에 병합될 수 있다는 것이다. '만'의 상위 병합에 대한 금지는 '을-만'의 어순을 막는 언어-특정적인 여과에 의거한다. 반면, 'P-만'의 순서를 막는 여과는 없으므로 (18ㄴ)에서 관찰되는 작용역 상호작용이 가능한 것이다. 이러한 설명은 아래에 간략하게 제시되어 있다.

---

11) 이 책에서는 이 작용역 현상에 대한 Y. Lee의 분석의 세부사항을 다루지 않겠다. Y. Lee 2004, 2005를 직접 참고하라.

(20) ㄱ. 주어-Nom(주격) ··· NP 만 ~~NP~~ 을 (작용역 상호작용 없음)

　　ㄴ. *NP-Acc 만 ··· 주어-Nom ··· ~~NP Acc~~ ··· (Acc-*man* 금지)

(21) ㄱ. 주어-Nom ··· NP-P 만 ··· ~~NP-P~~ ··· (주어 〉 초점)

　　ㄴ. NP-P 만 ··· 주어-Nom ··· ~~NP-P~~ ··· (초점 〉 주어)

　Sportiche(2005)의 PLS에 기초해서 Koopman(2005a)은 이러한 분석이 Sells(1995)가 조사 중첩에 대한 통사적 접근법에 제기한 문제를 해결할 수 있다고 본다. PLS는 선택적 의존관계가 국부적으로 만족되어야 한다는 것을 의미한다. 따라서 (19)에서 Acc의 지정어와 '만'의 지정어로 NP가 이동하는 것은 Foc과 Acc의 선택적 속성을 만족하기 위함이다.

　확실히 흥미롭긴 하지만 Koopman(2005a)의 분석은 어떤 핵의 보충어가 바로 그 핵의 지정어 위치로 이동하는 것을 허용 (할 뿐만 아니라 요구하기까지)한다. 핵의 선택적 속성을 이미 국부적으로 만족시킨 보충어가 어찌해서 그 핵의 선택적 속성을 다시 한 번 국부적으로 만족시키기 위해서 그 지정어로 이동해야 하는가? 이는 Grohmann(2000, 2003)이 제안한 반-국부성 (anti-locality)의 명백한 위반이다. 예를 들어 (22ㄴ)의 TP는 (22ㄷ) 처럼 우리가 원하는 형태소 순서를 얻기 위해 Spec-C로 이동해야 한다.

(22) ㄱ. 철수가 순희를 사랑하였다.

ㄴ. [$_{CP}$ 다 [$_{TP}$ 철수-가 순희-를 사랑하-였]]

ㄷ. [$_{CP}$ [$_{TP}$ 철수-가 순희-를 사랑하-였] 다 t$_{TP}$]

여기서 한 가지 지적하고 넘어갈 것은 (17ㅂ→ㅅ)에서 TopP
가 TP와 동반이동하는 것이 (20ㄷ)의 이동과 관련이 있다는 사
실인데, 이 역시도 매우 불편한 분석이다.

나아가 Koopman(2005a)의 접근법은 "철수에게만의 선물" 같
은 명사구 표현을 제대로 설명하기 어렵다. 다음의 도출 단계
들을 고려해 보라.

(23) ㄱ. [$_{PP}$ 에게 [$_{NP}$ 철수 [선물]]]

ㄴ. [$_{PP}$ 철수 [에게 [$_{NP}$ ~~철수~~ [선물]]]]

ㄷ. [$_{FP}$ F [$_{PP}$ 철수 [에게 [$_{NP}$ ~~철수~~ [선물]]]]]

ㄹ. [$_{FP}$ [$_{NP}$ ~~철수~~ [선물]] F [$_{PP}$ 철수 [에게 ~~[$_{NP}$ 철수 [선물]]~~]]]

ㅁ. [$_{GenP}$ 의 [$_{FP}$ [$_{NP}$ ~~철수~~ [선물]] F [$_{PP}$ 철수 [에게 ~~[$_{NP}$ 철수 [선물]]~~]]]]

ㅂ. [$_{GenP}$ [$_{PP}$ 철수 [에게 ~~[$_{NP}$ 철수 [선물]]~~]] [의 [$_{FP}$ [$_{NP}$ 철수 [선물]] F ~~[$_{PP}$ 철수 [에게 [$_{NP}$ 철수 [선물]]]~~]]]

ㅅ. [$_{FocP}$ 만 [$_{GenP}$ [$_{PP}$ 철수 [에게 ~~[$_{NP}$ 철수 [선물]]~~]] [의 [$_{FP}$ [$_{NP}$ 철수 [선물]] F ~~[$_{PP}$ 철수 [에게 [$_{NP}$ 철수 [선물]]]~~]]]]

ㅇ. [$_{FocP}$ [$_{PP}$ 철수 [에게 ~~[$_{NP}$ 철수 [선물]]~~]] 만 [$_{GenP}$ 의 [$_{FP}$ [$_{NP}$ 철수 [선물]] F ~~[$_{PP}$ 철수 [에게 [$_{NP}$ 철수 [선물]]]~~]]]

ㅈ.

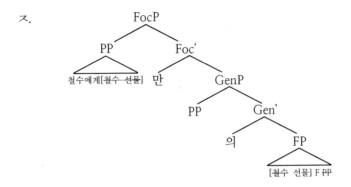

(23ㄱ~ㅇ)의 단계들과 그 결과된 구조 (23ㅈ)으로부터 알 수 있듯이, "철수에게만의 선물"이라는 명사구 표현은 Koopman 분석에 따르면 FocP이다. 그런데 다음 문장을 살펴보자.

(24) 순희는 철수-에게-만-의 선물-을 준비하였다.

Koopman(2005a)의 분석에 비추어서 이 문장을 얻으려면 명사구 표현 '철수에게만의 선물'이 동사 '준비하다'의 보충어로서 VP 안에 병합되어야 한다. 하지만 (23ㅈ)이 보여주다시피 이 명사구 표현은 FocP의 지위를 갖고 있는바, 이는 Koopman (2005a)의 동기, 즉 V가 언제나 동일한 범주만을 국부적으로 선택한다는 동기를 심각하게 훼손시킨다. 따라서 Koopman 식 접근법이 반-국부성과 국부적 선택의 문제들에 대한 해결책을 제공하지 않는 한, 우리는 범주 선택의 문제에 대해 다른 해결책을 모색해야 할 것이다.

3. 혼종 접근법

최근 Li(2005)는 복합술어 형성과 관련하여 상당히 흥미로운 제안을 한 바 있다. 그녀에 따르면 동사 융합(verb incorporation)은 통사부에서의 핵-이동을 포함하는 작용이긴 하지만 이 융합에 참여하는 어간들의 결합은 어휘부에서 이루어지는 것이다. 이러한 Li(2005)의 주장은 많은 부분 강어휘론자 분석을 떠올리게 하는 측면이 있어서 흥미롭다. 또한 Li와는 다른 이유에서 Saito(2012)도 강어휘론자 분석에 외합 핵-이동(head movement with excoporation)을 더한 새로운 핵-이동 분석을 내놓아 주목된다. 그에 따르면, 예를 들어 동사 어형 자체는 어휘부에서부터 형성되지만 기능-핵에 해당되는 요소들이 외합에 의해 남겨짐으로써 통사론적인 만족이 이루어진다.

(25) C–T–vV → {C–T=v-V, DP$_1$} → {C–T–v, {V, DP$_1$}} → {DP$_2$, {C–T–v, {V, DP$_1$}}} →{C–T {DP$_2$, {v, {V, DP$_1$}}}} → {DP$_2$ {C–T {DP$_2$, {v, {V, DP$_1$}}}}} → {C {DP$_2$ {T {DP$_2$, {v, {V, DP$_1$}}}}}}

이 절에서는 핵-이동에 대한 이런 분석을 혼종 접근법(hybrid approach)라고 부르면서 이 접근법이 한국어 조사의 결합 양상을 설명하는 데 적용됨으로써 강어휘론자 접근법의 한계를 넘어설 수 있을 것인지 살펴보고자 한다.

3.1. Li(2005)의 형태부-통사부 사상 가설

Li(2005)는 모든 단어 형성(word formation)이 어휘부에서 일어
난다고 보는 강어휘론자 가설을 유지하면서 핵-이동으로 단
어 형성을 설명하려는 통사론적 입장의 장점을 흡수할 수 있
는 방안으로서 형태부-통사부 사상 가설(MSMH; Morphology-
Syntax Mapping Hypothesis)을 내놓는다.

(26) 형태론적 성분 X와 Y가 단어 W 내에 있고, X와 Y 사이에
    관계 R이 있으면, R은 다음의 경우에, 그리고 오로지 다음의
    경우에만 통사부에 반영된다.
    ㄱ. R은 의미역적이다. 그리고
    ㄴ. 통사부에서의 R의 표상이 모든 통사 원리들을 준수한다.

(26)의 MSMH가 어떻게 작용하는지를 Li(2005)는 아랍어 사
동(causative) 구문을 통해 잘 보여준다. 아래를 보라.

(27) ㄱ. Jaʕal-a   l-mudrris-uun$_1$ t-tulaab-a$_2$ yajlis-uun
       만들다-agr 선생님들.주격   학생들.대격   앉다-agr
       biʒaanib-i baʕdihum l-baʕd-i*$_{1/2}$.
       옆.속격   각자   상대.속격
       "선생님들이 학생들을 서로의 옆에 앉게 했다."

ㄴ. Ɂal-mudrris-uun₁ Ɂajlas-uu   t-tulaab-a₂

선생님들.주격   앉히다-agr   학생들.대격

biʒaanib-i baʕdihum l-baʕd-i·₁/₂.

옆.속격   각자   상대.속격

"선생님들이 학생들을 서로의 옆에 앉혔다."

(27ㄱ)은 아랍어의 우설적 사동(periphrastic causative) 구문의 하나이고 (27ㄴ)은 형태론적 사동(morphological causative) 구문의 하나이다. 이들 사동들은 대략 한국어의 장형 사동과 단형 사동에 해당하는 문법적 구성체라고 할 수 있겠다. 그런데 이 두 문장은 상호사(reciprocal) 결속과 관련하여 매우 흥미로운 양상을 보여준다. 즉 (27ㄱ)의 우설적 사동은 이중 절 구조 (biclausal structure)를 가졌음이 확실시되는바, 상호사 'baʕdihum l-baʕd-i'가 더 국부적인 선행사 't-tulaab-a'에 결속되고 먼 거리에 있는 'l-mudrris-uun'에 결속되지 못하는 것이 당연해 보인다. 그런데 형태론적 사동은 이중 절 구조를 가진 것이 아니라 단문 구조를 가지는 것으로 기대되기 때문에 상호사의 결속 양상이 달라지리라는 예상이 가능해진다. 즉 (27ㄴ)에서는 상호사 'baʕdihum l-baʕd'가, 비록 't-tulaab'보다 먼 거리에 있다 하더라도, 같은 절 내에 있는 'l-mudrris'에 결속될 수 있으리라고 예상할 수 있는 것이다. 그런데 실제 결속 양상은 이 기대와 동떨어져 있어서, (27ㄴ)에서도 역시 더 국부적인 선행사 't-tulaab-a'에만 결속된다. 이러한 결속의 양상의 특이성

은 같은 형태론적 사동 구문인 (28)과 대조했을 때 더욱 뚜렷
해진다.12)

(28) ?an-nisaaʔ-u₁ ?aɣmam-na   l-banaat-i
　여자들.주격　　화나게하다-agr　여자애들.대격
　min   baʕdihin l-baʕd-i₁.
　에게서 각자　　상대.속격
　"여자들이 그 여자애들을 서로에게 화나게 했다."

보다시피 (28)에서는 상호사 'baʕdihum l-baʕd'가 더 먼 선행
사에 결속될 수 있다. (27ㄴ)과 (28)의 가장 두드러진 차이점은
사동사의 근원이 전자는 동사이고 후자는 형용사라는 점이다.
Li(2005)는 이러한 범주 간의 차이가 (26)에 의거하여, 통사부에
반영되어야 한다고 제안한다. 즉 그녀는 동사-파생 사동사
(deverbal causative) 구문은 이중 절 구조로 분석해야 하고, 형용
사-파생 사동사(deadjectival causative) 구문은 단문 구조로 분석
해야 한다고 주장한다. (26)에 의거하여 (27ㄴ)의 도출은 다음
과 같이 이루어진다.

---

12) 아랍어의 사동사 '?aɣmam'에 해당하는 한국어의 사동사가 존재하지 않으
　　므로 번역문은 '화나게 하다'라는 장형 사동을 채택했다. 그러나 이것이 어
　　휘적 사동사라는 점에 주의해야 할 것이다.

(29)

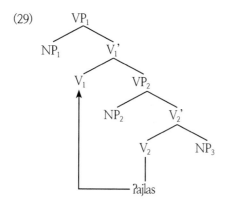

Li(2005)의 논리는 이것이다. 결속의 양상이 (27ㄴ)이 이중 절 구조임을 가리키는바, (27ㄴ)을 그러한 구조로 분석하는 것은 당연하다. 그리고 형태론적으로 하나의 단어처럼 보이는 사동사 'ʔajlas'는 통사부에서의 핵-이동을 통해 (26)의 R을 만족시킨다. 이처럼 Li(2005)는 MSMH로써 모든 합성어가 어휘부에서 형성된다는 강어휘론자 가설을 유지하면서도, 통사적 핵-이동을 통해서만 분석 가능한 문법적 양상들을 설명할 수 있다고 주장한다.[13]

Li(2005)의 MSMH 기반 분석은 많은 부분 Chomsky(1993)의, 굴절을 위한 핵-이동 분석을 연상시킨다. 우리의 궁금증은 Li

---

13) 이 절에서 Li(2005)의 분석을 고찰하는 것이 그녀의 이론을 비판하고 새로운 대안을 모색하기 위함이 아니므로 자세한 비판과 대안 모색은 삼가겠다. 다만 (27), (28)의 번역문들이 보여주는 바와 같이 한국어의 사동 구문은 아랍어의 그것과는 좀 다른 결속 현상을 노정하고 있다는 점만 지적해 두겠다.

와 Chomksy의 이러한 통찰을 확장할 수 있는 방법이 없는가
하는 것이다.

3.2. Saito(2012)의 외합 핵-이동 분석

Saito(2012)는 최소주의 프로그램에서 가정하는 격 부여의 기제, 즉 φ-자질의 일치(Agree)를 통한 격 부여의 기제가 모든 언어에 일률적으로 적용되는 것인지에 대해 의구심을 표명한다. 그의 의구심은 일본어에서 PP도 격-표시될 수 있다는 사실에서 비롯된다.

(30) Koko-kara-ga huzi-san-ni nobori-yasu-i
　　　여기서-부터-가　후지산-에　　오르기-쉽다-현재시제
　　　"여기서부터가 후지산에 오르기 쉽다."

Chomsky(2000)에 따르면 격은 φ-자질 일치의 반사물(reflex)이므로 일치 과정이 격-부여/점검에서 매우 중요한 역할을 한다. 그러나 일본어에서 PP는 φ-자질이 있다고 보기 어렵기 때문에, Chomsky의 이러한 주장은 적어도 일본어의 경우에는 사실이 아니다.

Saito(2012)는 최소주의 프로그램에서 문법 작용은 오로지 병합(Merge)과 일치뿐인데, 일본어에서 격이 φ-자질 일치에 의해 부여되는 것이 아니라면, 남은 가능성은 병합에 의한 격 부여뿐

이라고 주장한다. 그는 An(2009)의 제안을 확장하여 다음과 같은 격-매김(Case valuation) 규칙과 외합 핵-이동을 설정한다.

(31) ㄱ. T-C와 병합되면 격은 주격으로 매김된다.

ㄴ. (타동) V-v와 병합되면 격은 대격으로 매김된다.

ㄷ. N-D와 병합되면 격은 속격으로 매김된다.

ㄹ. 기능 핵 어미들은 동사와 먼저 결합한 다음 외합 핵-이동을 겪는다.

(31)에 의거해서 일본어의 주격 목적어 구문 (32)가 (33)과 같이 분석될 수 있다.

(32) Hanako-ga rosiago-ga wakar-u   (koto)

하나코-가   러시아어-가 이해되다-현재시재 (사실)

"(the fact that) Hanako understands Russian."

(33) ㄱ. {T,C} (주격)

ㄴ. {v, {T,C}}

ㄷ. {V, {v, {T,C}}}

ㄹ. {DP$_1$-주격 {V, {v, {T,C}}}}

ㅁ. {{DP$_1$-주격 V}, {v, {T,C}}}

ㅂ. {DP$_2$-주격 {{DP$_1$-주격 V}, {v, {T,C}}}}

ㅅ. {{DP$_2$-주격 {{DP$_1$-주격 V}, v}}, {T,C}}

ㅇ. {DP$_2$-주격 {{DP$_2$-주격 {{DP$_1$-주격 V}, v}}, {T,C}}

ㅈ. {{DP₂-주격 {{DP₂-주격 {{DP₁-주격 V}, v}}, T}},C}

Saito(2012) 분석의 특징은 절 구조가 생성되기 전에 동사의 굴절 복합체가 생성된다는 점이다. 즉 (33ㄱ)~(33ㄷ)의 과정을 거쳐서 다음과 같은 동사 굴절 복합체가 생성되는 것이다.

(34)

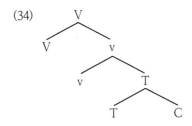

이 동사 굴절 복합체에는 논항 DP에 주격을 매길 수 있는 T-C가 포함되어 있기 때문에 이 동사 굴절 복합체와 결합하는 (33ㄹ)의 DP₁은 주격이 매겨지는 것이다. 그런 다음 (33ㅁ)에서는 V만을 남겨두고 v 이하 굴절 복합체가 이동하는데 어떤 한 구성체의 일부분만이 나뉘어 이동하기 때문에 외합(excorporation) 이동인 것이다. 이 분석의 장점은 Li(2005)의 MSMH 분석과 비슷하다. 강어휘론 분석을 포괄하면서도 통사적 핵-이동을 유지하고 있는 것이다. 또한 Saito(2012)는 이러한 외합 이동이 비외현적(covert)으로 일어난다고 보기 때문에 Y. Lee(2004, 2005)와 Koopman(2005a) 식의 복잡한 도출 방식 설정 없이도 Kayne (1994)의 LCA 효과를 일본어에 대해서도 얻을 수 있다.

격 부여와 외합 이동과 더불어 절 구조에 관한 복잡한 문제들이 얽혀 있으므로 Saito(2012) 이론이 한국어에 포괄적으로 적용될 수 있을지 여부를 따지는 것은 우리의 논의와 어울리지 않는다.14) 다만 그것을 조사와 명사의 통합체계에 적용하는 것은 어떨지 살펴볼 수는 있을 것이다. 예를 들어 "철수의 힘으로써만은"과 같은 명사구는 다음과 같은 명사-조사 복합체로부터 그 도출이 시작될 것이다.

(35)

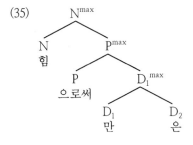

우선 (35)의 복합체에서 우리가 바로 포착할 수 있는 이상한 점은 이 복합체 속에 있는 요소들 간의 관계가 일반적으로 흔히 상정되는 관계를 전복하고 있다는 점이다. 즉 "힘으로써만은"에 대한 일반적인 분석은 '은'이 "힘으로써만"을 선택하고 '만'은 "힘으로써"를 선택하고, '으로써'는 '힘'을 선택한다는 것이다. 그런데 (35)의 복합체를 형성할 때만은 이상하게도,

---

14) Saito(2012)의 이론은 사실 Shimada(2007)의 아이디어에 기댄 바가 크다. Shimada(2007)는 주로 의미론적인 근거에 의하여 Saito(2012)와 비슷한 분석을 전개하고 있다.

'만'과 '은'이 결합하여 '만'이 투사되고, '만은'과 '으로써'가 결합하여 '으로써'가 투사하며 '으로써만은'과 '힘'이 결합하여 '힘'이 투사된다. 그래서 이 복합체의 최종적인 명칭(lable)은 '힘'에 의해서 결정된다: 명사. 이런 고찰로써 (35)의 문제는 명확해진다: "왜 피선택자가 투사되는가?" 이것은 비단 (35)로써만 발생하는 문제가 아니라 Saito(2012) 이론이 적용될 때 반드시 그 해답이 제시되어야 하는 문제이다. Saito(2012) 자신이 이 문제에 대한 언급이 전혀 없을뿐더러, 현재로서는 해답을 찾기가 쉽지 않은 상황이다. 혹자는 나중에 복합체를 이루는 핵들이 외합 이동을 하여 표준적인 분석이 상정하는 구조로 환원이 되니 문제가 없지 않으냐고 할지 모른다. 그렇다 해도 문제제기가 없을 수는 없다: "외합 이동의 설정이 과연 이론적으로 바람직한 것인가?" 이 또한 쉬운 문제는 아니지만 일반적으로 외합이 바람직하지 못한 이동 작용인 것이 인정되고 있으므로 유독 핵-이동의 경우에 이처럼 포괄적인 외합 이동을 설정하는 데는 더욱 많은 정당화가 필요하다고 하겠다. 결국 이런 이유 때문에 이 장에서 '혼종 접근법'이라고 부르는 분석은 한국어 조사의 통합체계를 다루는 데 있어서 채택하기 어려운 것이라고 할 수 있겠다.

4. 기능 범주의 투명성

지금까지의 논의를 고려하면 다음과 같은 질문을 할 수 있다: "(2)와 같은 문장이 제기하는 문제들에 대한 해결책이 있긴 한가?"

(2) 순희-한테-까지-는 주었다.

한 가지 유망한 해결책은 이정훈(2008)이 동사 어미들 간의 이행적 하위범주화 관계를 설명하기 위해 취한 접근법을 채택하는 것이다. 그는 다음과 같은 규칙을 제안한다.

(36) α 가 β 를 하위범주화하고, β 가 γ 를 하위범주화하면, α 는 또한 γ 도 하위범주화한다.

달리 말해 이정훈(2008)의 규칙 (36)은 조사들 간의 순서를 I.-S. Yang 1972 이래로 정해진 대로 가정하면(cf. Ahn, 1988), (2)의 '주다' 같은 동사들이 '한테', '까지', '는' 간의 이행적 관계에 의해 궁극적으로 '한테'를 선택한다는 것을 뜻한다.15) 하지만

---

15) 이정훈의 규칙은 최현배(1937)의 보조 어간 개념을 반영하고 있으므로 완전히 새로운 것은 아니다. 보조 어간 개념은 한국어 조사를 그 부착되는 어간의 범주 귀환(category recursion)을 초래하는 요소들로 취급한다는 점에서 독특하다. 따라서 어떤 동사 어간이 보조 어간과 결합하면 그 결과는 또

(36)의 하위범주화 자질의 이행성이 그 자체로는 한계가 없기 때문에 (36)과 같은 규칙을 우리가 알고 있는 조사의 위계에 적용하는 것은 어려워 보인다.16) 예를 들어, (36)의 규칙은 상위 기능 범주 요소들의 하위범주화 속성들을 하위 기능 범주 요소들에 전달하는 데 한계를 설정하지 않고 있으며, 그래서 '주다' 같은 동사들은 '순희' 같은 순수 명사구조차 선택할 수 있는 것으로 간주된다. 따라서 우리는 또 다른 통사적 해결책을 구해 보아야 한다.

Grimshaw(2005)의 확대 투사론의 맥락에서, Radford(1999)는 영어의 명사구 구조를 탐색하면서 한 가지 흥미로운 제안을 한다. 그는 상당히 복잡한 논증을 거친 끝에 'students of linguistics'는 명사구이고, 'good students of linguistics'는 형용사구이며, 'many students of linguistics'는 양화사구(Quantifier Phrase)이고, 'these students of linguistics'는 한정사구(Determiner Phrase)라는 결론을 도출해 낸다. 그런데 이들을 이와 같이 각기 다른 핵들의 투사체로 상정해 버리면 이들이 명사적 투사체라는 양상을 제대로 포착할 수가 없다. 예를 들어 예의 네 구들은 공히 'themselves' 같은 대용사(anaphor)의 선행사가 될 수 있다.

다른 동사 어간이고, 여기에 또 다른 보조 어간이 부착되어 최종 어미가 나타날 때까지 이 과정이 계속되는 것이다. 이외에도 임홍빈(1997)의 재구조화(restructuring)와 김용하(1999)의 초범주 형성(supercategory formation)도 또한 이정훈(2008)의 규칙과 최현배(1937)의 보조 어간 체계와 정신이 유사하다.

16) 사실 이정훈(2008)은 동사 어미들 간의 선택적 의존관계들에 대해서 (36)의 규칙을 제안하고 있다.

(37) ㄱ. *Students* sometimes underestimate themselves.

ㄴ. *Good students* sometimes underestimate themselves.

ㄷ. *Many students* sometimes underestimate themselves.

ㄹ. *These students* sometimes underestimate themselves.

이런 문제를 해결하기 위해서 Radford(1999)가 고안한 방법은 공-핵성(co-headedness)을 인정하는 것이다. 즉 그는 핵을 '직접 핵(immediate head)'과 '궁극 핵(ultimate head)'으로 구분하고 직접 핵은 언제나 궁극 핵과 핵성을 공유하는 것으로 가정한다. 그래서, 예를 들어 "all these small cars" 같은 명사적 표현은 다음과 같은 구조를 갖는다.

(38) [$_{QNP}$ [$_Q$ all][$_{DNP}$ [$_D$ these][$_{ANP}$ [$_A$ small][$_{NP}$ [$_N$ cars]]]]]

그런데 우리는 Radford(1999)의 이와 같은 해결책을 받아들일 수가 없다. 왜냐하면 Radford(1999) 자신의 논리를 확장해 보면 AP가 NP를 매입함으로써 NP의 성격을 이어받듯이 QP도 AP를 매입함으로써 AP의 성격을 이어받을 것이고, DP도 QP의 성격을 이어받을 것이기 때문이다. 따라서 (38)은 사실 다음과 같이 표상되어야 한다.[17)]

---

17) 실제로 김의수(2007)는 이러한 접근 방식을 취하고 있다. 필자는 이를 이론적으로 받아들일 만한 것이라고 보지 않지만 매우 흥미로운 접근법임에는 틀림없다고 생각한다.

(39) [$_{QDANP}$ [$_Q$ all][$_{DANP}$ [$_D$ these][$_{ANP}$ [$_A$ small][$_{NP}$ [$_N$ cars]]]]]

필자는 (39)와 같이 복잡하고 노골적인 표기법의 도입으로 문제를 해결할 수 있다고 보지 않는다. 이 문제를 해결하기 위해 앞 장에서의 논의를 잠시 상기해 보자.

앞 장에서 우리는 영어의 전치사구 PP가 원래 DP 안에 매입되어 있던 P가 핵 이동하여 다시 투사함으로써 형성된다는, 아래와 같은 Pesetsky·Torrego(2004)의 분석을 보았다.

(40)

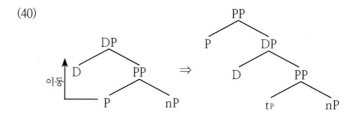

이 이동이 D와 P의 T-자질에 의한 것이라는 주장이 Pesetsky·Torrego(2004) 분석의 요체라는 것은 주지하는 바와 같다. 그런데 이 이동의 동인이 무엇이든 그 결과된 구조인 PP가 나타남으로써 거두는 효과는 자못 대단하다 할 수 있다. 즉 영어에서는 P가 존재할 경우18) 이 P가 명사적 투사를 마감하는 요소가

---

18) P의 존재는 수의적이다. 어휘적 투사의 상부에 존재하는 기능 범주들 중에는 그 출현이 반드시 전제되지 않아도 되는 것들이 있는데 이는 자연언어에서 흔히 발견되는 현상이다. 이런 현상에 대한 흥미로운 설명은 Boeckx 2008을 보라.

된다. 다음을 고려해 보자.

(41) ㄱ. The enemy destroyed the city.

ㄴ. The enemy's destruction of the city

앞 장에서 내놓았던 개념인 관형성과 부사성으로 보자면 (41ㄱ)에서처럼 영어의 DP는 부사성만 갖고 있어서 직접 명사적 수식에 참여할 수 없다. 그래서 항상 'of'의 도움을 받아서 PP로 투사되었을 때나 명사적 수식에 참여할 수 있는 것이다. 그런데 이 경우에 애초 Sells(1995)가 제기했던 범주 투사의 문제가 (41ㄴ)에서처럼 발생한다는 것을 알 수 있다. 즉 (41ㄱ)으로 볼 때 (41ㄴ)의 'destruction'도 당연히 DP를 보충어로 선택해야 할 것이지만 'of'의 출현으로 이런 하위범주화 특성이 반영되지 못하는 듯하다. 물론 생성문법의 문헌에서도 이 'of'가 순수한 격 표지일 뿐인 것으로 분석되곤 하지만, 이는 매우 특이(ad hoc)한 방편일 뿐이다. 대신 이렇게 가정해 보는 것이 아주 그럴 듯해 보인다. 즉 'of'는 영어의 P 중에서 범주 선택과 관련해서 일정한 투명성을 갖는다고 가정해 보는 것이다. 그렇다면 (41ㄴ)에서 'destruction'은 'of'의 보충어인 DP를 볼 수 있고 자신의 범주 선택 자질을 만족시킬 수 있다.

영어에서 범주 선택과 관련된 투명성을 인정해야 할 경우는 다음과 같은 경우에서도 찾아볼 수 있다.

(42) The antiquarian insists that he not arrive late.

(42)는 가정법(subjunctive) 내포문을 요구하는 동사 'insist'가 모문 서술어로 쓰인 문장이다. 그런데 영어에서 가정법은 보다시피 보문소 'that'에 의해서 표시되는 것이 아니라 INFL 혹은 T에 의해서 표시된다. 즉 이 경우에도 영어의 C는 동사 'insist'가 T를 볼 수 있을 만큼 투명해야 한다.[19]

이처럼 기능 범주가 범주 선택과 관련해서 일정한 투명성을 가져야 한다는 것은 비단 한국어의 조사들 간에만 설정되어야 하는 매우 고립된 현상인 것이 아니다(cf. Grimshaw, 2005; van Riemsdijk, 1990/1998). 따라서 우리는 다음과 같이 조사의 투명성을 설정하여 범주 선택의 문제를 해결하고자 한다.

(43) 한국어의 조사들은 자신들의 보충어의 범주 자질에 대해 투명하다.

---

19) 영어에서 이런 투명성을 인정해야 되는 경우에 대한 보다 포괄적인 예들은 김광섭 2011을 참고하라.

5. 마무리

한국어의 조사들은 언제나 통사론에 흥미로운 문젯거리들을 제공한다. 이 장에서는 그 중에서도 조사 중첩의 문제를 다루었다. 그러면서 강어휘론자 입장에서 조사 중첩에 대한 통사적 접근법의 문제, 즉 범주 선택의 문제를 지적한 Sells(1995)의 비판이 상당히 경청할 만하다는 것을 보았다. 그러나 어휘론자 접근법이 범주 선택의 문제 또한 다른 방식으로 설명할 수 있다는 것을 보여줬다. 어휘론자 접근법이 만족스럽지 못하므로 우리는 결국 통사적 접근법을 채택해서 범주 선택의 문제를 다루어야 한다. 우리는 그럴듯한 대안으로서 Sportiche(1999, 2005)의 PLS와 Kayne(2003)의 반대칭성 접근법에 기초한 Koopman (2005)의 분석을 고찰했는데 역시 만만찮은 문제점들을 노정하고 있다는 것을 보았다. 결국 이 장에서 우리가 내리는 결론은 범주 선택과 관련해서 기능 범주의 투명성을 인정해야 한다는 것이었다.

제7장 후치사 '에', '에게', '께'의 교체

형태론적 입장에서 '에'와 '에게'를 다룰 때 이들을 이형태로 보는 것은 일반적인 관행이다.[1] 예를 들어 국어 문법에 대한 일종의 안내서 역할을 하는 이익섭·임홍빈(1983)의 저작이 이런 견해를 대표한다. 이들에 따르면 굳이 '에게'만을 여격 조사라 하여 처격 조사와 구분할 근거는 쉽게 발견되지 않으며,

---

1) 여기서 일반적인 관행이란 국어학계 일반에서 '에'와 '에게'가 이형태 관계인 것을 당연한 것으로 여기는 경향이 있다는 뜻이다. 그런데 문제는 이처럼 당연한 것으로 여기는 사실이 치밀한 논증을 통해서 검증된 경우가 거의 없다는 것이다. 물론 박양규(1972, 1975ㄱ, ㄴ)와 같은 예외가 있으며, 유현경(2003)의 경우가 있지만 절대적인 양으로는 결코 많은 것이 아니다. 관련된 논의가 보이는 것으로는 이익섭·임홍빈(1983), 안명철(1982), 남기심(1993), 김원경(1997), 이익섭·채완(1999), 이익섭(2005) 등의 연구가 있지만 부분적인 논의이거나 '에'와 '에게'의 이형태 관계를 확인하는 정도에 그친다.

'에'와 '에게'는 결국 같은 의미를 가지는 형태소인데, 그 환경에 따라 두 다른 형태가 상보적 분포를 가지게 된 것으로 해석된다. 그렇다면 '에게'도 결국 처격 조사의 하나라고 하여야 할 것이다. 다음의 예문들을 살펴보자.

(1) ㄱ. 화초에 물을 주어라.

　　ㄴ. 목마른 사람들에게 물을 주어라.

(2) ㄱ. 그 조사 결과를 국회에 보고하였다.

　　ㄴ. 그 조사 결과를 장관에게 보고하였다.

(3) ㄱ. 아이들을 친정에 맡겼다.

　　ㄴ. 아이들을 동생에게 맡겼다.

(4) ㄱ. 그 책임은 회사에 있다.

　　ㄴ. 그 책임은 나에게 있다.

　(1)~(4)의 예문들이 보여주는 바대로, '에'와 '에게'는 동일한 서술어의 동일한 논항과 결합하고 있다. 여기서 이 두 조사 간에 특별한 의미 차이가 드러나지는 않으므로 이러한 동일한 의미와 상보적 분포는 '에'와 '에게'가 이형태로 취급될 수 있음을 강력히 시사한다. 이 예들을 토대로 본다면 이 둘은 선행 명사(구)의 유정성/무정성에 따라 그 분포가 결정되는 이형태로 취급해도 무방한 듯 보인다.

　그런데, 문제가 이처럼 간단한 것만은 아니다. '에'와 '에게'가 이형태 관계에 있는 조사들이라면 이들의 이형태 관계

(allomorphy)는 어떤 종류의 것인가? 보충법(suppletion)의 문제를 제외한다면, 일반적으로 이형태 관계는 음운론적으로 조건 지어진 이형태 관계(phonologically conditioned allomorphy)와 형태론적으로 조건 지어진 이형태 관계(morphologically conditioned allomorphy)로 구분된다(cf. Nida, 1946; Matthews, 1972; Katamba, 1993; 이상복, 1991). 예를 들어 다음과 같은 조사·어미의 교체는 선행하는 체언·용언의 음운론적 자질에 의해 결정된다.

(5) '이/가', '을/를', '은/는'의 교체

　ㄱ. 교수가/*이 책을 읽는다.

　ㄴ. 선생*가/이 책을 읽는다.

　ㄷ. 철수가 책을/*를 읽는다.

　ㄹ. 철수가 편지*을/를 읽는다.

　ㅁ. 빵은/*는 철수가 잘 먹는다.

　ㅂ. 김치*은/는 철수가 잘 먹는다.

(6) '았/었', '아라/어라', '아서/어서'의 교체

　ㄱ. 철수가 아버지를 닮았/*었다.

　ㄴ. 철수가 밥을 먹*았/었다.

　ㄷ. 국경일이니 태극기를 달아/*어라.

　ㄹ. 배고플 테니 밥을 먹*아/어라.

　ㅁ. 철수는 아버지를 닮아서/*어서 잘생겼다.

　ㅂ. 철수는 밥을 먹*아서/어서 배가 불렀다.

(5)의 '이/가', '을/를', '은/는'은 선행 체언이 자음으로 끝나느냐 모음으로 끝나느냐에 따라 그 출현이 결정되며, (6)의 '았/었', '아라/어라', '아서/어서'는 선행 용언의 마지막 음절이 양성 모음을 가졌느냐 음성 모음을 가졌느냐에 따라 그 출현이 결정된다.[2] 자음·모음이나 양성·음성 모음이 음운론적인 특질이므로 이들 조사와 어미의 교체는 전형적인 "음운론적으로 조건 지어진 이형태 관계"에 의한 것이라고 할 수 있을 것이다.

반면에 다음과 같은 어미들의 이형태 관계는 형태론적으로 조건 지어진 이형태 관계(morphologically conditioned allomorphy)로 다루어진다(cf. 고영근, 1974).

(7) '거라/너라/여라'
　　ㄱ. '거라'는 /a/로 끝나는 자동사와 결합한다.[3]
　　ㄴ. '너라'는 '오다'와 결합한다.
　　ㄷ. '여라'는 '하다'와 결합한다.

---

2) "양성 모음"이나 "음성 모음"은 엄밀한 의미에서 음운론적 자질이라고 보기 어렵다. 하지만 이 장에 우리가 이에 대한 정확한 형태·음소적 설명을 제공하려는 것이 아니므로 일반적인 용법을 그대로 이용한 것일 뿐이다. 그리고 (50)의 어미들의 교체에는 어간의 음절수도 간여하므로 정확한 기술을 위해서는 좀 더 복잡한 고려가 필요하다.

3) 고영근(1974)에 의하면 이것은 원칙이다. 그러나 현대 한국어에서 '거라'의 분포는 또 다른 이형태인 '아라/어라'와 맞먹을 정도이므로 이 원칙이 엄격하게 적용된다고 보기는 어렵겠다.

(7)의 '거라/너라/여라'의 교체에는('거라'의 경우 음운론적인 조건이 보태져 있긴 하지만) "자동사"라는 범주, '오다', '하다'와 같은 특정 형태소가 영향을 미치므로 이를 형태론적으로 조건 지어진 이형태 관계라고 부를 만하다.

'에'와 '에게'의 교체는 어떠한가? 이들은 음운론적 조건에 의해 그 교체가 결정되는 것이 아니므로 음운론적으로 조건 지어진 이형태일 수 없다. 그렇다면 이들은 형태론적으로 조건 지어진 이형태들인가? 만일 그렇다면 이들의 교체를 결정하는 형태론적 조건이란 과연 무엇인가? (1)~(4)의 문장을 근거로 "선행 명사의 유정성"이라는 대답을 할 수 있을 것인가? 만일 그럴 수 있다면 우리의 물음은 "유정성"이라는 것이 형태론적 자질인가 하는 것으로 귀결된다. 그런데 "유정성"을 명사의 의미 자질 중 하나로 본다면 문제가 발생할 수 있다. 즉 '에'와 '에게'의 출현이 선행 명사(구)의 유정성(animacy)에 의해 결정된다면 이들은 "의미론적으로 조건 지어진 이형태 관계"라는 새로운 유형의 이형태 관계일지도 모른다.4)

이런 문제에 대한 답을 얻는 데는 고영근(2005)이 대단히 유용한 논의를 제공한다. 그는 '에', '에게' 그리고 '께'까지 포함한 이 세 조사들의 교체가 형태론적 이형태 관계가 아님을 주장한다. 그에 의하면 형태론적으로 조건 지어진 이형태 관계란

---

4) 이에 대해 "의미론적으로 조건 지어진 이형태 관계"가 왜 불가능한가 하는 의문이 제기될 수 있다. 이런 의문은 이형태 관계에 대한 전면적인 반성을 요하는 것이다.

특정 형태소가 간여하는 불규칙하고 비자동적인 교체를 말한다. 명백히, '에', '에게', '께'의 교체는 특정 형태소에 의한 불규칙하고 비자동적인 교체가 아니다. 만일 "유정성"이라는 의미론적 자질이 이들의 교체에 간여한다는 것이 인정된다면 이들은 결코 형태론적으로 조건 지어진 이형태들이 될 수 없다. 고영근(2005)에 의하면, 이들은 별개의 형태소로서 의미에 의해 분화된 것들이다.

하지만 이러한 고영근(2005)의 주장에도 문제는 있다. 과연 기존의 이형태 관계 정의에 합당하지 않다는 이유만으로 이들을 별개의 의미와 기능을 가진 독립적 형태소로 처리하는 것은 옳은 일인가? 이들이 개별적인 의미를 가진 형태소들이라면 이들 각각이 가지는 의미는 무엇인가? 이에 대한 답을 구하기는 쉽지 않아 보인다. 다음 하위 절에서는 '에'와 '에게'의 의미 차이를 동사 '주다'의 상과 관련하여 탐구한 유현경(2003)의 논의를 자세히 살펴보고자 한다. 비록 유현경(2003)의 논의가 '에'와 '에게'의 구별이 동사 '주다'의 상과 관련이 있음을 밝힌 것일 뿐, 이들의 의미 자체를 논한 것은 아니라 할지라도, 의미론적 고려를 통해 이 둘의 이형태 관계를 부정하는 것도 타당하지 않음을 논하게 될 것이다.

1. 동사 '주다'의 상과 '에'/'에게'의 교체

　최근 유현경(2003)은 '에'와 '에게'가 서로 이형태 관계에 있는 요소들이 아니라 개별적인 형태소들이라는 주장을 펼친 바 있다. 유현경(2003)은 다음과 같이 '에'와 '에게'의 상보적 분포에 예외가 있다는 점을 지적한다. 이미 '에'와 '에게'의 이형태 관계를 인정한 이익섭·임홍빈(1983)도 밝혔다시피 모든 유정물 다음에 반드시 '에게'가 쓰이는 것은 아니다. 유현경(2003)이 제시한 다음의 예들을 살펴보자.

　(8) ㄱ. 키 큰 사람에 싱겁지 않은 사람이 없다.

　　　ㄴ. 그 아버지에 그 아들이다.

　　　ㄷ. 요즈음 사람에는 별 사람들이 다 있다.

　(9) ㄱ. 형에 비하여 형수가 더 너그럽다.

　　　ㄴ. 그 분에 대해서 우리는 아무 것도 모른다.

　　　ㄷ. 선생에 따라서 이야기가 조금씩 틀리더라.

　　　ㄹ. 이 일이 결국 김 군에 의해 이루어졌다.

　(10) ㄱ. 네안데르탈 인은 인간[에/*에게] 속한다.

　　　ㄴ. 너는 한낱 인간[에/*에게] 불과하다.

　(11) ㄱ. 모두들 적군에 맞서 싸워라.

　　　ㄴ. 그는 적군에 붙잡혔다.

　　　ㄷ. 서태지는 보도진에 둘러싸인 채 공항을 빠져 나왔다.

　　　ㄹ. 기성세대는 새로운 세대에 떠밀려 더 이상 갈 곳이 없다.

ㅁ. 그는 <u>누군가에</u> 이끌려 어디론가 가고 있었다.

ㅂ. 그는 밀려오는 <u>사람들에</u> 치여 넘어졌다.

(12) ㄱ. 모두들 <u>적군에게</u> 맞서 싸워라.

ㄴ. 그는 <u>적군에게</u> 붙잡혔다.

ㄷ. 서태지는 <u>보도진에게</u> 둘러싸인 채 공항을 빠져 나왔다.

ㄹ. 기성세대는 새로운 <u>세대에게</u> 떠밀려 더 이상 갈 곳이 없다.

ㅁ. 그는 <u>누군가에게</u> 이끌려 어디론가 가고 있었다.

ㅂ. 그는 밀려오는 <u>사람들에게</u> 치여 넘어졌다.

이형태 관계의 충분조건이 상보적 분포라고 한다면, 위와 같은 '에', '에게'의 교체 양상은 이 둘이 이형태로서 같은 의미를 가지고 있다고 가정했을 때 설명할 수가 없다. 유현경(2003)은 이러한 예들만으로도 '에'와 '에게'가 이형태 관계가 아니라는 주장의 근거가 되기에 충분하다고 본다. 그러므로 그녀의 결론은 '에'와 '에게'가 이형태가 아니라 별개의 형태소라는 것이다. 그녀의 주장에 따르면 '주다' 구문에서 간접 목적어로 '에게' 명사구가 나올 때와 '에' 명사구가 나올 때 동사 '주다'는 그 어휘상이 다르다. 구체적으로 얘기하면, '에' 간접 목적어를 취하는 '주다'는 완수(accomplishments) 동사이며, '에게' 간접 목적어를 취하는 '주다'는 달성(achievements) 동사이다. Van Valin·Lapolla(1997)에 따르면, "순간성(punctuality)"을 기준으로 완수 동사는 [-순간성] 자질을 가지므로, 본질적으로 완성점을 내포하며 그 지시하는 사태가 시작점과 완성점을 가지는 내적 시간 구조를 가진다. 달성 동사는 [+순간성] 자질을 갖는데, 시작과 동시에 종결되며 사태 종결 후에는 완결된 상태가 지속된다(유현경, 2003: 163f). 완수 동사와 달성 동사의 상적 차이는 진행상과의 공기, '천천히' 따위 부사와의 공기, '동안, 만에' 부가어와의 공기 등의 검증을 통해, 그리고 '다가 말다' 구성에서의 함의의 차이에 의해 드러난다. 다음을 보라.

(13) '에' 간접 목적어와 결합하는 '주다': 완수(accomplishments) 동사 [+telic, -punctual]

ㄱ. 철수가 꽃에 물을 주었다.

ㄴ. 철수가 꽃에 물을 주는 중이다/철수가 천천히 꽃에 물을 주었다/철수가 한 시간 동안 꽃에 물을 주었다/철수가 한 시간 만에 꽃에 물을 주었다.

ㄷ. 철수가 꽃에 물을 주다가 말았다. → 철수가 꽃에 물을 주었다.

(14) '에게' 간접 목적어와 결합하는 '주다': 달성(achievements) 동사 [+telic, +punctual]

ㄱ. 철수가 순희에게 책을 주었다.

ㄴ. *철수가 순희에게 책을 주는 중이다/*철수가 천천히 순희에게 책을 주었다/*철수가 한 시간 동안 순희에게 책을 주었다/*철수가 한 시간 만에 순희에게 책을 주었다.

ㄷ. 철수가 순희에게 책을 주다가 말았다. ↛ 철수가 순희에게 책을 주었다.

(13)에서 보듯, '에' 간접 목적어와 결합하는 '주다'는 완수 동사로서 진행상과 공기할 수 있으며, 부사 '천천히'의 수식을 받을 수 있고, '동안, 만에' 부가어와 공기할 수 있다. 또한 (13ㄷ)에서처럼 '다가 말다' 구성을 이룰 경우 원래 행위주의 의도만큼은 아니더라도 '주다'가 지시하는 행위가 이미 이루어졌음을 함의한다. 반면에 (14)에서 보듯, '에게' 간접 목적어와 결합하는 '주다'는 달성 동사로서 진행상과 공기할 수 없으며, 부사 '천천히'의 수식을 받을 수도 없고, '동안, 만에' 부가어와 공기할 수 없다. 또한 (14ㄷ)에서처럼, '다가 말다' 구성을 이룰 경우 '주다'가 지시하는 행위가 이루어졌음을 함의하지 못한다. (13) 과 (14) 간의 대조는 자못 명백한 것이어서 유현경(2003)의 주장대로 '에'와 '에게'의 교체는 '주다'의 어휘상과 밀접한 관련이 있는 듯하다.

하지만 유현경(2003)이 자신의 주장을 정당화하기 위해 내놓은 예에는 명백한 반례가 있다. 다음의 예를 보자.

(15) ㄱ. 엄마가 아기에게 젖을 주었다.

　　 ㄴ. 엄마가 아기에게 젖을 주는 중이다/엄마가 천천히 아기에게 젖을 주었다/엄마가 한 시간 동안 아기에게 젖을 주었다/엄마가 한 시간 만에 아기에게 젖을 주었다

　　 ㄷ. 엄마가 아기에게 젖을 주다가 말았다. → 엄마가 아기에게 젖을 주었다.

(16) ㄱ. 김 교수가 도서관에 책을 주었다.

ㄴ. *김 교수가 도서관에 책을 주는 중이다/*김 교수가 천천
히 도서관에 책을 주었다/*김 교수가 한 시간 동안 도서
관에 책을 주었다/*김 교수가 한 시간 만에 도서관에 책
을 주었다.

ㄷ. 김 교수가 도서관에 책을 주다가 말았다. ↛ 김 교수가 도
서관에 책을 주었다.

(15)는 '주다'가 '에게' 간접 목적어와 결합한 경우이다. 유현
경(2003)의 주장대로라면 이 경우 '주다'는 달성 동사가 되어
(14)의 경우처럼 완수 동사 검증을 통과할 수 없어야 한다. 하
지만 (15ㄴ, ㄷ)은 이 경우의 '주다'가 달성 동사가 아니라 완수
동사임을 보여준다. 반면에 (16)은 '주다'가 '에' 간접 목적어와
결합한 경우이다. 유현경(2003)의 분석은 이럴 경우 '주다'가 완
수 동사의 상적 특성을 보일 것이라 예측케 하지만 (16ㄴ, ㄷ)
은 이 예측이 잘못된 것임을 보여준다. 그렇다면 유현경(2003)
의 주장과 관찰은 완전히 틀린 것인가?

(14)~(16)은 '주다'가 단일한 상적 의미만을 가지는 것이 아
님을 분명히 보여준다. 다만 '에'와 '에게'가 '주다'의 어휘상에
밀접한 관련이 있다는 유현경(2003)의 주장에는 문제가 있는
것이다. 이러한 문제는 유현경(2003) 자신의 논증 속에서도 발
견된다. 다음을 고려해 보자.

(17) ㄱ. 철수가 밭에 비료를 주었다.

ㄴ. 철수가 <u>영희에게</u> 책을 주었다.

유현경(2003)은 (17ㄱ)과 (17ㄴ)의 차이는 '주다'의 상적 차이에 국한되지 않고 밑줄 친 간접 목적어 논항들의 의미역에도 존재한다고 주장한다. 그녀의 주장에 따르면 (17ㄱ)의 "밭에"는 도달점(goal) 역을 받는 반면, (17ㄴ)의 "영희에게"는 수혜자(benefactive) 역을 받는다. 동일한 술어의 간접 목적어에 부여되는 의미역으로서 도달점 역과 수혜자 역은 어떻게 결정되는가? 유현경(2003)에 따르면 이는 자발성과 의도성에 의해 결정된다.

(18) ㄱ. 철수가 방송국에 편지를 보냈다.

ㄴ. 철수가 영희에게 편지를 보냈다.

(19) ㄱ. *철수가 방송국에 편지를 보내는 중이다/*철수가 천천히 방송국에 편지를 보냈다/*철수가 한 시간 동안 방송국에 편지를 보냈다/*철수가 한 시간 만에 방송국에 편지를 보냈다.

ㄴ. *철수가 영희에게 편지를 보내는 중이다/*철수가 천천히 영희에게 편지를 보냈다/*철수가 한 시간 동안 영희에게 편지를 보냈다/*철수가 한 시간 만에 영희에게 편지를 보냈다.

(19)가 보여주는바, 세 자리 서술어인 '보내다'는 '주다'와 달

리 '에' 간접 목적어와 '에게' 간접 목적어의 교체에서 상적 차이를 드러내지 않는다. 이는 '보내다'가 지시하는 행위에 간접 목적어 논항의 자발성이나 의도성이 영향을 미치지 않기 때문이라는 것이 유현경의 설명이다. 반면 '주다'의 간접 목적어는 유정성 명사일 경우 자발성이나 의도성이 있으므로 그 의미역은 수혜자가 된다는 것이다. 그러면서 유현경(2003)은 '주다'가 보조 용언으로서도 간접 목적어 논항을 취하는 경우가 있으면 그 간접 목적어도 수혜자가 됨을 다음의 예를 통해서 보여준다.

(20) 영희는 <u>아이에게</u> 책을 읽어 <u>주었다</u>.

(20)에서 '아이'는 자발성과 의도성을 가진 유정 명사로서 보조 용언 '주다'의 간접 목적어 논항이므로 수혜자 의미역을 갖는다. 유현경(2003)에게는 이것이 '주다'의 독특한 특성으로서 자신의 주장을 뒷받침하는 예로 인정될지도 모른다.

그러나 (17)~(20)의 논의에서 우리는 몇 가지 모순점을 발견하게 된다. 첫째는 어찌하여 '주다'와 관련된 '에'와 '에게'의 차이가 '보내다' 같은 세 자리 서술어에서는 나타나지 않는가 하는 문제와 관련이 있다. 유현경(2003)의 핵심적 주장은 '에'와 '에게'가 이형태가 아니라 독립적 형태소들이며 그것이 '주다'의 어휘상과 밀접한 관련이 있다는 것이다. 하지만 오로지 '주다'에만 나타나는 특성을 가지고 '에'와 '에게'가 이형태가 아니라고 주장하는 것은 과연 합당한가? (18)~(19)에서처럼 어휘상의 차이가 없음에도 불구하고 '에'와 '에게'의 교체가 나타날 때는 이 둘의 관계가 어떻게 정립되어야 하는가? 유현경(2003)의 이론에서는 이에 대한 답을 구하기가 어렵다.

두 번째 모순점은 (20)의 '아이에게'가 '주다'의 논항이라는 유현경의 주장과 관련이 있다. 과연 '아이에게'가 '주다'의 논항이라면 유현경의 주장에 따라 이때의 '주다'는 달성 동사가 되어 완수 동사 검증을 통과하지 못해야 한다. 하지만 이런 예측은 다음과 같이 빗나간다.

(21) 영희는 아이에게 책을 읽어 주는 중이다/영희는 천천히 아이에게 책을 읽어 주었다/영희는 한 시간 동안 아이에게 책을 읽어 주었다/*영희는 한 시간 만에 아이에게 책을 읽어 주었다.5)

'에'와 '에게'를 독립적 형태소로 취급할 때 생기는 문제점은 이것만이 아니다. 한 걸음 양보하여 유현경(2003)의 주장을 받아들여 '에'와 '에게'를 독립적 형태소로 인정해 보자. 여기서 만일 '께'를 고려에 넣는다면 문제는 더 복잡해진다. '께'와 '에/에게'의 교체는 무엇이 결정하는가? 유현경(2003)의 주장대로

---

5) (21)의 마지막 예문은 완수 동사 검증을 통과하지 못한다. 이것은 (65)의 '주다'가 달성 동사도 아닐 가능성이 있음을 암시한다. 여기서 '주다'의 이런 쓰임이 어휘상과 어떤 관계가 있는지를 논하지는 않을 것이다. 다만 '주다'의 어휘상이 단순히 완수 동사와 달성 동사로 양분될 간단한 문제가 아니라는 것만 밝혀 둔다.

라면 '께' 논항과 결합한 '주다'가 '에게' 논항과 결합한 '주다'와 동일한 상을 가질 경우 '께'는 '에게'의 이형태로 다루어야 할 것이다. 과연, 아래에서 보듯 '께'는 '에게' 논항을 취하는 상적 특성의 '주다'와 함께 나타난다.6)

(22) ㄱ. 철수가 선생님께 책을 드렸다.
ㄴ. *철수가 선생님께 책을 드리는 중이다/*철수가 천천히 선생님께 책을 드렸다/*철수가 한 시간 동안 선생님께 책을 드렸다/*철수가 한 시간 만에 선생님께 책을 드렸다.

혹자는 이것이 유현경(2003)의 주장에 왜 문제가 되는지 알 수 없다고 말할는지도 모른다. 하지만 우리가 여기서 문제를 삼는 것은 체계의 일관성이다. '에게'와 '께'가 '주다' 구문에서 상적 특성에 따라 그 교체가 결정되는 것이 아니라면 우리가 기댈 수 있는 것은 이들과 결합하는 명사의 존대 가능성이다. 즉 '께'는 높임 명사와 결합하고 '에게'는 비높임 명사와 결합한다고 해야 한다고 설명해야 한다. 그런데 유현경(2003)처럼 상보적 분포를 문제 삼는다면 '께'와 '에게'도 완벽한 상보적

---

6) (22)에서 '드리다'가 쓰인 것이 문제일 수 있다. 왜냐하면 '드리다'는 '주다'의 보충법으로 보기에 무리가 있기 때문이다. 그러나 '드리다'가 '주다'를 완전히 대체하지 않는다 하더라도, 그 의미 양상은 유사하므로 현재의 논증에 큰 해가 되지는 않을 것이라 본다. '드리다'를 '주다'의 보충법 형태로 볼 수 없다는 주장에 대해서는 고영근 1974를 보라.

분포를 보이는 것은 아니다.

(23) ㄱ. 철수가 선생님께 책을 드렸다.
     ㄴ. 철수가 선생님에게 책을 주었다.

즉 유현경(2003)의 주장을 따른다면, '에'와 '에게'는 완전한 상보적 분포를 보이는 것이 아니므로 독립적 형태소들이라고 분석해야 하는 반면, '에게'와 '께'는 다소 불완전한 상보적 분포를 보이더라도 이형태로 분석해야 할 것이다. 하지만 상보적 분포의 문제와 더불어 이들을 이형태로 다룰 때 발생할 수 있는 다른 문제는 없을 것인가?

2. 의미에 의한 형태소 교체는 합당한가?

'에', '에게', '께'를 형태론적으로 조건 지어진 이형태들로 보는 데는 두 가지 장애가 있다. 첫째는 유현경(2003)의 지적대로 이들이 완전한 상보적 분포를 보이는 것이 아니라는 것이고 둘째는 이들이 선행 명사(구)의 유정성이나 존대 여부에 관련된 의미에 의한 교체를 보인다는 점이다. 우선 상보적 분포의 문제를 살펴보자.

기술 언어학에 토대를 두고서 Nida(1949)는 형태소를 확인 (identify)하는 6가지 원칙을 밝힌 바 있다.

(24) ㄱ. 출현에 있어서 공통 의미 변별성과 동일 음성 형식을 지
닌 형식들은 단일 형태소를 구성한다.

ㄴ. 형식적 차이의 분포가 음운론적으로 정의될 수 있다면,
공통 의미 변별성을 가졌지만 음성 형식이 다른 형식들은
하나의 형태소를 구성할 수도 있다.

ㄷ. 어떤 형식들이 공통 의미 변별성을 가지고 상보적 분포
관계에 있다면, 그 분포가 음운론적으로 정의될 수 없어
도 하나의 형태소를 구성한다.

ㄹ. 구조적 연속체(structural series)의 외현적인 형식적 차이
는, 이러한 연속체 의 구성원 중 어떤 것이라도 그 구성원
에 있어서 외현적인 형식적 차이 그리고 영 구조 차이가
음성적-의미적 변별성의 최소 단위를 구별하는 유일한
중대 자질이라면, 하나의 형태소를 구성한다.

ㅁ. 변별적으로 다른 의미를 가진 동음 형식들은 각기 다른
형태소를 구성한다. 관련된 의미를 가진 동음 형식들은
의미 부류가 분포적 차이와 동등하다면 단일 형태소를 구
성하지만, 의미 부류가 분포적 차이와 동등하지 않으면
다중 형태소들을 구성한다.

ㅂ. 한 형태소는 고립되어 나타날 수 있으면, 자신이 결합하
는 단위가 고립되어 혹은 다른 조합에서 나타날 수 있으
면, 그리고 자신이 결합하는 단위가 고립되어 혹은 비단
일 구성성분들과의 다른 조합에서 나타날 수 있으면 분리
가능하다.

Nida(1949)의 이러한 원칙이 대체로 받아들일 만한 것이라고 가정해 보자.

(24ㄷ)에 따르면 음성적으로 동일한 형식을 가지지 않았으며, 음운론적인 조건으로 그 분포를 결정할 수 없다 하더라도, 어떤 형식들이 동일한 의미를 가지면서 서로 상보적 분포를 보이면 단일 형태소의 이형태들로 분류할 수 있을 것이다. 바로 이런 점 때문에 이형태 관계의 설정에서 상보적 분포가 중요한 기준이 된다. 그러나 상보적 분포가 언제나 절대적인 기준이 되는 것만은 아니다. 예를 들어, Nida(1949) 자신도 영어의 'proved'와 'proven'에서 'ed'와 'en'이 상보적 분포 관계에 있지 않다는 점을 시인하고 있다. 그러나 그는 'ed'와 'en'이 상보적 분포를 보이지 않더라도 부차적인 (아마도 문체적인) 의미 차이밖에 보이지 않으므로 별개의 형태소들로 볼 수 없다고 하였다. 이는 상보적 분포가 이형태 관계 결정에서 "반드시" 지켜져야만 하는 조건이 아님을 의미한다.

이렇듯 상보적 분포가 이형태 관계 결정에서 절대적으로 지켜질 조건이 아니라 하더라도, '에', '에게', '께'를 이형태로 다루는 것이 정당화되는 것은 아니다. 문제는 이들이 어떻게 조건 지어진 이형태들인가 하는 것인바, 우리에게 남은 선택은 이들을 형태론적으로 조건 지어진 이형태들로 보는 것이다. 하지만 이미 앞에서 지적한 바 있듯이 형태론적으로 조건 지어진 이형태는 그 교체가 특정 형태소에 의해서 결정되어야 한다. 이들이 이형태적 교체를 보이는 듯하면서 음운론적으로 조건 지어진 이형태들이 아니라는 이유로, 이들을 형태론적으로 조건 지어진 이형태로 다루는 것은 적어도 기술 문법의 틀에서는 불가능한 일이다. 그렇다면 이 세 조사들 간의 교체는 어떤 조건 짓기에 의한 것일까? 혹 우리는 의미론적 조건 짓기라는 새로운 이형태 조건을 상정할 수 있지는 않을까?

형태소 혹은 이형태 간의 교체 문제를 전반적으로 다루면서, 고영근(2005)은 '에'와 '에게'를 이형태 관계로 보아서는 안 된다고 주장한 바 있다. 그의 논문이 '에'와 '에게'의 교체를 심도 있게 다룬 것이 아니므로 자세한 논증이 이루어진 것은 아니지만, 고영근(2005)이 이들을 형태론적으로[7) 조건 지어진 이형태들로 보지 않는 이유는 이들의 교체가 유정성이라는 의미 자질에 의해서 결정되기 때문이다. 전통적으로, 음운론적으로 조건 지어진 이형태 관계나 형태론적으로 조건 지어진 이형태 관계는 인정되어 왔지만 의미론적으로 조건 지어진 이형태는 인정된 바가 없다. 즉 의미론적으로 조건 지어진 이형태란 있을 수 없으므로, '에'와 '에게'를 이형태가 아니라 선행 명사(구)의 의미 자질에 따라 분화된 개별 형태소로 보아야 한다는 것이 고영근(2005)의 주장임을 알 수 있다.

어떤 형태소가 선행 형식의 의미에 영향을 받아 이형태적 교

---

7) 고영근(2005)은 용어의 문제까지 다루고 있다. 그는 "형태론적인 조건 짓기", "문법론적인 조건 짓기", "어휘론적으로 조건 짓기"라는 여러 용어보다는 "형태·어휘적으로 조건 짓기"라는 용어를 쓰는 것이 좋다는 견해를 피력하였다.

체를 보이는 경우를 찾을 수 없을까? 이광호(1983)가 이런 예를 보여 주고 있으니 간략히 살펴보자. 이광호(1983)는 처격/시원격 조사 '에서'와 '서'의 교체가 선행 명사구의 의미 자질에 영향을 받는다는 점을 다음과 같은 예를 통해 지적하고 있다.

(25) ㄱ. 철수가 부산/대구/마산/전주<u>에서</u> 왔다.
　　 ㄴ. 철수가 부산/대구/마산/전주<u>서</u> 왔다.
(26) ㄱ. 철수가 산/논/밭<u>에서</u> 왔다.
　　 ㄴ. [?]*철수가 산/논/밭<u>서</u> 왔다.

이광호(1983)는 '에서'와 '서'의 교체를 삭제에 의한 교체로 본다. 즉 (25ㄴ), (26ㄴ)의 '서'는 '에서'에서 '에'가 삭제된 결과라는 것이다. 그는 이 삭제의 원인을 선행 명사구의 의미 자질에서 찾는다. (25)와 (26)의 차이는 지명과 일반 명사의 차이이다. 즉 '에서'의 선행 명사가 고유 명사일 때에만 '에'의 삭제가 가능하다는 것이다. 그는 이를 다음과 같이 규칙화한다.

(27) NP[+place name]+에서 ⇒ NP[+place name]+서

사실 이광호(1983)는 '에서'와 '서'의 교체를 이형태적 교체로 보지 않고 음운 현상으로 보고 있다. 다만 그는 음운 현상에조차 (27)에서와 같은 의미론적 제약이 작용할 수 있음을 주장하고 있는 것이다.[8] 만일 '에서'와 '서'의 관계가 삭제에 의한 교.

체가 아니라 하더라도, 이광호(1983)는 이 두 형식을 이형태 관계로 설정하지는 않았을 것이다. 왜냐하면 그는 후기 중세 한국어의 문말 어미 '다'와 '라'가 선문말 어미의 의미에 의해서 교체되므로 이형태들이 아니라 두 개의 개별 형태소라고 주장하고 있기 때문이다. 즉 이광호(1983)도 의미 자질에 의한 교체를 이형태 교체로 인정하지 않고 있는 것이다.

우리는 고영근(2005)와 이광호(1983)의 태도를 기본적으로 인정한다. 즉 이형태 관계에 "의미론적인 조건 짓기"를 포함해서는 안 된다고 보는 것이다. 하지만 '에게'와 '에'의 의미 분화, 더 나아가 이들과 '께'의 의미 분화라는 고영근(2005)의 개념에는 선뜻 동의하기 어렵다. 필자의 파악이 옳은 것이라면, 고영근(2005)이 이들 조사의 이형태 관계를 부정하는 것은 '에게', '에', '께' 자체의 뚜렷한 의미 차이 때문이라고 볼 수 없다. 그의 주장의 주된 근거는 선행 명사의 유정성이 문법 자질이 아니라 의미 자질이라는 점이다. 이는 "의미론적으로 조건 지어진 이형태 관계"가 적어도 기술·구조주의 문법의 체계에서는 인정 가능한 이형태 관계가 아니기 때문에 기술·구조주의 문

---

8) 그의 주장에 완전히 동의하기는 어렵다. 왜냐하면 '에서'와 '서'의 교체가 그가 주장하듯이 단순히 지명과 일반 명사의 차이 때문에 일어나는 것만은 아니기 때문이다. 필자가 보기에 '에서'와 '서'의 교체에는 의미론적 제약뿐만 아니라 음절 제약까지도 간여하는 것 같다. 다음의 예를 참조해 보라. 여기서 이 문제를 더 이상 다루지는 않겠다.

ㄱ) ?*집서 학교까지 거리가 얼마나 되니?
ㄴ) 학교서 집까지 거리가 얼마나 되니?

법 체계 내에서는 올바른 진술이다. 앞에서 보았던 이익섭·임홍빈(1983)의 예를 다시 한 번 살펴보자.

(28) ㄱ. 화초<u>에</u> 물을 주어라.

ㄴ. 목마른 사람들<u>에게</u> 물을 주어라.

(29) ㄱ. 그 조사 결과를 국회<u>에</u> 보고하였다.

ㄴ. 그 조사 결과를 장관<u>에게</u> 보고하였다.

(30) ㄱ. 아이들을 친정<u>에</u> 맡겼다.

ㄴ. 아이들을 동생<u>에게</u> 맡겼다.

(31) ㄱ. 그 책임은 회사<u>에</u> 있다.

ㄴ. 그 책임은 나<u>에게</u> 있다.

이익섭·임홍빈(1983)의 지적대로 이들 예에서 '에'와 '에게'의 의미나 기능 차이를 확인할 수가 없다. 무정성/유정성은 선행 명사의 의미 자질일 뿐이다. '에' 자체가 무정성 의미를 가지고 있고 '에게' 자체가 유정성 의미를 가지고 있다고 주장할 수는 없다. 조사가 "살아서 숨 쉬고 움직이는 어떤 것"이라는 의미를 가질 수는 없기 때문이다. 이들의 의미 차이라는 것은 기실 이들의 선행 명사구의 의미 차이에 기인한 것일 뿐이다.

이제 우리는 궁지에 몰려 있는 셈이다. "의미론적으로 조건 지어진 이형태 관계"는 체계 상 불가능한 이형태 관계이며, '에'와 '에게' 혹은 '께'는 그 자체로 서로 다른 의미를 가진 형태소들이라고 보기 어렵다. 우리는 곧 이 문제를 다루게 될 것이다.

그 전에, 이형태는 아니지만 그 교체가 체계적(systematic)으로 이루어지는 이들의 관계를 이론적으로 설명하기 전에 이들의 교체를 지배하는 요인에 대해 더 고찰해 보자.

3. 성 자질로서의 유정성

우리에게 익숙한 성(gender) 자질은 주로 성별(sex distinction)에 근거한 남성(masculine), 여성(feminine), 중성(neuter) 등이다. 언어적 범주로서의 성에 관한 관심은 프로타고라스 시대(B.C. 5세기)까지 거슬러 올라간다(Robins, 1967/1997). 그리고 플라톤, 아리스토텔레스, 트랙스를 거치면서 최근까지도 성에 대한 논의는 인도-유럽어에 대한 것이 지배적이었다(Corbett 1991). 대부분의 인도-유럽어들이 남성, 여성, 중성 등의 성별에 근거한 문법성 체계를 갖고 있으므로, 남성, 여성, 중성이 익숙한 성 자질이 된 것은 자연스러운 일이다. 하지만 Lyons(1968)는 스와힐리 어의 6성 체계를 소개한 바 있는데, 이 언어에서 성은 성별에 근거한 것이 아니다(cf. 김용하, 1999).

(32) ㄱ. I-부류 *m*tu(사람), *w*atu(사람들)

ㄴ. II-부류 *ki*su(칼), *vi*su(칼들)

ㄷ. III-부류 *m*ti(나무), *mi*ti(나무들)

ㄹ. IV-부류 *n*chi(나라), *n*chi(나라들)

ㅁ. V-부류 *ji*we(돌), *ma*we(돌들)

ㅂ. VI-부류 *u*devu(수염 가닥), *n*devu(수염들)

Lyons(1968)에 따르면, 스와힐리 어에서는 접두사에 의해 단·복수가 표수되는데 이들 단·복수 표지가 여섯 갈래로 갈라지는 것은 문법 성 체계에 의한 것이다.9) 그에 의하면 이런 성의 분류는 명사의 성질에 따라 분류되는 것인데 예를 들어 I-부류 명사는 인간을 가리키고, II-부류 명사는 무정성 물건들을, III-부류는 주로 식물들을 가리킨다는 식이다. 이런 성 체계는 동사 역시 주어 명사의 성에 따라 달리 굴절하는 것으로서 다시 한 번 확인이 된다.10)

(33) ㄱ. *mt*u *a*mefika (그 사람이 도착했다). *wa*tu *wa*mefika (그 사람들이 도착했다).

ㄴ. *ki*su *ki*meanguka (그 칼이 떨어졌다). *vi*su *vi*meanguka (그 칼들이 떨어졌다).

ㄷ. *m*ti *u*mekauka (그 나무가 시들었다). *mi*ti *i*mekauka (그 나무들이 시들었다).

---

9) Corbett(1991)에 의하면 스와힐리 어에는 7개의 성과 그에 따른 동사 굴절이 존재한다.

10) 우형식(2001)에 의하면, 스와힐리 어를 비롯한 반투 제어의 이러한 성 분화는 분류사에 의한 것이라고 한다. Allan(1977)은 이러한 언어들을 일치적 분류사 언어(concordial classifier language)로 분류한 바 있다(우형식, 2001에서 재인용).

성을 뜻하는 영어 단어 'gender'가 라틴어 'genus'에서 왔고 이 단어의 뜻이 '부류'나 '종류'였다는 것이 스와힐리 어에서는 제대로 반영되고 있는 셈이다. 즉 이 언어로부터 우리는 성 자질이 성별에 근거해서만 존재하는 것이 아니라는 점을 확인할 수 있다.

더욱이, Corbett(1991)에 따르면 주로 성별에 의한 인도-유럽 어의 성 체계도 유정성과 무정성이라는 두 성 범주에 기원했을 가능성이 높다고 한다. 왜냐하면 고대 히타이트의 텍스트를 분석한 결과 이 언어가 유정성과 무정성이라는 두 가지 성 범주를 가지고 있음이 확인되었기 때문이다. 그에 따르면 유정성 명사는 남성과 여성 명사로 나뉘고 무정성 명사는 중성 명사가 되었다는 것이다.11) 이것이 사실이라면, 현재의 성별 중심의 문법 성 체계도 그 근원이 유정성/무정성이 되는 셈이다.

이제 유정성/무정성이 성 자질로 설정되는 것이 별 문제가 없음을 인정해 보자. 여전히 남는 문제는 한국어가 과연 유정성/무정성에 근거한 성 자질 체계를 인정할 만한 언어인가 하는 것이다. 필자는 한국어가 그러한 언어라고 생각한다. 어떤 의미에서 그러한가?

Hockett(1958)은 성을 "연합된 단어들의 행동에 반영되는 명

---

11) 물론 많은 인도-유럽어에서 실제 지시적 의미에서 무정물인 명사들도 남성과 여성으로 나누어진다. 예를 들어 이탈리아 어도 역사 상 문법적 성이 대거 재편된 적이 있다고 하는데(김명배·사적 대화), 이런 명사 성의 분화는 인도-유럽어 역사 상 후기에 일어난 일이라고 볼 수 있다.

사들의 부류"로 정의한다(Corbett, 1991에서 재인용). 이 말은 우리가 어떤 언어가 성 체계를 표출하고 있음을 확인할 때 명사 자체의 성 부류뿐만 아니라 "연합된 단어"들, 즉 이 명사와 일정한 관계를 맺고 있는 단어들에서도 성 부류에 따른 어떤 문법적 장치를 찾아야 한다는 뜻이 된다. 단지 명사만이 부류 자질의 표시 형식을 갖고 있다고 해서 문법적인 성 자질을 표출하고 있다고 말할 수는 없는 것이다. 한국어에는 풍부하지는 않지만 양자가 다 표시되는 체계가 있다.

박양규(1972/1975ㄱ, ㄴ)는 '에게'와 '께'가 사실은 속격 형태소인 '의'와 'ㅅ'을 담고 있다고 주장한다. 그에 따르면 '에게'와 '께'는 다음과 같이 분석된다(박양규, 1972: 52~53).

(34) ㄱ. '에게' ←"의 + 그 + 에"

ㄴ. '께' ←"ㅅ + 그 + 에"

'께'에 속격 형태소 'ㅅ'이 포함되었다는 것은 무엇을 의미하는가? 안병희(1968)에 따르면 중세 국어에서 속격 형태소 'ㅅ'은 무정 명사의 속격을 표시하는 형태소이고, '께'에 'ㅅ'이 포함되었다는 것은 '께'와 결합하는 명사가 무정 명사 취급을 받는다는 것을 의미한다. 박양규(1975ㄱ)는 유정물을 무정물 취급하는 이런 파격을 해소하기 위해 'ㅅ'가 높임 명사를 주어로 하는 경우 서술어에 결합된다는 주장을 펼친다. 주어가 높임 명사가 될 때 주격 조사 '이/가' 대신 '께서'가 쓰일 수 있음에 주목하라. '께서'는 '께'와 '서'가 결합한 형태이다. 주어 높임 명사가 '께'가 포함된 '께서'와 연결되고 그것이 주어와 연결된 용언에 표시된다는 것은 Hockett(1958)의 정의가 한국어에서 확인됨을 뜻한다.

유정성을 성 자질로 봄으로써 우리가 얻는 이득은 무엇인가? 한국어에서 유정성이 성 자질로 부호화되어 있다고 해 보자. 성 자질은 그 자체가 의미 자질인 것은 아니므로(cf. Lyons, 1968; Corbett, 1991), 형태론적 자질로 다룰 수 있고 이에 따라 '에'와 '에게'의 교체가 결정된다면 이 둘은 적어도 문법적 자질에 의해 그 교체가 결정되는 요소들이라고 할 수 있게 된다.

그런데 '께'를 고려에 넣으면 우리는 새로운 문제에 직면한다. 왜냐하면 '께'의 존재가 존대 여부라는 새로운 기준을 도입하기 때문이다. '께'가 선행 명사에 존대를 표시하는 요소라면 이 조사는 '에'와 대립하는 것인가, 아니면 '에게'와 대립하는 것인가? 유정성이라는 자질만이 기준이 된다면 '께'는 당연히 '에게'와 대립하는 조사가 될 것이다. 그리고 그 기준은 '존대'가 될 것인데, '존대'라고 하는 것이 명사의 본유적인 의미 자질이라기보다 화자의 존대 의향과 관련된 자질이라면 '께'와 '에게'의 교체를 다루려 할 때 우리는 "화용론적으로 조건 지어진 이형태 관계"라는 새로운 이형태 관계를 설정해야 할지도 모른다.12) 김용하(1999)는 이에 대한 해결책을 인간성 자질에

---

12) 이것은 '에', '에게', '께'가 각기 독립된 형태소라는 입장을 더욱 지지해 주는

서 찾는다. 그는 '서'가 사람수(person number)를 나타내는 양화
사하고만 결합한다는 고영근(1968)의 관찰에 주목한다. 다음의
대조를 눈여겨보자.

(35) ㄱ. 김 선생과 이 선생이 둘이서 길을 걷는다.

ㄴ. 김 선생님과 이 선생님이 두 분이서 테니스를 치신다.

ㄷ. *흰 개와 검은 개가 두 마리서 길을 걷는다.

박양규(1972/1975ㄱ)에 기대면, 한국어의 명사는 유정성과 관
련해서 높임 명사와 무정 명사를 한 묶음으로 하고 유정 명사
를 한 묶음으로 하는 분류가 가능하고, 고영근(1968)에 기대면,
인간 명사와 비인간 명사를 한 묶음으로 하는 분류가 가능하
다. 그래서 필자는 김용하(1999)를 따라 '에', '에게', '께'의 분포
가 다음과 같이 정해진다고 제안한다.

(36) ㄱ. '에': [-유정물/-인간] 명사에 연결.

ㄴ. '에게': [+유정물/±인간] 명사에 연결

ㄷ. '께': [-유정물/+인간] 명사(=높임 명사)에 연결

이것은 박양규(1972/1975ㄱ, ㄴ)의 분석에 기초하고 있다. 박

체계 상 모순인 듯하다. 게다가 '께'가 '에게'와 이형태 관계에 있고 '에게'는
또다시 '에와 이형태 관계에 있다고 하게 되면, 우리는 이형태가 또 다른
하위 이형태를 갖는다는 이상한 가정을 해야만 한다(cf. 김용하, 1999).

양규의 분석과 이 책의 분석이 다른 점은 그가 유정성/인간성을 의미 자질로 취급한 반면 필자는 이를 성 자질로 취급한다는 것이다. 이런 분석 하에서라면 우리는 '에', '에게', '께'의 교체를 문법적 자질의 작용에 의한 것으로 분석할 수 있다.

이렇게 우리가 체계의 문제를 해결한다고 해도 남은 문제가 있다. 그것은 어떻게 (8)~(12)의 반례를 적절하게 다루어야 할 것인가 하는 문제이다. 여기에 다시 그 예들을 인용한다.

(37) ㄱ. 키 큰 사람<u>에</u> 싱겁지 않은 사람이 없다.

ㄴ. 그 아버지<u>에</u> 그 아들이다.

ㄷ. 요즈음 사람<u>에</u>는 별 사람들이 다 있다.

(38) ㄱ. 형<u>에</u> 비하여 형수가 더 너그럽다.

ㄴ. 그 분<u>에</u> 대해서 우리는 아무 것도 모른다.

ㄷ. 선생<u>에</u> 따라서 이야기가 조금씩 틀리더라.

ㄹ. 이 일이 결국 김 군<u>에</u> 의해 이루어졌다.

(39) ㄱ. 네안데르탈 인은 <u>인간</u>[에/*에게] 속한다.

ㄴ. 너는 한낱 <u>인간</u>[에/*에게] 불과하다.

(40) ㄱ. 모두들 <u>적군</u>에 맞서 싸워라.

ㄴ. 그는 <u>적군</u>에 붙잡혔다.

ㄷ. 서태지는 <u>보도진</u>에 둘러싸인 채 공항을 빠져 나왔다.

ㄹ. 기성세대는 새로운 <u>세대</u>에 떠밀려 더 이상 갈 곳이 없다.

ㅁ. 그는 <u>누군가</u>에 이끌려 어디론가 가고 있었다.

ㅂ. 그는 밀려오는 <u>사람들</u>에 치여 넘어졌다.

(41) ㄱ. 모두들 <u>적군에게</u> 맞서 싸워라.

ㄴ. 그는 <u>적군에게</u> 붙잡혔다.

ㄷ. 서태지는 <u>보도진에게</u> 둘러싸인 채 공항을 빠져 나왔다.

ㄹ. 기성세대는 새로운 <u>세대에게</u> 떠밀려 더 이상 갈 곳이 없다.

ㅁ. 그는 <u>누군가에게</u> 이끌려 어디론가 가고 있었다.

ㅂ. 그는 밀려오는 <u>사람들에게</u> 치여 넘어졌다.

'에', '에게', '께'를 이형태 관계로 취급하는 필자의 입장에서는 (37)~(41)이 진정한 반례가 될 수 없다. 왜냐하면 '에', '에게', '께'의 출현이 (36)에 명시된 바에 의해 결정된다고 할 때 이 예들에서 문제가 되는 것은 이들과 결합하는 명사의 자질과 관련된 것이라고 봐야 하기 때문이다. 즉 이 조사들의 혼용은 이 조사들이 상보적 분포를 가지지 않아서가 아니라 명사의 관련 자질이 가변적이기 때문에 발생하는 것이다.[13] Chomsky (1995)에 따르면 φ-자질을 포함한 형식 자질들에는 본유적 (intrinsic)인 것도 있고 선택적(optional)인 것도 있다. 영어 명사의 수 자질(number feature)은 선택적 자질의 대표적인 예이다. 일반적으로 가산 명사(countable noun)는 단수/복수가 선택적으로 주

---

13) 혹자는 유정성이나 인간성 같은 의미 자질이 어찌하여 가변적일 수 있는가 하고 의문을 제기할지도 모르겠다. 하지만 바로 앞 문단에서 유정성과 인간성이 성 자질로 간주될 수 있다고 한 점을 상기하라. 이들이 성 자질이라는 것은 이것이 형식 자질(formal feature)로 부호화된다는 것을 의미한다. 즉 이 자질을 가진 명사가 실재 세계에서 유정물로 해석되느냐 무정물로 해석되느냐는 다른 문제가 되는 것이다.

어지는 자질이고 불가산 명사(non-countable noun)는 수 자질이 단수로만 고정된다. 하지만 불가산 명사조차도 수 자질이 가변적인 경우가 있으며 복수 명사가 수 자질이 단수가 되는 경우도 있다. 다음이 이를 잘 보여주는 예이다(cf. 한학성, 1996).

(42) ㄱ. Someone threw a stone at her. (가산)

ㄴ. The house is built of stone. (불가산)

(43) ㄱ. I'd like a boiled egg for my breakfast. (가산)

ㄴ. I'd prefer some scrambled egg on toast, please. (불가산)

(44) Ten dollars is too much for a lunch. (복수 형태 단수 취급)

이에 더하여, 여러 언어의 성 자질 체계(gender system)를 포괄적으로 다루고 있는 Corbett(1991)는 성의 기능 중 하나가 화자의 태도를 보여주는 것임을 지적한 바 있다. 그에 따르면 많은 언어들에서 성은 사회적 지위를 표시하는 데, 존경을 표시하는 데, 혹은 애정을 표시하는 데 사용된다. 성은 일반적으로 그 값이 고정되어 있지만 화자의 태도에 따라서 "전환"이 일어나기도 한다. 몇몇 폴란드 어 방언에서는 여성(feminine)이 오로지 기혼 여자에 대해서만 부여되며, 미혼 여성은 중성이 부여된다. 또한 아랍어에서는 여자 아이에게 남성을 부여하고 남자 아이에게 여성을 부여함으로써 애정을 표시한다. 또한 초바-투시 어(Tsova-Tush)에서는 I-성과 II-성이 각각 남성과 여성을 가리키는 데 쓰이지만 주로 비인간 명사에 부여되는 V-성과

VI-성이 부여되어서 화자의 경멸감이 드러나기도 한다. 이처럼 명사의 φ-자질이 가변적이라는 것이 보편적인 현상이라면 (37)~(41)의 예외는 이런 명사 φ-자질의 가변성에 기인하는 것이지 '에', '에게', '께'가 변별적인 의미를 지녔기 때문인 것이 아니다.

4. '에', '에게', '께'의 분포 차이

'에', '에게', '께'가 문법적 자질에 의해 그 교체가 결정된다고 가정한다 하더라도, 우리에게는 과제가 남는다. 그것은 곧 이들의 분포를 어떻게 설명할 것인가 하는 것이다. 우선 표면적으로는 '에'의 분포가 '에게'나 '께'보다는 더 넓어 보인다.

(45) ㄱ. 언어학은 인문과학에 속한다.

ㄴ. 인간은 포유동물에/*에게 속한다.

ㄷ. 교수는 스승에/*께 속한다.

(46) ㄱ. 철수가 이런 종류의 일에 밝다.

ㄴ. 철수가 이런 종류의 개에/*에게 밝다.

ㄷ. 철수가 이런 부류의 어르신들에/*께 밝다.

(47) ㄱ. 철수가 시끄러운 소리에 잠을 깼다.

ㄴ. *철수가 시끄러운 개에/에게 잠을 깼다.

ㄷ. *철수가 시끄러운 어머니에/께 잠을 깼다.

(45)와 (46)의 예문들은 서술어의 속성 상 '에게'나 '께'와 연결된 논항이 쓰일 수 없음을 보여준다. 즉 "인간"이 "포유동물"의 일종이며 "교수"가 "스승"이라 불릴 수 있는 부류의 사람이라 할지라도 그 유정성의 의미를 그대로 유지한 채 '속하다'나 '밝다' 같은 서술어의 논항이 될 수 없는 것이다. (47)에서는 '에'나 '에게/께'가 연결된 명사 구성체들이 "원인"을 나타내는 부가어로 쓰였는데 유정 명사가 아예 쓰일 수 없다. 이들 예문을 보면 '에'를 한 편으로 하고 '에게/께'를 다른 한 편으로 하는 양자 간의 분포 차이만이 존재하는 것처럼 보인다. 언뜻 보면, '에'와 '에게/께'가 독립된 형태소여서 '에게'와 '께'가 이형태 관계를 맺고 있다고 보는 것이 옳아 보일 수도 있을 것이다.

그런데 '에', '에게', '께'에 다른 조사나 첨사가 결합하면 우리는 어떤 유의미한 대조를 발견할 수 있다. 다음 예문을 보자.

(48) ㄱ. 철수는 학교($^{??}$에)로 갔다.

　　ㄴ. 철수는 순희*(에게)로 갔다.

　　ㄷ. 철수는 어머니*(께)로 갔다.

(49) ㄱ. 오늘 학교에서 전화가 왔다.

　　ㄴ. 오늘 순희에게서 전화가 왔다.

　　ㄷ. 오늘 선생님*께서/에게서 전화가 왔다.

(48)은 '로'와의 결합에서 '에'를 한 편으로 하고, '에게/께'를 다른 한 편으로 하는 분포 차이를 보여준다. 이는 다시 한 번

이들 조사 사이에 양자 간의 분포 차이가 존재함을 말해 주는 듯하다.

이들의 분포 차이에 어떤 설명을 가하기 전에, '께서'의 특이한 양상 한 가지를 지적하고자 한다. 다음 예를 보자.

(50) ㄱ. 할머니가 책을 읽으신다.

ㄴ. 할머니께서 책을 읽으신다.

(51) ㄱ. 철수는 할머니가 좋았다.

ㄴ. *철수는 할머니께서 좋았다.

(52) ㄱ. 할머니께서는 할아버지가 좋으셨다.

ㄴ. *할머니께서는 할아버지께서 좋으셨다.

'께서'는 높임 명사가 주어일 때 주격을 표시하는 특별한 조사이다. '께서'가 이미 주격을 표시하므로 정규적 주격 조사인 '이/가'는 '께서'와 상보적 분포를 보일 것이 예상된다. 그러나 (50)이 '께서'가 '이/가'와 상보적 분포 관계에 있음을 보여주는 듯하지만, (51)은 이것이 언제나 그러하지는 않음을 보여준다. (51)이 시사하는 것은 "께서"가 주격을 표시하는 것 외에 어떤 다른 문법 작용과 관련이 있을 것이라는 점이다.14) 뒤에서 논의할 것이지만, 우리는 그 다른 문법 작용이 일치라고 가정한다. (51ㄱ)에서처럼 주격이라는 격 형태는 한국어에서 하나의

---

14) 6장에서 살펴봤던 Sells(1995)의 비판이 이와 관련되어 있음을 상기하라.

단문에 여러 차례 나타날 수 있다. 그러나 (52ㄴ)은 주격 조사라고 일컬어지는 '께서'가 여러 차례 나타날 수 없음을 보여준다. Nomura(2002)는 일본어에서 겹 격(multiple Case)이 나타날 수는 있어도 존대의 겹 일치(multiple agreement)가 나타날 수는 없다는 점을 날카롭게 지적한 바 있다. (52ㄴ)에서 '께서'로 표시되는 주격은 왜 여러 차례 나타날 수 없는가? '께서'는 일치와 관련된 자질을 나타내는 조사이기 때문이다. 지금까지 우리의 논의에 바탕을 둔다면, 여기서 일치-관련 자질은 곧 성 자질이어야 한다. 이것이 '에', '에게', '께'의 분포에 대해서 시사하는 것은 무엇인가?

다음의 예문들을 먼저 살펴보자.

(53) ㄱ. 오늘 순희에게(서) 전화가 왔다.

ㄴ. *오늘 선생님께(서) 전화가 왔다.

(54) ㄱ. 나는 그 얘기를 철수에게(서) 들었다.

ㄴ. ??나는 그 얘기를 선생님께(서) 들었다.

(55) ㄱ. 철수는 친구에게(서) 물이 들었다.

ㄴ. *철수는 선생님께(서) 물이 들었다.

(53)~(55)의 ㄱ 예문은 원래 '에게서'가 나타날 자리에 '서'가 결합되지 않은 '에게'도 나타날 수 있는 경우들이다. '께서'의 형태가 문제라면, 우리는 이 자리에 '께'가 나타날 수 있으리라고 예상할 수 있는데 결과는 이런 예상에 어긋난다. 그 이유가

무엇일까? 얼핏 보기에 이런 분포 차이가 문제의 조사들이 결합하는 명사구의 지위와 관련되어 있는 듯하다. 즉 '에게'가 나타날 수 있는데 '께'가 못 나타나는 것은 그 선행 명사구가 논항적 지위를 가지지 못하는 경우에 보이는 현상인 듯하다는 것이다. 하지만 문제는 그리 간단하지 않다.

우선 (53)~(55)에서 '에게'와 '께'가 결합된 명사구들이 논항인지 부가어인지를 판별할 수 있을지를 고려해 보자. 이를 위해 유현경(1994), 박철우(2002), 김영희(2004)가 제시한 논항 판별법을 적용해 본다.

(56) *오늘 선생님께서 전화가 왔다.

ㄱ. 조사 배제 문 쪼개기(cf. 김영희, 2004): *오늘 전화가 온 것은 선생님이다.

ㄴ. 관계절 표제 명사 되기(cf. 유현경, 1994): *오늘 전화가 온 선생님.

ㄷ. 반문 테스트(cf. 박철우, 2002): 오늘 전화가 왔다. *어느 분께서?

(57) ??나는 그 얘기를 선생님께 들었다.

ㄱ. ??내가 그 얘기를 들은 것은 선생님이다.

ㄴ. ??내가 그 얘기를 들은 선생님

ㄷ. 내가 그 얘기를 들었다. ??어느 분께?

(58) *철수는 선생님께 물이 들었다.

ㄱ. *철수가 물이 든 것은 선생님이다.

ㄴ. *철수가 물이 든 선생님

ㄷ. 철수가 물이 들었다. *어느 분께?

김영희(2004)의 조사 배제 문 쪼개기, 유현경(1994)의 관계절 표제 명사 되기, 박철우(2002)의 반문 테스트는 해당 요소들이 논항적 지위를 갖는다면 통과되는 시험으로서 어느 하나가 절대적인 판별법이라고 할 수는 없지만 의미 있는 경향을 보여주는 것이라 할 수 있다. 과연 (56)~(58)은 '에게'와 '께'의 분포 차이가 선행 명사구의 논항적 지위에 관련되어 있어서 부가어 명사구에 '께'가 연결될 수 없음을 보여주는 듯하다. 그러나 다음의 예들을 고려해 보자.

(59) ㄱ. 철수가 선생님께 잡혔다.

ㄴ. 철수가 선생님께 책을 **뺏겼다.**

ㄷ. 철수가 선생님께 매를 맞았다.

(60) ㄱ. *철수가 잡힌 것은 선생님이다.

ㄴ. *철수가 잡힌 선생님.

ㄷ. 철수가 잡혔다. 어느 분께?

(61) ㄱ. *철수가 책을 **뺏긴** 것은 선생님이다.

ㄴ. ??철수가 책을 **뺏긴** 선생님

ㄷ. 철수가 책을 **뺏겼다.** 어느 분께?

(62) ㄱ. *철수가 매를 맞은 것은 선생님이다.

ㄴ. ??철수가 매를 맞은 선생님

ㄷ. 철수가 매를 맞았다. 어느 분께?

(59)는 '께'가 연결된 명사구가 나타난 예문들이고, (60)~(62)는 이에 논항 판별법을 적용해 본 결과이다. 일률적이지는 않지만 이 결과는 이들 명사구가 논항이 아님을 가리키고 있는 듯하다. 이런 예들로 인해 '께'가 결합한 명사구가 논항이어야 한다는 성급한 결론을 내리는 것이 잘못임을 알 수 있다.

(53)~(55)의 예로 인해 '께'가 부가어와 결합할 수 없다는 결론을 얻을 수 있다면, 부가어가 일치에 참여하지 못한다는 일반적인 현상으로 '께'와 '에게'의 분포 차이를 설명할 수 있겠지만, 한국어의 현실은 이것이 불가능함을 보여준다. 그런데 김용하 2007에서 필자는 아래의 대조로부터 부가어 간에도 어떤 구별을 할 필요가 있음을 지적하고 '께'와 '에게'의 분포 차이를 일치로 설명하려는 다소 무리한 시도를 한 바 있다.

(63) ㄱ. *오늘 선생님께 전화가 왔다(선생님이 발신자).

ㄱ'. *오늘 전화가 온 것은 선생님께이다.

ㄴ. 철수가 선생님께 잡혔다.

ㄴ'. 철수가 잡힌 것은 선생님께이다.

(64) ㄱ. ??내가 그 얘기를 선생님께 들었다.

ㄱ'. ??내가 그 얘기를 들은 것은 선생님께이다.

ㄴ. 철수가 선생님께 매를 맞았다.

ㄴ'. 철수가 매를 맞은 것은 선생님께이다.

다음 절에서는 김용하 2007에서 왜 이런 무리한 시도를 했는지 살펴보고 다른 대안을 모색해 보고자 한다.

5. 기격 일치

한국어를 비롯하여 아이슬란드어와 일본어 등의 기격 주어 (quirky subject) 현상을 살펴면서, 김동석 외(2006)는 한국어의 여격 주어도 기격 주어의 한 종류이며 이 여격 주어의 출현에 일치가 개입한다는 주장을 펼친 바 있다. 일반적인 일치가 성·수·인칭의 일치라고 했을 때, 언뜻 들으면 이들의 주장을 이해하기 힘들 수도 있다. 그러나 이들이 이런 주장을 펼치는 데는 이론적 배경에서 이미 살펴보았던 Chomsky(2001)의 일률성 원리(Uniformity Principle)가 기초가 된다.

(65) 반대되는 결정적 증거가 없는 한, 모든 언어들이 단일하다고 가정하라. 변이는 쉽게 발견 가능한 발화 속성들에 국한된다.

또한 이론적 배경에서 살펴본 바대로 Sigurðsson(2003)은 일률성 원리를 더욱 강력하게 지지하여, 모든 언어가 동일한 자질 집합을 가지지만 그 중 외현적으로 드러나지 않는 자질이 있다고 주장한다. 다음은 그가 제시하는 비외현적 자질의 존재 증거다.

(66) ㄱ. 러시아 어에 현재 시제 형 계사가 없다는 사실이 "Boris
glup (Boris [is] stupid)" 같은 절에 시제와 한정성이 없다는
것을 의미하지는 않는다.

ㄴ. 일본어와 러시아 어에 관사가 없다는 사실이 이들 언어에
한정성이 없다는 것을 뜻하지는 않는다.

ㄷ. 게르만 제어에 동사의 미래 시제 굴절이 없다는 사실이
이들 언어의 "John leaves on Saturday" 같은 문장에 미래
시제가 없다는 것을 뜻하지는 않는다.

ㄹ. 영어 같은 언어의 부정사절에 외현적인 시제나 격 표시가
없다는 것이 이런 자질들이 영어의 부정사절에 의미적으
로 부재하다는 것을 뜻하지는 않는다.

(66)과 같은 주장에 근거하여 Sigurðsson(2003)은 "형식" 자질
이든 아니든 어떤 자질도 비외현적일 수 있으며, 그런 의미에
서 비외현적 자질은 침묵 자질이라는 제안을 한다. 그러면서
그는 다음과 같은 침묵 원리(Silence Principle)를 내놓는다.

(67) 언어들은 의미 있는 침묵 자질들(meaningful silent features)을
가진다; "형식" 자질이든 아니든 어떤 의미 있는 자질도 비외
현적일 수 있으며, 그런 의미에서 이들은 침묵 자질들이다.

Miyagawa(2004, 2005, 2010)는 이 같은 Sigurðsson(2003)의 침
묵 원리를 더욱 강화하여 모든 언어가 동일한 자질들을 가질

뿐만 아니라 어떤 방식으로든 갖고 있는 자질을 표출한다는 최강 일률성 가설(Strongest Uniformity Hypothesis)을 제안한다.15) 하지만 Miyagawa(2005)는 실제 최강 일률성 가설을 언어 현상을 설명하는 데서 강력하게 밀고나가지는 않는다. 그는 일본어와 같은 초점-탁립 언어(focus-prominent language)와 영어/인구어 같은 일치-탁립 언어(agreement-prominent language)를 구분한다. Chomsky(2008)의 이론 틀(framework)을 받아들여 Miyagawa(2004, 2005)는 C가 가진 일치 자질(혹은 초점 자질)이 INFL로 삼투(혹은 상속)된다고 본다.

(68) 초점-탁립 언어

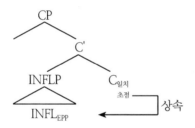

---

15) Miyagawa 자신이 최강 일률성 가설이라는 언급을 하지는 않았음을 밝혀둔다. 이 용어는 김동석 외 2006에 기인한다.

(69) 일치-탁립 언어

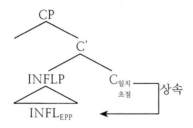

Sigurðsson(2003), Chomsky(2005), Miyagawa(2004, 2005, 2010)의 이론을 검토하면서, 김동석 외(2006)는 최강 일률성 가설을 좀 더 강력하게 적용할 것을 제안한다. 이들은 Chomsky(2005)와 마찬가지로 INFL이 A-이동이나 격 점검/부여, 일치와 관련된 자질을 C로부터 상속받는다고 가정한다. 단 Miyagawa(2004, 2005, 2010)와 달리 초점 관련 자질과 일치 관련 자질이 선택적으로 상속되기보다는 한꺼번에 상속된다고 가정하면서도 한국어와 같은 초점-탁립 언어는 Sgurðsson(2003)의 의미에서 일치 자질이 침묵 자질이 된다고 보는 것이다.

(70) 한국어

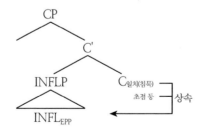

(70)에 따르면 한국어에서 일치 자질은 침묵 자질이어서 외현적으로 발현되지 않는다. 김동석 외(2006)는 (70)이 일반적인 한국어의 상황이지만, 한국어에서도 피치 못할 경우 일치 자질이 발현되는 예가 있다고 주장한다. 그 피치 못할 경우란 곧 '시'에 의한 존대의 일치가 나타나는 경우이다. 김동석 외(2006)는 그 이유를 높임 명사의 성 자질 상 모순에서 찾는다.

(71) ㄱ. 무정 명사: [−유정물/−인간]
　　 ㄴ. 비존칭 유정 명사: [+유정물/±인간]
　　 ㄷ. 높임 명사: [−유정물/+인간]

(71ㄷ)에 보인 높임 명사의 자질 명세는 사실 모순된 것이다. "인간"과 "유정물"의 의미 관계는 상·하의 관계(hyponymy)에 속하는 것이며 이런 면에서 "인간"은 "유정물"을 함의한다. 그러나 (71ㄷ)의 자질 명세는 이런 자연스러운 함의를 정면으로 위배하는 것이다. 김동석 외(2006)는 이 때문에 높임 명사의 성 자질이 일종의 비해석성 자질과도 같은 것이 된다고 주장한다. 이들의 주장에 따르면 이처럼 특이한 자질 변이가 있을 경우 한국어는 φ−자질의 일치가 형태적으로 표시된다.

김용하 2007에서 필자는 한국어의 이른바 주체 존대에 대한 김동석 외(2006)의 이러한 분석을 받아들이고 높임 명사의 성 자질 점검 기제를 일부 수정하여[16] 높임 명사가 주어 논항이 아닌 다른 논항으로 나타난 경우에까지 그 기제를 확장하고자 했다. 이런 수정을 시도한 것은 김동석 외(2006)가 제시한 분석에는 한 가지 이론적 문제점이 있었기 때문이다. 높임 명사가 가진 "[-유정물/+인간]"이라는 자질이 상의·하의 관계 상 모순이라서 비해석성 자질이 된다면 점검이 일어날 경우 이 모순을 피하기 위해서 어느 한 자질이 없어진다는 것을 의미한다. 그럴 경우 '[-유정물/+인간]'이라는 자질로 대표되는 높임 명사의 특성 자체가 사라지는 결과가 생긴다. 이런 이론적 문제를 해결하기 위해 김용하 2007에서는 높임 명사가 [±유정물] 자질에 대해 미명세된(underspecified) 된 채로 도출(derivation)에 투입되어 φ-자질이 일치-점검될 때 "[-유정물]"이라는 자질로 값이 매겨진다고 가정했다. 김용하 2007에서는 이것이 실행 가능한(feasible) 가정일 수 있다고 보았다.17) 그 이유는 필자가 이런 가정이 기격 일치(quirky agreement)와 잘 들어맞는다고 보았기 때문이다.

Chomsky(2000)는 아이슬란드 어와 같은 언어의 기격이 주로 여격과 같은 고유격(inherent case)이지만,18) 추가적 구조격(additional structural case)을 부여 받음으로써 이런 기격을 가진 기격 주어

---

16) 이런 수정을 생각하게 된 것은 박명관 교수와의 사적 대화에서 비롯됐다. 이 점 감사를 표시한다.

17) 필자는 한국어에만 따로 어떤 φ-자질이 존재한다고 보지는 않는다. 이는 앞에서 본 Sigurðsson(2003)의 침묵 원리가 가정하는 바를 그대로 따른다는 의미이다.

18) 고유격은 일정한 의미역과 함께 부여되는 격으로서 비해석성 자질인 구조격(structural case)과는 달리 해석성 자질이다.

들이 이동을 겪는 것이 가능하다고 주장한다.[19] 김동석 외(2006)
도 다음과 같은 한국어의 여격 주어가 역시 추가적 구조격을
가짐으로써 일치/이동에 참여한다고 주장한다. (72ㄴ)은 이런
추가적 구조격이 주격 조사 '가'로 실제 발현될 수 있음을 보여
준다.

(72) ㄱ. 어머니께 이 옷이 어울리신다.

ㄴ. ?어머니께가 이 옷이 어울리신다.

김용하 2007에서 필자는 이런 분석을 '에서'와[20] '께서'에도
확장했다. 우선 필자는 이 두 조사가 일종의 기격 조사로서 고
유격 표지일 것이라고 가정했다.[21] 이런 가정 하에서라면 이

---

19) 여기서 아이슬란드 어의 예들을 다루지는 않겠다. 김동석 외(2006)에서 기
   격 주어를 비롯하여 추가적 구조격의 역할이 자세히 언급되고 있으므로 이
   를 참고하기 바란다.
20) 여기서 '에서'는 다음 예에서 나타나는 것과 같은 이른바 단체 주격의 조사
   이다.
   i) 우리 학교에서 신임 교사를 뽑는다.
   '께서'가 높임 명사의 무정성을 표시한다는 박양규(1975ㄱ, ㄴ)의 독특한
   이론은 바로 이런 '에서'의 쓰임에 주목한 탓이다. 여기서 '에서'의 문제까지
   자세히 언급하는 것은 논의를 지나치게 확장시킬 우려가 있으므로 더 이상
   다루지는 않겠지만, '에서'와 '께서'는 기격 조사로서 일정한 차이점과 공통
   점을 갖고 있다는 점을 지적해 둔다.
21) Woolford(2006)는 경동사 v에 의해 부여되는 고유격을 동사, 전치사와 같은
   어휘 범주에 의해 부여되는 어휘격(lexical case)과 구분할 것을 제안했으며,
   '께서'나 '에서'에 대해서는 아니지만, Jeon(2003)은 여격을 의미-구조격
   (semantic structural case)으로 볼 것을 제안했다. 이런 제안들에 기댄다면,

들은 추가적 구조격과 결합함으로써 일치/이동과 같은 문법 작용에 참여할 수 있다. Chomsky(2001)에 따르면 일치에 의한 점검이란 곧 미명세된 자질의 값을 고정시키는 것으로서 원리-매개변인 접근법(principles and parameters approach)의 격 부여와 일맥상통한 작용이다. '에서'는 φ-자질이 미명세되지는 않았으므로 추가적 격 자질만이 주격으로 값이 고정될 것이다. 하지만 '께서' 논항은 φ-자질에도 [u유정물]이라는 미명세 자질이 있으므로 추가적 구조격 자질이 주격으로 고정되면서 이 것이 [-유정물]로 명세화된다. 격 자질의 점검이 일어나면서 φ-자질의 점검이 같이 일어나는 것은 다음과 같은 Chomsky (2001)의 최대화 원리(maximization principle)에 의거한다.

(73) 자질 점검/일치는 한 번에 최대치로 일어난다.

(73)은 격 자질의 점검 일치가 일어날 때 φ-자질의 점검도 함께 일어나는 것을 보장한다. 이렇게 볼 경우, φ-자질의 점검이 일어나더라도 한국어에서 일치 관련 자질이 침묵 자질이므로 정상적인 경우에 동사의 활용에까지 발현되지 않지만, 높임 명사 같은 변이가 있을 경우 동사의 활용에도 일치 자질이 활성화되어 '시'가 동사에 접미됨으로써 외현적으로 실현되는 것이다.

'께서'나 '에서'는 적어도 완전한 의미격이나 어휘격 표지는 아닌 것이다.

필자는 이런 분석이 실행 가능한 것이라고 보았으며, '에게', '께'가 기격 주어가 아닌 다른 명사구와 결합하는 경우에까지 확장되어야 한다고 주장했다. 예를 들어 필자는 수여 동사 구문에서 여격 논항은 경동사 v와 일치하며, 이 논항이 높임 명사일 경우 외현적으로 φ-자질이 실현되기도 하는 것으로 보았다.[22] 다만 현대 한국어에서 목적어/간접 목적어의 존대 일치는 퇴화(impoverish)하여 '주다/드리다', '묻다/여쭙다' '데리다/모시다', '보다/뵙다' 등의 보충법(suppletion)으로만 실현된다.

이처럼 기격 주어에 더하여 여격 명사구에까지 분석을 확장하면, 높임 명사는 [u유정물/+인간] 자질을 갖고서 도출에 투입되어 φ-자질의 일치를 통해 [u유정물]의 자질 값이 고정되어야 한다. 이것이 '께'가 논항을 비롯한 일부 명사구하고만 결합한다는 사실을 포착해 줄 수 있는가? 김용하(2007)의 분석은 이에 대한 답이 긍정적임을 염두에 둔 것이었다. 그 이유는 일치 작용이 구조적으로 매우 제한된 문법 작용이기 때문이다. 일치는 다음과 같은 선결 조건이 성립되어야 한다(cf. Chomsky, 2000, 2001).

(74) ㄱ. 일치를 위해서는 일치에 참여하는 자질이 서로 부합(match)

---

22) "되기도 한다"라는 표현은 되지 않는 경우도 있다는 뜻이다. 이 점이 높임 명사가 주어로 나타났을 때와의 차이점인데 현대 한국어는 목적어나 여격 목적어에 대한 존대 일치가 정규적인 활용에서는 사라졌다고 볼 수 있다. 하지만 중세 한국어에서는 목적어나 여격 목적어의 존대 일치가 생산적인 형태론적 표시의 일부였다. 이 점은 유동석 1995에서 자세히 다루고 있다.

해야 한다.23)

ㄴ. 탐색자(probe)는 표적(target)을 성분-통어(c-command)해
야 한다.24)

ㄷ. 탐색자와 표적은 비해석성 자질에 의해 활성화(activate)
되어야 한다.

김용하 2007에서 필자는 이 선결 조건 중 (74ㄴ)이 '께(서)'가
왜 일부 부가어 명사구와는 결합하지 못하는지를 설명해 줄
수 있을 것으로 보았다. '께'와 결합한 명사는 일치를 통해 미
명세 [u유정물] 자질의 값을 고정해야만 LF나 PF의 합법적인
요소가 될 수 있는데, 앞에서 순수 부가어라고 한 일련의 명사
구는 탐색자에 의해 성분-통어되지 못해 일치에 참여할 수 없
으므로 '께'가 이들 명사구와 결합해서 등장할 수는 없는 일이
다.25) 이에 따르면 '께(서)'는 다음과 같은 일치의 구조적 요건

---

23) 여기서 부합이란 같은 종류의 자질을 가리킨다.

24) 탐색자는 비해석성 자질을 가진 기능 범주(functional category)로서 C, T, v가
   이에 해당된다. 표적은 이들과 일치를 이루는 요소를 말한다. 한편 Chomsky
   (2008)는 지금까지 생성문법에서 굉장히 중요한 역할을 해 왔던 성분-통어
   를 없애고 일치(Agree) 작용이 도출 구조에 의해 자동적으로 일어난다는
   주장을 펴고 있다. 그렇다 하더라도 성분-통어의 개념적 내용은 여전히 살아
   있다고 보아도 무방하다.

25) 순수 부가어가 왜 일치에 참여하지 못하는지에 대해서는 Chomsky 2004,
   2008을 참고하라. 특히 Chomsky(2004)에 따르면 순수 부가어는 도출의 일
   차 면(primary plane)과는 다른 면(plane)의 존재이므로 부가어에 대해서는
   성분-통어의 정의가 적용될 수 없다.

이 충족될 때 여격 명사구나 기격 주어와 결합할 수 있는 것이다.

(75)
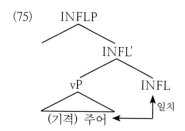

(76)
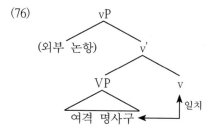

그러나 이런 김용하(2007)의 설명이 견강부회임을 필자는 인정하지 않을 수 없다. 왜냐하면 김용하 2007에서 필자가 일치를 통해 설명하고자 했던 (72ㄱ)의 기격 일치는 기격 일치가 일어나지 않는 (77)과 같은 문장과 대조를 이루기 때문이다.

(72) ㄱ. 어머니께 이 옷이 어울리신다.
(77) 이 옷이 어머니께 어울리(*시)ㄴ다.

(77)의 존재는 곧 일치 작용이 없이도 '께'가 명사구 내부의

기제를 통해 등장할 수 있음을 의미한다. 기실 일치의 작용에 의해서 그 출현이 강력한 제약을 받는 것은 '께서'에 국한된다. 앞서 '께'의 출현이 제약된 것처럼 여겨지는 예들로 제시되었던 다음 (78)의 문장들도 (79)와 극명히 대비된다는 것에 주목하라.

(78) ㄱ. *오늘 선생님께 전화가 왔다. ("선생님"이 발신자)

ㄴ. ^{??}나는 그 얘기를 선생님께 들었다.

(79) ㄱ. 오늘 선생님에게서 전화가 왔다.

ㄴ. 나는 그 얘기를 선생님에게서 들었다.

'에'와 '에게'의 대립을 고려하면 '에게서'의 대립형은 자연스레 '께서'가 되어야 할 것이지만 '에게서'가 들어갈 자리에 '께서'가 들어가면 비문법적인 결과를 낳게 된다.

(80) ㄱ. *오늘 선생님께서 전화가 왔다.

ㄴ. *나는 그 얘기를 선생님께서 들었다.

(80)이 비문법적인 것은 곧 '께서'가 주격 명사구와의 결합으로 분포가 극히 제약되면서 생긴 빈칸 때문이라고 설명하는 것이 가장 합리적일 것이다. (78)의 비문법성이 (80)과 거의 평행하다는 것에 유의하자. 즉 (78)은 '께'가 부가어 위치에 나타나서 잘못된 것이 아니라 '에게서'에 대한 높임 대립물로서 '께'가 등장할 수 없기 때문이다.

그렇다면 (75)와 (76)에 도식화된 기격 일치나 여격 일치는 취소되어야 하는가? 그렇지는 않다. (75)와 (76)의 도식은 유지될 수 있다. 그러나 애초 김용하 2007에서 일치와 '에게', '께'의 직접적인 관계를 설정했다면 이 책에서는 기격 일치가 더욱 간접적인 방식으로 일어나는 것으로 분석하고자 한다. 우선 5장에서 우리가 상정했던 DP 구조에 따라, 예를 들어, '어머니께'의 구조를 보이면 다음과 같다.

(81) [DP [PP [NP 어머니]께]∅]

DP 구조 형성에서 필수적으로 필요한 요소는 DP를 마감할 수 있는 D-요소와 N(=n+√)이다. 적어도 한국어에서는 P와 양화첨사가 수의적인 요소들이다. 어쨌든 (81)에서는 후치사가 구조에 투입되어 있는데, 아마도 높임 명사 '어머니'와의 일치를 통해 [-유정물, +인간]으로 정해질 것이다. 이제 D 요소인 ∅도 역시 일치를 통해 [-유정물, +인간] 자질을 공유하게 될 것이다.26) 만일 '어머니께'가 부가어로서 투입이 된다면 어떻게 될까? 이 책에서는 다른 D-요소와 다르게 구조격 조사들과

---

26) 일치작용은 아마도 D 요소가 등장한 후에 한꺼번에 일어날 가능성이 높다. 가장 최근의 최소주의 프로그램 모형에 따르면 D를 국면 핵(phase head)으로 정의할 경우 이것이 국면 핵의 등장과 함께 해당 국면(phase) 안에서 일치가 한꺼번에 이루어지는 일이 자동적으로 일어난다(cf. Hiraiwa, 2005). 이것이 흥미로운 문제이긴 하지만 이 책에서는 더 이상 자세히 다루지 않기로 한다.

∅는 반드시 격을 받아야 한다고 본다.[27] '어머니께'와 같은 명사적 투사체가 부가어로서 투입되면 명사 '어머니'와 '께', ∅가 일치 관계를 이루면서 ∅의 격이 사격으로 결정된다고 보겠다.[28] 그러면 기격 일치나 여격 일치의 경우는 어떻게 되는가? '어머니께'와 같은 명사적 투사체가 내부적으로 사격으로 격이 결정되어 있다 하더라도 Chomsky(2000)에 따라 추가적인 구조격이 부여될 수 있다. 기격 일치와 여격 일치는 이 추가적인 구조격의 일치 점검이라고 할 수 있다.

마지막으로 '께서'의 제한된 분포는 어떻게 설명될 수 있을까? 어떤 이유에서든 '께서'는 후치사로서 특정한 의미역과 관련성이 없도록 퇴화되었으며 명사적 투사체 내에서 거의 일치 형태소로서만 기능하게 되었다고 보아야 한다. 그래서 비록 '께서'가 등장한다 하더라도 해당 DP의 격이 내부적으로 결정되는 일은 없으며 항상 외부적인 일치에 의해 격이 결정된다. 즉 '께서'는 자신의 상위 DP가 INFL과 일치하고 이어서 다시 D가 내부적 요소들과 일치하여 '주격'으로 격이 정해질 때에만 등장할 수 있다.[29]

---

27) 이것은 이 두 종류의 조사와 다른 보조사들의 분포 차이에 의거한 가정이다. 주지하다시피 다른 보조사들은 명사적 투사에만 투입되는 것이 아니므로 반드시 격을 필요로 하는 것은 아니다.

28) 이로써 김영희(1999ㄱ)의 독립적 후치사와 사격 표지 구분이 이 책의 체계에서 재해석될 수 있다. 만일 '어머니께'가 논항으로 투입되어 특정 서술어로부터 고유격을 받는다면 ∅의 격은 외부적으로 결정될 것이다.

29) 이른바 단체 주격 '에서'는 '께서'와 다르게 의미역과 일정한 관계가 있다.

6. '에', '에게', '께', '께서'의 교체 규칙

지금까지의 논의를 통해 우리는 '에', '에게', '께'의 교체가 성 자질이라는 문법적 자질에 의해 결정된다는 점을 밝혔다. 이에 따르면 '께서'는 [-유정물/+인간]이라는 φ-자질을 갖고 있는 선행 명사 뒤에서 등장하며 상위 D가 일치에 의해 주격을 부여받아야 하므로 분포가 가장 제한적이며, '께'는 [-유정물/+인간], '에게'는 [+유정물/+인간]이라는 고정된 φ-자질을 갖고 있는 선행 명사와 결합하므로 일치에 의해 인허될 필요는 없지만, 유정 명사가 올 수 없는 문맥에는 나타나지 못하며, 여격/처격 일치, 즉 추가 구조격 부여를 겪을 수 있다. 반면 '에'는 [-유정물]이라는 φ-자질을 가진 무정 명사와 결합하며 그 분포가 가장 넓다. 이제 이들의 교체 규칙을 설정해 보고자 하는데, 이 책에서 취하는 접근법은 2장에서 살펴보았던 분포 형태론(DM; Distributed Morphology)이다.

우리가 '에', '에게', '께', '께서'의 교체에 대해 분포 형태론적 분석을 제안하는 이유는 명백하다. 이들의 출현에는 명사적 투사체 내적으로든 외적으로든 일치와 같은 통사론적 작용이 개

다음 예가 이것을 잘 보여준다.

　(i) ㄱ. 우리 학교가/*에서 아름답다.
　　　ㄴ. 선생님이/께서 건강하시다.

이런 면에서 '에서'의 주어 표시는 기격 일치와 더욱 가깝다 할 수 있을 것이다.

입하므로 그 외현적 삽입이 전통적 생성문법의 모형에서처럼 어휘부에서부터 결정되는 것으로 보기 어렵기 때문이다. 이들에 대하여 우리가 제안하는 사전 항목 도식은 다음과 같다.

(82) ㄱ. /께서/ ↔ [-유정물 + 인간 +주격], ___]/Noun+___

　　ㄴ. /께/ ↔ [-유정물 +인간 +여격, ___]/Noun+___

　　ㄴ. /에게/ ↔ [+유정물, +여격 ___]/Noun+___

　　ㄷ. /에/ ↔ elsewhere/Noun+___

(82)에 의해 "께서"가 삽입되는 방식을 다음의 문장이 도출되는 과정을 통해 살펴 보자.

(83) 어머니께서 이 옷을 지으셨다.

필요한 형태·통사론적 자질의 덩어리들로 (80)의 문장의 도출은 다음과 같은 단계에 도달하게 될 것이다.[30]

---

30) 여기서 "어머니-P-∅"는 사실 실제 사전 항목이 아니라 자질의 뭉치들이다. 이런 표기는 편의를 위한 것일 뿐임이다.

(84)

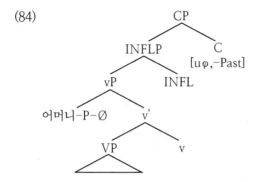

Chomsky 2008에 따라 C의 자질들이 INFL로 상속되면 INFL
이 '어머니'와 일치를 이루게 된다.

(85)

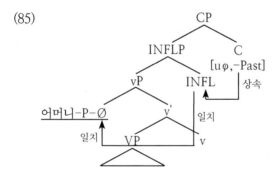

(82)에서처럼 일치 작용이 일어난 후 해당 구조에 사전 항목
삽입이 이루어지면 INFL의 [-유정물, +인간] 자질은 '시'로 실
현될 것이며, P의 자리를 두고 '께서', '께', '에게', '에'가 '어머
니'와 결합하기 위해 경쟁하게 될 터인데 (82)의 도식에 의해

'어머니'의 관련 자질에 대해 명세된 '께서'가 삽입될 것이다.

7. 마무리

지금까지 여격/처격 조사 '에', '에게', '께'의 교체와 분포를 형태론/통사론적으로 다루는 방법들을 검토해 보았다. 주지하다시피 '에', '에게', '께'는 전통적으로 이형태 관계로 다루어 왔는데, 이들이 음운론적으로 조건 지어진 이형태들이 아님이 자명하므로 이들을 형태론적으로 조건 지어진 이형태들로 다루는 것이 유일한 선택일 것이다. 그런데 이형태와 관련된 이론을 살펴보면 이들을 형태론적으로 조건 지어진 이형태로 간주하는 것이 허용되지 않음을 알 수 있다. 결국 이들은 적어도 기술 문법의 틀에서는 이형태로 간주될 수 없다. 하지만 우리는 이들 조사들을 의미 분화의 결과로 보거나 여타 의미론적 고려로 설명하려 하는 것도 불합리하다는 것을 보았다. 단 이들이 체계적인 교체를 보인다는 점은 확인할 수 있다. 이 세 조사들이 체계적인 교체를 보인다고 했을 때 어떤 요인으로 이들의 교체가 결정될 것인가? 우리는 선행 명사의 유정성/인간성에 따라 이들의 교체가 결정된다는 전통적 견해를 따른다. 다만 유정성/인간성을 의미 자질로 다루지 않고 φ-자질의 일부인 성 자질로 다루어야 한다는 주장을 견지한다. 성 자질이란 곧 문법적 자질 혹은 형식 자질이므로 이들의 교체는 의미론적으로 결정되는 것이 아니다. 여기서 우리는 한 걸음 더 나아가 '께서'의 분포가 다른 조사들에 비해 훨씬 제약되어 있다는 것에 또 다른 이유가 있음을 포착하는데, 그것은 곧 '께서'의 분포가 높임 명사의 자질 상 특징과 일치 작용에 의해 결정된다는 것이다. 마지막으로 우리는 이들의 교체를 설명할 수 있는 이론적 틀로서 분포 형태론을 도입했다. '께서'가 자질 값 결정 후에 그 출현이 결정된다면 '께서'의 삽입은 통사론적 도출이 끝난 뒤에 후삽입으로 이루어질 수밖에 없으며, 이런 후삽입과 같은 형태론적 과정은 분포 형태론의 사전 항목 삽입 기제가 체계적 이론의 도구로 사용되어 설명될 수 있다.

제8장 격조사의 소위 비-격 용법과 격조사의 성격

한국어의 조사는 격조사, 접속조사, 보조사로 나누는 것이 보통이다. 물론 각 조사 유형은 다시 하위 유형으로 나뉘기도 하는데, 격조사만 놓고 보자면 주격 조사, 대격 조사, 속격 조사를 한 묶음으로 하고 이른바 부사격 조사를 다른 한 묶음으로 다시 분류하는 것이 보통이다.[1] 그래서 흔히 주격·대격·속격 조사를 구조격 조사라 일컫고 부사격 조사를 의미격 조사 혹은 어휘격 조사라 일컫는다. 이 장은 주로 구조격 조사들에 관심을 두고 있는데, 특히 그것들이 정규적인 구조격 용법이

---

1) '되다', '아니다' 구문에만 특수하게 쓰이는 '이/가'를 보격 조사라 분류하기도 하지만 이 책에서는 이를 무시하기로 한다.

아니라 오히려 보조사의 용법과 비슷한 것으로 취급되는 경우들을 중점적으로 살피고자 한다. 그 과정에서 과연 이 비-격 용법에 쓰이는 구조격 조사들을 분석한 여러 연구들을 고찰함으로써 격조사의 비-격 용법에 대한 연구의 올바른 방향성을 가늠해 보고자 한다.

1. 남기심(1991)의 지적

한국어 연구에서 구조격 조사의 비-격 용법을 종합적으로 보여준 연구로는 남기심 1991을 들 수 있다. 남기심(1991)은 주격 조사와 대격 조사에 어휘적 의미에 가까운 의미가 없는지 의문의 여지가 있다고 하면서, 이들을 격조사로만 취급하는 것을 불합리한 것으로 만들 수 있는 예들을 고찰했다. 우선 그가 주목한 것은, 일본어 'ga'에 대한 Kuno(1973)의 분석을 원용해서 Haig(1983)가 지적한 바와 같이 '이/가'가 나타내는 배타적 해독(exhaustive reading)의 의미이다(cf. 임홍빈, 1979).

(1) ㄱ. 철수가 학생입니다.

ㄴ. 철수는 학생입니다.

(2) ㄱ. 고래가 포유 동물이야.

ㄴ. 고래는 포유 동물이야.

(1)과 (2)의 ㄱ 문장들에서 '이/가'는 배타적으로 해독되는데 이는 비배타적 해독(non-exhaustive reading)을 가지는 '은/는'이 동일한 명사에 부착된 ㄴ 문장들과 비교할 때 더욱 잘 드러난다.

또한 '이/가'와 여타 보조사 간의 대조는 의문사 의문문(wh-question)에서도 잘 드러나는데 의문사 의문문에서 의문사에는 '이/가'가 아닌 보조사가 연결될 경우 문법성이 달라진다.

(3) ㄱ. 누가 이 유리를 깨뜨렸느냐?

　　ㄴ. *누구는 이 유리를 깨뜨렸느냐?

　　ㄷ. *누구만 이 유리를 깨뜨렸느냐?[2]

남기심(1991)은 이런 예들 외에도 '이/가'의 어휘 의미적 특성을 상정해야 할 경우들로 다음 예들을 제시하고 있다.

(4) ㄱ. 순이가 한복이 잘 어울리겠다.

　　ㄴ. 이 붓이 글씨가 잘 써진다.

　　ㄷ. 천장이 손이 닿는다.

　　ㄹ. 저 집이 사람이 많이 모이는군.

(5) 눈이 하얗게 내린 것이 그곳의 경치가 참 좋더라.

---

2) (3ㄷ)은 특정 맥락에서 문법적인 문장이 될 가능성이 있는데, 그것은 곧 Pesetsky(1987)의 '담화-연결(D-linking)' 의문사 해석의 경우라 할 수 있다. 즉, '이 유리'를 깨뜨렸을 혐의가 있는 특정한 사람들의 집합이 담화에서 전제되면 (3ㄷ)은 문법적일 수 있다. 어쨌든 이 사실도 남기심(1991)의 논지에 크게 영향을 미치지는 않는다.

(6) ㄱ. 그 사람이 점잖지가 않더라.

ㄴ. 나는 네가 너무도 보고가 싶었다.

(7) 그가 앉기가 바쁘게 해인이가 말했다.

(8) 점심이 부산옥이고, 저녁이 지산장이다.

남기심(1991)은 이와 같은 현상들이 '이/가'가 어떤 어휘 의미적 특성을 갖고 있다고 상정하지 않고는 설명되지 않는다고 보고 있다.

남기심(1991)은 '을/를'에 대해서도 고유한 의미적 특성을 인정해야 하는 경우가 있다고 하면서 다음과 같은 예를 든다.

(9) ㄱ. 두 번째 트럭에 책을 실어라.

ㄴ. 두 번째 트럭을 책을 실어라.

(10) ㄱ. 그가 사다리에 오른다./*그가 아직 사다리에 오른다.

ㄴ. 그가 사다리를 오른다./그가 아직 사다리를 오른다.

남기심(1991)에 따르면 (9)와 (10)에서의 예문들 간의 대조가 조사 '에'와 '을/를'의 의미상의 차이에 기인하는 것이라고밖에 할 수 없고, 따라서 '을/를'에 고유한 어휘적 의미에 가까운 의미가 있다고 해야 할 것이다. 그는 (9)와 (10) 외에도 흔히 부사격 조사라 불리는 여타 조사들과 '을/를'이 교체를 보이는 예문들을 들고 있는데 아래는 그 일부이다.

(11) ㄱ. 집 주인이 도둑의 칼에/을 맞아 중상을 입었다.

   (cf. 철이가 어머니한테 매*에/를 맞았다.)

ㄴ. 그가 겨우 구두시험에/을 통과했다.

   (cf. 데모 행렬이 종로*에/를 통과했다.)

ㄷ. 그 두 사람이 다방에/을 들어갔다.

   (cf. 냇가에 왔으니 잠시 물에/*을 들어가서 더위나 식히자.)

ㄹ. 지금쯤 그가 잠에서/을 깰 때가 되었는데,

ㅁ. 그의 운구 행렬이 우리 집 앞으로/을 지나갔다.

ㅂ. 그 비단으로/을 옷을 지어라.

ㅅ. 네가 누구와/를 만났느냐?

남기심(1991)은 또한 다음과 같은 예들도 '을/를'이 늘 목적어를 표시하는 것이라고 보기 어려운 예들이라고 주장한다.

(12) 그가 고향에를 갔었다.

(13) 왜 차가 가지를 않지?

(14) 사람들이 말하기를 그는 좋은 사람이 아니라더군.

(15) ㄱ. 그들은 이 자리에서 열 시간을 나를 기다렸다.

ㄴ. 두 달을 쉬었더니 몸이 좀 회복되었다.

주어나 목적어라는 문법 기능을 일관되게 표시하는 것을 격이라 보고 있는 남기심(1991)은 위 예들에 쓰인 '을/를'이 목적어를 표시하는 조사라고 보기 어려운 것이다.[3]

남기심(1991)의 이러한 연구는 소위 비-격 용법을 보이는 구조격 조사의 용례를 잘 보여주고 있으므로, 이후 관련 주제를 연구하는 후학들에게는 반드시 참고해야 할 연구업적에 꼽힌다 할 것이다. 하지만 비-격 용법이 무엇인가에 대한 이론적 설명을 보여줬다기보다는 용례의 분석에 주력했다는 점이 아쉬운데, 그러다 보니 '을/를'을 어떤 종류의 조사들과 대조해야 하는지 혼란스러운 측면이 있다. 예를 들어 보자.

(16) 두 번째 트럭에/을 책을 실어라.

남기심(1991)은 이런 예에서 '을/를'이 부사격 조사 '에'와 대조를 이루는 것으로 보고 있다. 그에 따르면 여기서 '을/를'은 '에'와 견줄 만한 어휘적 의미를 갖고 있다는 것이다. 하지만 '에'가 나타내는 '처소'의 의미가 '을/를'이 출현한다고 해서 달라지는 것은 아니므로, 여기서 '을/를'이 '에'와 대조/대립되는 의미를 가졌다고 보기는 힘들다 할 것이다. 물론 '에'가 연결되느냐 '을/를'이 연결되느냐에 따라 서술어가 나타내는 행위의 '트럭'에 대한 전체적 관여 여부가 의미 차이로서 나타나긴 하지만 그것이 곧 '에'와 '을/를'의 차이라고 보기는 힘든 측면이 있는 것이다.

---

3) 홍재성(1987)은 (12), (13)의 예에 쓰인 '-을/를'을 양태 조사라고 일컬었다. 이 양태조사라는 명칭은 이미 유동석(1984)이 쓴 바 있다.

2. 격조사의 비-격 용법에 대한 접근법들

격조사의 비-격 용법에 대해서는 여러 가지 접근법이 존재한다. 본 절에서는 그 중 고찰해 볼 만하다고 생각되는 접근법들을 살펴보고자 한다.

2.1. 구조격 조사 존재 부인

격조사의 비-격 용법에 대한 접근법 중 가장 눈에 띄는 것은 아예 격조사의 존재를 부정하는 극단적인 분석을 내놓는 것들이다. 이 접근법에서는 기존의 격조사/보조사라는 이분법을 부정하면서 조사의 분류를 새롭게 해야 한다는 주장을 펼치고 있는데, 목정수 2003과 고석주 2002를 그 대표로 삼을 만하다.

2장에서도 살펴본 바 있지만 목정수(2003)는 한국어 조사 '이/가', '을/를'이 인구어 관사에 대응하는 한정사(determiner)라고 주장한다. 이에 따르면 '이/가', '을/를' 같은 조사들은 격을 표시하는 문법관계 표지가 아니다. 목정수(2003)의 논의는 다음과 같이 요약될 수 있다.

첫째, 인구어(프랑스 어) 관사의 교체에 따른 미세한 의미 차이가 한국어의 조사 교체와 평행하다.

(17) ㄱ. Un soldat français ne craint pas la fatigue.

ㄴ. Le soldat français ne craint pas la fatigue.

(18) ㄱ. 그 정도로, 불란서 병사가 지쳐서야 되겠습니까?

ㄴ. 원래 불란서 병사는 (말예요), 피곤이 뭔지 모릅니다.

둘째, '이/가/', '을/를'을 격조사로 보아서는 화자의 주관적인 느낌, 양태적 의미를 설명하기 어렵다. 이는 담화적 기능 표지인 한정사를 통해 바라볼 때 설명될 수 있다.

(19) ㄱ. 철수 갔니?

ㄴ. 뭐, 철수가 갔다고?

(20) ㄱ. 누구 하느님 본 사람 오른손 들어 봐요.

ㄴ. 누가 용의 눈물을 보았다 하는가?

셋째, 문장 차원을 넘어서서 텍스트 상의 흐름을 볼 때 '이/가'와 '은/는'의 교체는 불어의 부정관사-정관사 교체 메커니즘과 평행하다.

(21) ㄱ. Il était une fois un prince très malheureux: le prince animait une belle princesse qui ne l'aimait pas.

ㄴ. 옛날에 (한) 임금님이 있었어요. 그런데 (그) 임금님은 딸이 없었어요.

넷째, 프랑스 어 비인칭 구문과 존재 구문에서의 한정성 효과와 한국어의 조사 제약이 동일하다.

(22) ㄱ. Il est arrivé {une, *?la} voiture.

　　ㄴ. Il est arrivé {des, *les} invités.

　　ㄷ. Il monte {beaucoup de, *le} monde à cette station.

(23) ㄱ. 어 차{가, ??는} 도착했네.

　　ㄴ. 손님들{이, *?은} 도착했구나.

　　ㄷ. 많은 사람들{이, ??은} 이 역에서 타지.

(24) ㄱ. (Il) y a {un, *le} livre sur la table.

　　ㄴ. 어, 식탁에 연필 한 자루{가, *는} 있네요.

'이/가', '을/를'이 초점(김귀화, 1988), 주제(임홍빈, 1987), 특정
성(D.-B. Kim, 1993)과 같은 전형적 한정사 효과를 가진다는 점
이 꾸준히 논의되어 오긴 했지만 목정수(2003)의 논의는 그 중
에서도 상당히 설득력 있고 인상적이다. 하지만 이러한 한정사
효과를 가진다는 것이 필연적으로 이들 조사의 격 관련성을
부인하는 데로 이어지는 것은 아니라는 점에서 목정수(2003)의
논의는 아쉬움을 남긴다. 한정사로 본다 하더라도 이들의 분포
는 상당히 다른 것이므로 결국 주체지향적/객체지향적 벡터
형태 같은 매우 불분명한 개념에 의존할 수밖에 없는 것이다.
　고석주의 일련의 연구(2000, 2002, 2008)는 기존의 일반적인
조사 분류에 정면으로 도전하고 있다. 고석주 2000으로부터
전반적인 체계를 인용하면 다음과 같다.

(25) 고석주 2000의 조사 체계

결합 순서	조사의 종류		조사 형태
1	기능 조사	부사화소	에, 에게(한테), 에서, 로
			과(하고), 처럼
		관형화소	의
2	한정 조사(?)		만, 부터, 까지, 조차, 마저, 마다
3	양태 조사		가, 를
			는, 도, 야, 나, 나마, 라도
예외			요, 라고

(25)에서 두드러지는 점은 '격'이라는 말이 전혀 등장하고 있지 않다는 것이다. 부사격 조사와 관형격 조사는 각각 부사어, 관형어를 만드는 부사화소, 관형화소로서 기능조사로 분류되고 '이/가', '을/를'은 I.-S. Yang(1972)의 Z-lim 조사들과 함께 양태 조사로 처리되고 있다. 고석주(2000)는 왜 격조사를 부인하는가? 여기서는 '이/가'에 대한 고석주(2002)의 논의를 중심으로 그의 주장을 살펴보겠다.

고석주(2002)는 '이/가'가 부정대명사 '아무'와 결합할 수 없다는 점을 강조한다.

(26) ㄱ. 요즘은 아무-나/*가 대학에 간다.

ㄴ. 아무것-도/*이 교실에 있지 않았다.

고석주(2002)에 따르면 부정대명사 '아무, 아무것'에는 조사

'이/가'가 단독으로도, 다른 조사와 중첩되어서도 결코 쓰일 수 없는데, 이는 부정(특별히 정하지 않음)대명사인 '아무, 아무것'의 의미와 조사 '이/가'의 의미가 서로 모순되기 때문이며, '부정'과 대립되는 의미로서 조사 '이/가'의 의미를 '지정'으로 파악할 수 있다. 즉 '부정대명사'가 주어라는 문법적 기능을 지정하는 것이 아니라 '주어'로 쓰일 수 있는 어떤 개체를 '지정'하는 것인데, 주어로 쓰인 '아무'의 '특별히 정하지 않은 어떤 개체'라는 부정의 의미와 모순되기 때문으로 분석할 수 있다는 것이다. 그런데 고석주 자신이 인정하다시피, '아무'가 관형사로 쓰였을 때에는 '이/가'와 결합할 수 있다.

(27) ㄱ. 내가 인사를 청했는데도 너는 아무 대답-도/이 없었어.
　　 ㄴ. 철수는 아무 말-도/이 없었다.
　　 ㄷ. 안에서는 아무 기척-도/이 없었다.

고석주(2002)는 '이/가'의 의미가 단순히 '지정'이 아니라 "여러 개체들 중의 하나에 대한 지정", 즉 '선택 지정'이라고 봄으로써 이런 예외들을 설명하려 한다. 그래서 (27ㄱ)에서 "아무 대답이 없었다"는 "특별히 정해지지 않은 대답이 없었다"가 아니라, 선행절로 표현된 행위에 의해서 예상할 수 있는 "여러 가지 중의 하나인 대답이 어떤 특정한 것이 없었다"의 뜻으로 분석할 수 있고, (27ㄴ, ㄷ)에도 동일한 분석이 적용될 수 있다는 것이다.

부정대명사의 경우에서처럼 '이/가'의 출현이 차단되는 경우와 달리 '이/가'의 출현이 필수적인 경우에 대해서도 고석주(2002)는 '선택 지정'이라는 의미로 설명 가능하다고 본다. '이/가'의 출현이 필수적인 경우 중 하나는 다음과 같은 수사 의문문이다.

(28) ㄱ. 누(구)-가/*∅ 알아, 내가 일등할지?
    ㄴ. 누(구)-가/*∅ 그것을 안 하겠어?

고석주(2002)에 따르면 조사 '이/가'가 (28ㄱ)에서는 주어에 해당하는 개체가 전혀 없음을 나타내고, (28ㄴ)에서는 주어에 해당하는 개체가 여럿일 수 있음을 나타낸다. 고석주(2002)는 조사 '이/가'의 '선택 지정'이라는 의미와 대상에 대한 의문을 제시함으로써 반대의 의미 효과를 가지는 수사 의문문의 특성이 결합된 것으로 분석될 수 있다고 주장한다.

고석주(2002)는 이외에도 자신의 주장을 뒷받침하는 몇 가지 증거들을 제시하고 있으나 이 정도로도 고석주(2002) 주장의 핵심을 파악하는 데 문제는 없을 것이다.[4] 다만 고석주 2002가 목정수 2003과 동궤의 문제를 안고 있다는 점은 지적하고자 한다. 고석주(2000, 2008)는 '을/를'에 대해서도 '선택 지정'이라는

---

4) 고석주 2002의 문제점은 최기용 2009가 효과적으로 지적하고 있으니 이를 참고하기 바란다.

의미를 지정하고 있는바, '이/가'와 '을/를'이 '선택 지정'이라는 동일한 의미를 표시하는 것이라면 그 분포 차이를 어떻게 설명할 수 있겠는가? 의미·화용적 고려만으로 이에 대한 답을 주는 것이 쉬워 보이지는 않는다.

2.2. 구조격 조사의 이중적 지위

우리가 살펴볼 또 다른 접근법은 구조격 조사의 격 표시 기능을 인정하면서 특수하게 비-격 용법에서는 보조사와 같은 범주적 지위를 가지는 것으로 분석하는 접근법이다. 이에 대해서는 Schütze(1996, 2001)를 중심으로 살펴보고자 한다.

Schütze(2001)는 이른바 격 중첩(Case stacking)이라 불리는 한국어의 현상에 주목한다.5) 그는 Gerdts·Youn(1988)이 격 중첩이라는 명칭으로 포괄되는 다음과 같은 예들이 사실 격 중첩이 아니라고 주장한다.

(29) ㄱ. 나에게가 뱀이 무섭다.

　　　ㄴ. 학생들에게가 돈이 필요하다.

(30) 철수가 순희에게를 책을 주었다.

---

5) 격 중첩은 6장에서 다룬 조사 중첩 중 격 조사(부사격 조사와 구조격 조사)의 중첩을 가리키는 말이다.

Schütze(2001)는 왜 이것을 격 중첩이 아니라고 보는가? 우선 그는 '에게'와 같은 이른바 부사격 조사들이 최소한 논항과 결합한 경우에만이라도 구조격 조사라고 주장한다. 따라서 Schütze(2001)에게는 '에게' 따위를 영어의 전치사에 해당하는 후치사로 취급하는 분석이 불가한 것이다. 결국 Schütze(2001)의 주장은 (29), (30)과 같은 문장에 나타나는 '이/가'와 '을/를'이 격 표지가 아니라는 것이다. 그는 이 주장에 대해 여섯 가지 근거를 든다.6)

첫째, (29) 같은 문장들이 적격(felicitous)하려면 특수한 운율(prosody)이 필요하다: 주어 명사구 뒤에 억양구(intonation phrase) 경계가 있어야 한다. 이는 "나에게 뱀이 무섭다"와 같은 문장에서는 필요한 요건이 아니다.

둘째, 격 중첩에서는 '이/가'가 수의적이지만 주격은 (특히 타동사 구문에서 목적어에 대격이 표시되어 있을 경우) 수의적이지 않다. 이는 격 중첩의 '이/가'가 격 표지가 아니라고 했을 때 설명될 수 있는 현상이다.

(31) 민자$^{??}$(가) 영호를 만났어.

셋째, 격 중첩의 '이/가'와 정상 구조격 조사 '이/가'는 주체 높임법에서 문법적으로 다른 행태를 보인다. 격 중첩의 '이/가'

---

6) 편의상 '이/가'가 포함된 격 중첩의 경우만 보기로 한다.

는 주체 높임법 어미를 인허하지 못하는 반면 정상 구조격 조사 '이/가'는 인허한다.

(32) ㄱ. 교수님이 순희가 무서우시다/*무섭다.

ㄴ. 교수님에게가 순희가 %무서우시다/%*무섭다.

넷째, 격 중첩은 주어에만 국한되지 않고 처격을 비롯한 여타 논항/부가어에도 일어난다. 이는 격 중첩이 격 부여와는 독립적으로 일어나는 것이라는 증거다.[7]

(33) ㄱ. 집안에서가 순희에게 남편이 무섭다.

ㄴ. %그 그릇에서가 물이 샌다.

ㄷ. 어제부터가 날씨가 좋아졌다.

다섯째, 격 중첩의 '이/가'와 정상 구조격 조사 '이/가'는 양화사 유동과 관련해서 다른 행태를 보여준다. 진짜 격 조사가 관련 유동 양화사에 똑같은 격의 존재를 인허한다고 일반화했을 때, 격 중첩의 '이/가'는 결국 구조격 조사일 수가 없다.

(34) ㄱ. 학생들이 어제 세 명이 떠났다.

---

7) 이와 흡사한 주장이 이미 남기심 1991에서 이루어졌다는 점을 지적하고 넘어간다.

ㄴ. 학생들에게가 돈이 *세 명이 .필요하다.

여섯째, 격 중첩은 이미 주격을 가진 주어에도 적용될 수 있다.

(35) 선생님들께서만이 그런 일을 하십니다.

물론 '께서'가 조사 열거에 있어서 여타 부사격들과 동일한 자리를 차지한다고는 하지만, 어쨌거나 주격을 표시하는 요소라고 했을 때 또 다시 주격 조사가 표시되는 것은 매우 이상한 현상이다. 고로 (35)에서 '께서'의 뒷부분에 나타나는 '이'는 격 조사가 아니라고 해야 한다.

'을/를'의 격 중첩에 대한 Schütze(2001)의 논증도 이와 유사하므로 반복하지는 않겠다. 그렇다면 Schütze(2001)는 격 중첩의 '이/가', '을/를'을 무엇으로 보겠는가? 그는 두 유형의 조사를 초점 표지로 분석하고서 보조사와 같은 지위를 부여한다. 그는 이에 대해서도 다섯 가지 지지 증거를 내놓는다.

첫째, 격 중첩은 아래와 같이 의문사에 대해 일어날 수 있다.

(36) 누구에게가 순희가 무섭니?

둘째, 격 중첩은 주어 의문사 의문문에 대한 대답으로서 가능하다.

(37) 화자 Q: 누구에게 돈이 그렇게 많니?

　　　화자 A: 철수에게가 돈이 그렇게 많지.

셋째, 격 중첩은 교정 문맥에서 일어날 수 있다.

(38) 화자 A: 순희에게 철수가 좋은가보다.

　　　화자 B: 아니야, 숙희에게가 철수가 좋아.

넷째, 격 중첩은 '만' 같은 외현적 초점 보조사와 양립 가능하다.

(39) 나에게만이 뱀이 무섭다.

다섯째, Choe(1995)가 (40)과 같은 예문으로써 주장한 바와 같이 한국어는 겹초점 언어(multiple focus language)인바, 만일 격 중첩의 '이/가'가 하나의 절에서 여러 번 출현할 수 있다면 이는 이때의 '이/가'가 초점 표지임을 말해주는 것이다.

(40) 나는 어제 그 책을 샀다.

(41) 집안에서가 겨울에가 순희에게 남편이 필요하다.

이러한 논증을 통해서 Schütze(2001)는 격 중첩의 '이/가', '을/를'을 구조격 조사 '이/가', '을/를'과 구별하고 다음과 같이 중첩에서의 두 유형의 조사의 분포에 대한 일반화를 내놓는다.

(42) 중첩 조사의 분포

어떤 성분 XP가 조사 중첩을 허용하면 그 중첩된 조사는 XP
의 초점-인허 핵에 의해 부여 가능한 격에 일치할 것이다.

Schütze(2001)는 '이/가'가 나타내는 초점은 INFL이 부여하는 것
으로 보고, '을/를'이 나타내는 초점은 동사가 부여하는 것으로
보고 있다. (42)는 이러한 그의 분석에 의한 것이라고 할 수 있다.

(43)

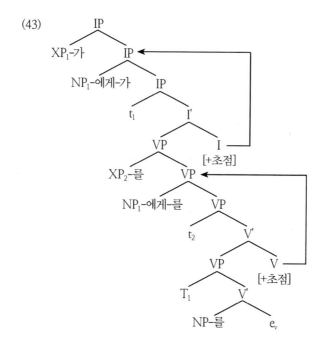

Schütze(2001)의 연구는 외국인이 한국어의 예를 면밀히 살펴서 내놓은 것으로서 상당히 흥미로운 면이 있다 할 것이다. 하지만 Schütze(2001)의 논증들은 사실상 다른 방식으로 반박 가능하다.

첫째, '나에게가 뱀이 무섭다'와 '나에게 뱀이 무섭다' 사이에 운율 구조의 차이가 있다는 것이 반드시 전자의 '이/가'가 구조격 조사가 아님을 의미하지는 않는다. 운율/억양과 통사구조 간의 문제는 매우 복잡한 양상을 보이는 것이므로 증거로 사용할 때는 신중을 기해야 한다(cf. Richards, 2010).

둘째, 주격 조사의 수의성 여부도 결정적인 증거가 될 수 없다. "민자 영호를 만났어"와 같은 문장이 아예 불가능한 것도 아니며 "민자 영호 만났어"와 같은 경우 주격 조사가 생략될 수 있다. 주격 조사의 수의성 여부는 다른 복잡한 요소들이 끼어드는 문제일 수 있다(cf. 김용하, 1999; 최기용, 2009).

셋째, 격 중첩이 일어났을 때 주체 높임법 어미 '시'의 표시에 제약이 있다는 문제도 사실은 양상이 좀 복잡하다. Schütze (2001)의 예문은 높임 여격 조사 '께'가 아니라 '에게'가 잘못 사용되었다는 점을 우선 지적할 수 있겠는데, '께'가 포함된 다음과 같은 문장은 Schütze(2001)의 관찰이 대단히 일면적이라는 것을 보여준다.

(44) 어머니께가 이 옷이 잘 어울리신다.

넷째, Schütze(2001)가 주어 이외의 논항/부가어에도 격 중첩이 가능하다고 했는데, 관련 예들에서 논항/부가어는 문법적 주어는 아니라 할지라도 기저 생성 주어로서 일종의 주제어 역할을 한다고 볼 여지가 있다. 다음과 같은 예가 그것을 보여 준다.

(45) ㄱ. 요즘 여자들이 이 옷을 잘 입는다.

ㄴ. 이 옷을 요즘 여자들이 잘 입는다.

(46) ㄱ. *요즘 여자들이 이 옷이 잘 입는다.

ㄴ. 이 옷이 요즘 여자들이 잘 입는다.

다섯째, 격 중첩의 겹출현과 겹초점 간에는 필연적인 관계가 없다. 결국 한국어는 겹주어/겹목적어가 가능한 언어이다.

여섯째, Schütze(2001)는 명사구 구성에서 부사격 조사 뒤에 속격 조사 '의'가 항상 중첩된다는 사실을 간과하고 있다. 예를 들어 "철수의 어머니의 집에가 좋은 정원이 있다" 같은 문장에서 '의'도 초점 표지일까?

2.3. 격 중첩의 인정

우리가 마지막으로 살펴볼 접근법은 특히 격 중첩의 경우 이른바 부사격 조사들과 구조격 조사들을 구별하여 격 중첩을 정당화하는 것인데 이 책에서 취하는 접근법이기도 하려니와

4장에서 살펴본 임동훈(1991)의 접근법이기도 하다. 여기서는 임동훈(1991)의 논의를 다시 살펴본다.

사실 임동훈(1991)은 격조사의 핵성에 초점을 둔 논의여서 이 장에서 중점을 두는 격조사의 비-격 용법에 대한 해법을 제시하고 있지는 않다.8) 하지만 그의 논리를 따라가면 일정한 해법을 얻을 수 있다.

첫째, 대부분의 격조사는 서술어의 어휘적 속성에 따라 선택된다.

(47) ㄱ. 씀바귀는 민들레와 비슷하다.

ㄴ. 그 옷은 내 마음에 들지 않는구나.

ㄷ. 점원이 사장처럼 군다.

(47)에서 보듯 '와', '에', '처럼' 등은 후행하는 서술어에 의해 선택되는데, 만약 격조사를 핵이 아니라 부가어라고 한다면, 이러한 선택 관계를 설명하기가 어렵다.

둘째, 일부 격조사는 선행 명사구와 일치 관계를 보인다. 처격 조사 '에게'와 '에'는 선행 명사구의 유정성에 따라 교체되며, 주격 조사 '이/가'와 '께서'는 선행 명사구의 존칭성에 따라 교체된다.

셋째, 격조사는 선행 성분으로 올 수 있는 범주가 제약되어

---

8) 이정훈(2004, 2008)의 논의도 그 정신이 임동훈(1991)과 상통한다.

있다. 즉 그 선행 성분으로 NP나 KP만 취한다.

이상에 따라 한국어 조사구의 구조를 다음과 같은 구 구조 규칙과 표상으로 나타낼 수 있다.

(48) ㄱ. KP = NP + K

ㄴ. KP = KP + K

ㄷ.

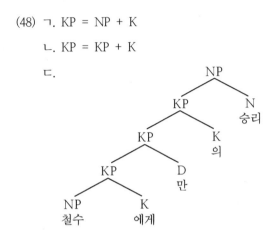

여기서 우리의 관심을 끄는 것은 서술어의 어휘적 속성과 관련된 임동훈의 태도이다. 임동훈은 후속 연구(2008)에서 동일한 의미역에 대해 격조사가 교체되는 예들에 주목한 바 있다.

(49) ㄱ. 아이가 집에서/집을 나왔다.

ㄴ. 그이가 술에서/술을 깼다.

위에서 '집'과 '술'은 모두 출발점 의미역을 지닌 것으로 해석되는데 의미역에 기반한 규칙으로는 이런 격조사 교체를 설명할 수가 없다. 임동훈(2008)은 '나오다'나 '깨다'의 어휘 내항에 'X-에서/을'이나 'X-에서/이'와 같은 격틀 정보가 있다고 보아야 한다고 주장한다. 임동훈에 의하면, 구조격 조사가 자체의 투사를 이끈다고 했을 때 결국 격 중첩의 경우에도 구조격 조사가 전체 구성의 핵이 되는 것임을 의미한다. 즉 임동훈 (1991, 2008)의 분석 틀을 따를 경우 격 중첩이라는 현상을 궁극적으로 격조사의 분류를 통해 설명해야 할 것이다.

그런데 이러한 임동훈 식 접근법에도 문제는 있다. 그것은 6장에서 보았던 Sells(1995)의 범주 선택 문제이다. 곧 다음 문장을 고려해 보자.

(50) 철수가 그 책을 순희에게를 줬다.

임동훈 식 접근법의 문제는 이와 같은 문장에서 '순희에게를'이 등장할 때 '주다'의 어휘 내항에 있는 격틀 정보가 무엇이 되어야 하는지가 불분명하다는 데 있다. '주다' 구문에서 '에게'의 출현이 '주다'와 필연적인 관계가 있다는 것은 자명한데 (50)의 '순희에게를'의 핵은 '를'이므로 결국 (50)에 대해서는 '주다'의 격틀로 'X-를'이 선택되었다고 보는 수밖에 없기 때문이다. 이 경우 '주다'가 '에게'의 출현에 아무 영향도 주지 못한다는 결론에 도달할 수밖에 없다. 결국 임동훈의 방식으로 격조사의 소위 비-격 용법을 설명할 수는 없다.

3. D로서의 격조사

앞 장들에서 우리는 구조격 조사와 보조사-III을 D로 보는 것이 합당하다는 것을 반복적으로 보았다. 구조격 조사와 보조사-III을 D로 보는 근거는 Y-lim 보조사들이 전형적으로 양화적 효력을 가진 요소라는 것(Watanabe, 1992; 김용하, 1999), 한국어의 구조격 조사들이 한정사와 같은 의미적 양상을 갖고 있다는 것(목정수, 2003) 등이다. 김용하(1999)를 참고하여 이들 두 부류의 조사들에 대해서 다음과 같은 자질들을 설정할 수 있다.

(51) ㄱ. '은/는', '도', '이나': [+D, +Op, +adverbiality]9)

　　ㄴ. '이/가': [+D, −Op, +nominative, +adverbiality]

　　ㄷ. '을/를': [+D, −Op, +accusative, +adverbiality]

　　ㄹ. '의': [+D, −Op, +genitive, −adverbiality]

　　ㅁ. '∅': [+D, −Op, +nominative/accusative/genitive/oblique, ±adverbiality]

이 책에서는 (51)로써 한국어의 최종 D-요소가 격에 대한

---

9) 주지하다시피, Y-lim 보조사들은 관형 명사구와 결합하지 못한다. (51ㄱ)의 자질 명세에 [−genetive]를 항상적으로 표시한 것은 이 때문이다. 이들 보조사들이 관형 명사구와 결합하지 못한다는 사실을 포착하는 자질 명세에 대한 고민도 필요할 듯하다. 미흡하나마 이 책의 5장에서 우리는 명사적 수식과 부사적 수식이라는 개념을 도입한 바 있다.

민감성과 관련하여 두 부류로 나뉜다고 주장하고자 한다. 즉 '은/는, 도, 이나, 이야'와 같이 어떤 격이 부여되든 상관없이 등장할 수 있는 조사들이 한 부류로 묶이고, 반드시 부여되는 격의 종류에 따라 등장해야 하는 조사들이 다른 한 부류이다. 후자의 부류인 구조격 조사들은 D 요소로서 마치 독일어의 관사와도 같은 요소들이라 할 수 있다. 즉 한정사는 한정사이되 마치 아래 독일어의 관사들처럼 격에 따라 그 출현이 결정되는 한정사라 할 수 있는 것이다(cf. Fragan, 2009).

(52)

	남성	여성	중성	복수
주격(1격)	der	die	das	die
소유격(2격)	des	der	des	der
여격(3격)	dem	der	dem	den
목적격(4격)	den	die	das	die

물론 (52)에서 보듯 독일어와 같은 언어에서 관사들의 형식적 차이는 격에 따라 어형이 변하는 굴절형의 차이임을 그 음성 형식의 유사성으로부터 알 수 있다. 하지만 (51ㄴ)~(51ㅁ)의 한국어 구조격 조사들은 굴절형의 차이라고 하기에는 그 형식적 차이가 너무나 크다. 만일 독일어와 같은 언어에서 관사의 격 변화와 한국어 구조격 조사의 교체를 평행하게 본다면 한국어의 한정사 중 구조격 조사라 불리는 부류는 격 변화에 따른 굴절형의 차이가 아닌 보충법에 의한 교체를 보인다고 해야 할 것이다. 이것을 어떻게 정당화할 것이냐 하는 문제가 남

아 있긴 하지만 한국어의 구조격 조사들을 격 변화를 겪는 여타 언어의 한정사와 동일시함으로써 우리는 한국어의 구조격 조사라 불리는 요소들이 왜 격에 민감하면서 전형적인 한정사 효과를 갖는지 설명할 수 있게 된다.

그렇다면 (51ㄱ)의 보조사들은 어찌하여 격에 따라 변화하지 않는가 하는 문제가 여전히 남는다. 이에 대한 한 가지 해결책은 (51ㄱ)의 보조사들을 (51ㄴ)~(51ㅁ)의 구조격 조사들과 달리 격에 따라 모양을 달리하지 않는, 마치 영어와 같은 언어의 한정사 부류와 같다고 보는 것이다. 이렇게 할 경우 한국어는 독일어의 관사와 같이 격에 민감한 구조격 조사와, 영어의 한정사 부류와 같이 격에 따라 모양을 바꾸지 않는 보조사들로 나눌 수 있을 것이다.10)

4. 마무리

지금까지 격조사의 소위 비-격 용법에 대한 다양한 접근법들을 살펴보고, 그 문제점들을 짚어 보았다. 그러면서 비-격 용법으로 보이는 사례들에 근거해서 격조사에서 격을 분리해

---

10) 사실은 영어도 격에 따라 변하는 한정사와 격에 따라 변하지 않는 한정사라는 두 부류의 한정사를 가진 언어이다. 주지하다시피 영어의 인칭 대명사는 주격, 대격, 속격의 곡용을 겪는데 인칭 대명사 자체가 D에 속하므로 이들의 격 변화는 D의 격 변화인 셈이다.

내려는 시도가 올바른 방향이 아니라는 것을 알 수 있었다. 격조사의 소위 비-격 용법은 구조격 조사가 인구어의 한정사와 같은 지위를 갖고 있으면서도 격에 따른 변화를 겪는 요소들이라는 데서 비롯되는 현상인 것이다. 한정사라는 범주에 속하므로 그들이 당연히 가지는 한정사 효과는 격조사와 격의 무관함을 증명하는 것이 아니라 오히려 그들이 격에 민감한 한정사임을 반증하는 것이라 할 수 있겠다.

제9장 유표격과 무표격 재고

Y.-H. Kim 1998과 김용하 1999에서 필자는 한국어에 유표격 조사(marked case particle)에 대립되는 무표격 조사(unmarked case particle) Ø가 있음을 주장한 바 있다.[1] 이 책에서도 이런 입장을 그대로 견지해서 격조사로서 Ø가 존재함을 주장하고 있다. 그런데 이 책이 앞선 논의들과 다른 점은 이 Ø가 모든 명사적 투사체에 등장할 수 있다고 본다는 점이다. Y.-H. Kim 1998과 김용하 1999의 분석에서는 이 점이 명시적으로 논의되지 않았는데, 이는 두 연구에 서 필자가 보여주고자 했던 바가 다음과 같은 일반화였기 때문이다.

---

[1] Y.-H. Kim 1998과 김용하 1999의 논의는 이후 많은 연구들에서 받아들여지 거나 수정되었는데 대표적인 것으로 W. Lee 2003, D. W. Lee 2003, Ahn· Cho 2006, K. Choi 2005, 최기용 2009 등을 들 수 있다.

(1) ㄱ. 유표격이 부여된 명사구는 이동을 겪어야 한다.

ㄴ. 무표격이 부여된 명사구는 이동을 겪을 수 없다.

이 장에서는 Y.-H. Kim 1998과 김용하 1999에서의 설명·분석이 이후 다른 논의들에서 비판, 수정, 확장된 양상을, 다른 것들 중에서도 최기용 2009를 중심으로 살펴보고, 김용하(1999)의 설명·분석에 기반을 둔 채, 생성문법의 현 발전단계에 부합한 설명을 시도하고자 한다.

1. 무표격 명사구의 해독과 위치

여러 연구들에서 지적된 김용하(1999)의 분석이 가진 문제점 중 하나는 격조사 결합 여부와 관련된 명사구 해독이다. 예를 들어, 목적어 명사구가 구조격 조사인 '을/를'과의 결합 여부에 따라 다른 해독을 가진다는 사실은 이미 여러 연구자들에 의해 지적된 바 있었다. 예를 들어 D.-B. Kim(1993)은 비한정 명사구의 특정성(specificity) 해독(reading)이 '을/를'의 결합 여부에 의해서 결정된다고 보면서(cf. Enç, 1991; Diesing, 1992a~b):

(2) ㄱ. 나는 사과 세 개를 먹었다.

ㄴ. 나는 사과 세 개 먹었다.

이런 해독의 차이를 Johnson(1991)의 기능 범주 μ를 도입하여 구조적으로 설명하려 한다. 즉, D.-B. Kim(1993)에 따르면 (2ㄱ)의 '사과 세 개를'은 특정적 명사구로 해독되는데, 이는 '사과 세 개를'이 VP보다 상위에 있는 μP의 영역에 있기 때문이라는 것이다. 반면에, (2ㄴ)의 '사과 세 개'는 비특정적 명사구로 해독되는데, 이는 '사과 세 개'가 원래 목적어 위치인 VP 내부에 있기 때문이라는 것이다.

D.-B. Kim(1993)과는 사뭇 다른 분석을 행하지만 홍용철(1994)도 목적어와 격조사의 결합 유무를 다음과 같이 일반화한다.

(3) ㄱ. 격조사는 보충어 자리에서 탈락할 수 있다.

　　ㄴ. 격조사는 지정어 자리에서 탈락할 수 없다.

홍용철(1994)은 목적어의 이동을 상정하지 않는다는 점에서 D.-B. Kim(1993)과는 다르다. 그는 목적어에 격조사가 결합하지 않을 경우 일률적으로 융합(incorporation)이 일어나는 것으로 보며, 지정어 위치는 그로부터 융합이 일어날 수 있는 위치가 아니므로 (3ㄴ)에 의거하여 격조사 없는 요소가 나타날 수 없는 것이다. 김용하 1999에서 필자는 격조사 없이 등장하는 모든 명사가 자신을 지배하는 핵으로 융합된다는 홍용철(1994)의 가정이 너무 강력하다고 비판하면서 다음과 같은 예문을 제시한다(김용하, 1999: 249 각주 7).[2]

(4) ㄱ. 철수가 학교 오후에/버스로 간다.

ㄴ. 철수가 그 책 서점에서 샀다.

한편 최기용(2009)은 대체로 김용하(1999)의 견해에 동조하면서 융합으로 격조사의 결합 여부를 설명하려는 홍용철의 분석에 부정적인 입장을 내비친다. 그는 다만 무표격 명사구는 언제나 기저 위치에 있고 유표격 명사구는 기저 위치 바깥에 있다고 보는 김용하(1999)의 주장이 너무 강력하다고 보고 다음과 같은 일반화를 제안한다(최기용, 2009: 444).

(5) ㄱ. 주어 및 목적어가 제자리에 있을 경우 해당 명사구의 격 자질의 형태적 실현은 수의적이다.

ㄴ. 주어 및 목적어가 이동한 경우 해당 명사구의 격 자질의 형태적 실현은 필수적이다.

최기용(1999)과 김용하(1999)의 차이점은 (5ㄱ)과 관련되어 있다. 양자는 공히 무표격 명사구가 기저 위치 바깥에 나타날 수 없고, 이동에는 유표격이 필수적이라는 데 동의한다. 그러

---

2) 물론 이러한 반례에 대해서 홍용철(1994)이 나름대로 해결책을 제시하지 않은 것은 아니다. 그의 해결책은 (4)의 무표격 목적어들을 주제어로 보자는 것이다. 그러나 주제어의 위치가 일반적으로 문두라는 점에서 홍용철의 이러한 주장을 받아들이기는 쉽지 않다. 홍용철 2004에서도 이러한 입장은 그대로 견지되고 있으되, 제시어(thematized expression; 홍용철 2004에서는 이탈어)와 관련된 논증이 추가되어 있다.

나 최기용(2009)은 김용하(1999)와 달리 유표격 명사구가 의미역 위치 혹은 기저 위치에 남아 있을 수 있다고 본다. 그래서 (5ㄱ)은 유표격 명사구가 의미역 위치 혹은 기저 위치에 있을 수 없는 것으로 규정한 (1ㄱ)과는 분명한 차이를 보인다. 그렇다면 최기용(2009)이 (1ㄱ)을 너무 강한 규정이라고 보는 이유는 무엇인가? 그는 (1)과 같은 일반화에 의하면 유표격 명사구와 무표격 명사구의 구조적 위치가 서로 다르기 때문에 두 유형의 명사구 간에 해독이 같거나, 유표격 명사구가 중의적 해독을 가질 수 없어야 한다고 주장한다. 아래 예문을 보자.

(6) ㄱ. 너 밥 먹었니?

ㄴ. 너 밥을 먹었니?

ㄷ. 너 벌써 밥을 먹었니?

최기용(2009)은 비록 Ahn(1988)이 (6ㄱ)의 '밥'과 (6ㄴ)의 '밥을'이 특정성 해독에서 대조를 이룬다고 했다 하더라도 (6ㄷ)에서 '밥을'이 (6ㄱ)의 '밥'과 특정성 해독에서 차이가 없다고 한 C.-B. Lee(1993)의 관찰을 근거로 제시한다. 한국어가 격 표지의 유무에 따라 특정성/한정성이 분명히 드러나는 터키어와 같은 언어와는 조금 다르다는 것은 이미 김용하 1999에서도 인정되고 있다. 그러나 그렇다고 하더라도 유표격 명사구와 무표격 명사구 사이에 해독의 차이가 없다고 하기는 더더욱 어렵다. 필자는 (6ㄷ)이 오히려 특수한 경우에 해당한다고 여긴다.

한국어에서 '밥을 먹다'는 '식사하다'를 의미하는 일종의 관용구이다. 즉 '밥을 먹다'가 관용구로 해석된다면 당연히 '밥을'이 특정성 해독을 갖기가 불가능하다. (6ㄷ)에서 '밥을' 대신 '빵을'을 넣어보면 이 점이 더욱 명확해진다.

(7) ㄱ. 너 빵 먹었니?

ㄴ. 너 벌써 빵을 먹었니?

(6ㄴ)의 '밥을'과는 달리 (7ㄴ)의 '빵을'은 특정성/한정성 의미가 아주 명확하다. 즉 (7)은 담화 참여자들이 일정한 빵의 집합을 상정하지 않고는 발화될 수 없는 문장이다.

또한 최기용(2009)은 유표 주격 명사구가 중립적 기술(neutral description) 해독과 완전 열거(exhaustive listing) 해독이라는 두 가지 의미를 가질 수 있다고 한 Kuno(1973)의 제안을 근거로 유표격 명사구가 중의적 해독을 가질 수 있고, 그래서 (1ㄱ)이 너무 강력하다고 주장한다. 그러나 과연 유표격 명사구가 중의적 해독을 가질 수 있는 것이 유표격 명사구가 의미역 위치/기저 위치에 머무를 수 있다는 증거가 되는가? 필자는 오히려 유표 주격이 도출 위치에서 이런 중의적 해독을 가질 수 있다고 주장하는 것이 가능하다고 본다. 물론 이는 면밀한 논증을 요하는 것이지만, 최기용(2009)의 반론도 철저한 논증에 의거한 것은 아니다. 그러므로 이 책에서는 (1ㄱ)이 (5ㄱ)과 같은 형식으로 약화될 필요가 없다고 본다.

2. 주어 명사구와 무표격

유표격/무표격 명사구에 대한 김용하(1999)의 주장과 관련하여 논란이 되는 또 다른 문제는 주어 명사구가 무표격을 가질 수 있는가 하는 것이다. 김용하(1999) 이전에 홍용철(1994)은 (3ㄴ)과 같은 일반화 때문에 주어 명사구에 격조사가 결합하지 않을 수 없다고 주장한 바 있다.3) 그런데 이런 주장에는 다음과 같은 반례가 존재한다.

(8) 철수 정말 순희를 사랑한다.

이런 반례에 대한 홍용철(1994)의 해결책은 (4)의 예들에 대한 그것과 비슷하다. 즉 홍용철(1994)은 (8)의 무표격 주어 '철수'가 사실은 주제어라고 볼 것을 제안한다. 그러나 김용하(1999)와 최기용(2009)은 이런 제안을 받아들이지 않는다. 이들이 홍용철의 제안을 받아들이지 않는 이유는 여러 가지가 있겠으나, 주제 보조사 '는'이 나타났을 때와 나타나지 않았을 때 의미 차이가 드러난다는 점이 가장 큰 이유라고 할 수 있다.

(9) ㄱ. 모두 학교에 안 왔다.

---

3) "돈 필요하다"와 같은 문장의 '필요하다' 같은 비대격 술어의 주어는 실제로 보충어이기 때문에 홍용철(1994)의 일반화에 대한 반례가 아니다.

ㄴ. 모두는 학교에 안 왔다.

최기용(2009)에 따르면 (9ㄱ)이 양화사 '모두'와 부정의 작용역과 관련해서 중의적인 반면 (9ㄴ)은 중의적이지 않다는 것이 자못 중요한 대조라고 했다. 홍용철의 제안대로 (9ㄱ)의 '모두'가 주제어라면 (9ㄴ)과 작용역에 차이를 보여서는 안 될 것이기 때문이다.[4]

나아가 최기용(2009)은 주어 명사구가 무표격을 가질 수 있다고 보면서도 무표격 의문사 주어와 관련하여 매우 흥미로운 분석을 내어놓고 있다. 사실 의문사가 (비대격 술어 이외의 술어를 가진 문장의) 주어로 등장할 경우 그 문장은 현저히 문법성이 저하된다.

(10) ㄱ. 누가 정말 순희를 사랑하니?
    ㄴ. *누구 정말 순희를 사랑하니?

일반적으로 의문사에 주제 보조사 '는'이 결합될 수 없기 때문에, (10ㄴ)의 대조는 무표격 주어가 실상 주제어라고 하는 홍용철(1994)의 제안에 강력한 지지가 된다.

---

4) 사실 최기용(2009)의 예에는 '학교에'가 포함되어 있지 않다. 그의 원래 예문 "모두 안 왔다"는 "오다"가 비대격 술어로 분석될 여지가 있기 때문에 쓸데없는 논란을 불러일으킬 수 있다.

(11) *누구는 정말 순희를 사랑하니?

그러나 김용하(1999)는 '누구'가 비한정 대명사로 쓰일 경우 무표격을 지닌 채 의문문에 등장할 수 있다는 반례를 내어 놓는다.

(12) 누구 정말 순희를 사랑하니? (가능한 대답: "예, 그렇습니다.")

(12)로써 홍용철의 주장이 반박된다면 남는 문제는 의문사 의문문으로서 (10ㄴ)이 왜 불가능한가 하는 것이다. 최기용(2009)은 강 양화사(strong quantifier)는 유표격을 지녀야만 하지만 약 양화사(weak quantifier)는 그러지 않아도 된다고 했던 K.-S. Kim(2000)의 관찰과 분석에 근거해서 강 양화사인 의문사가 의미역 위치/기저 위치에 있을 수 없으므로 유표격이 표시 되지 않으면 의문사 해독을 가질 수 없다고 주장한다.[5] 즉 약 양화사는 동사적 투사체 내부에 그대로 있어도 해석적으로 아무런 문제가 없으므로 무표격을 지닐 수 있다. 그러나 강 양화사는 동사적 투사체 내부에 머무르게 되면 존재 운용소(existential operator)와 관계를 맺게 되는바, 독립적으로 운용소를 지닌 강 양화사와 충돌하게 되는 것이다.[6]

---

5) 최기용(2009)의 이러한 분석에 대한 해설은 김신회 2013을 참고하라. 김신회(2013)는 주격 조사의 출현과 관련해서도 매우 흥미로운 분석을 베풀고 있다.

최기용(2009)의 이러한 분석은 기존의 연구를 매우 유효한 방식으로 응용하여 무표격 주어의 출현이 가능하다는 것을 효과적으로 포착해 내고 있다.7)

3. 무표격 조사 ∅와 EPP

김용하 1999에서 필자는 점검 작용을 일치가 아닌 유인-이동으로 설정했던 Chomsky(1995)의 틀을 따라 (1)의 일반화를 설명하려 했다. 일단 Chomsky(1995)는 다음과 같은 조건을 내놓는다.

(13) 형식 자질 F는 합치를 위해 필요한 만큼만 다른 자질을 끌고 갈 수 있다.

---

6) 그런데 이 분석은 의문사가 목적어일 경우 빈번히 무표격으로 나타날 수 있다는 사실을 해명하기가 오히려 어렵다.

  i) 순희가 누구(를) 사랑하니?

  즉 의문사가 강 양화사로서 동사적 투사체 안에 남을 수 없다면 목적어 의문사는 어떻게 무표격을 지닐 수 있는가? 이에 대한 답을 구하기는 현재로선 어려워 보인다.

7) 한편 "누구 순희를 만났니?"와 같은 의문문에서 "누구"가 담화-연결(D-linking) 해독을 가질 경우 의문사 역할을 할 수 있다는 주장이 Ahn·Cho (2006)에 의해서 제기되기도 했다. 이들은 이 경우의 '누구'를 좌-전치(left-dislocation)된 것으로 보면서 김용하(1999)의 제안을 또 다른 방식으로 응용하고 있다.

(2)에서 합치란 LF와 PF의 합치를 말한다. PF의 조건이 이동하는 요소의 단위를 결정하는 것은 외현적 이동이 일어날 경우에 발생한다. 어떤 단어의 자질 일부만이 이동하는 것은 PF에서 발음할 수 없는 단어를 산출하기 때문에 그 단어에 속한형식 자질이 움직이면 그 단어에 딸린 나머지 형식 자질들도따라가야 하는 것이다. 또한 필요한 경우에는 그 단어가 속한범주 전체가 동반 이동(pied piping)을 해야 한다. 이를 잘 보여주는 것이 다음과 같은 영어의 DP이다.

(14)

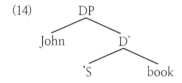

(14)와 같은 구조의 DP가 유인에 의해 이동한다면 유인의동인인 범주 자질 D를 가진 "s'만이 이동을 겪어야 할 것이다.그런데 "s'는 접사이기 때문에 이는 다음과 같은 PF 여과 조건을 어기게 된다.

(15) 접사는 고립될 수 없다.

따라서 "s'는 자신의 숙주가 될 'John'과 함께 이동을 해야한다. 그러나 위의 구조로 볼 때 'John's'는 하나의 구성체가 아니므로 통사론적 이동의 대상이 될 수 없다. 결국 PF의 합치를 위해서는 'John's book' 전체의 이동이 일어나야 한다.

김용하 1999에서는 동일한 논리가 한국어의 경우에도 적용된다고 본다. 즉 다음과 같은 문장들 중에서:

(16) ㄱ. 내일 돈 필요하다.

ㄴ. 돈이 내일 필요하다.

(16ㄱ)의 '돈'은 이론적으로 주격을 점검받기 위해 IP의 지정어 위치로 이동해야 한다. 이 표현은 무표격 조사 ∅를 인정하면 $[_{DP} [_{NP} 돈] ∅]$의 구조일 것이다. 그런데 (13)에 따라 최소의 요소만 이동하면 되므로 음성 형식이 없는 ∅는 (15)와 같은 여과에 걸리지 않을 것이므로 단독 이동을 해야 한다. 따라서 (16ㄱ)에서는 '돈'이 제자리에 있게 된다.

반면, (16ㄴ)에서는 구조가 $[_{DP} [_{NP} 돈] 이]$와 같을 것이고 역시 (13)에 따라 '이'만 이동하는 것이 최상이겠으나 '이'가 형태론적으로 접사이므로 '돈이'라는 DP 전체가 이동해야 하는 것이다.

그러나 유인-점검이라는 문법 작용을 포기하고 일치에 의한 점검-이동이라는 문법 작용을 전제로 하는 최근의 최소주의 프로그램에서는 더 이상 위와 같은 방식으로 (1)의 일반화를 정당화할 수가 없다.[8] 그래서 이 장에서는 (1)의 일반화를

---

8) 유인-이동을 인정한다 하더라도 (13)과 같은 조건이 통사부의 이동을 PF의

정당화할 뿐만 아니라 어떤 명사적 투사체에서든 Ø가 나타날 수 있는 경우까지로 설명을 확장하고자 한다.

사실 구조격 조사가 명시적으로 등장하지 않을 경우에는 무표격이 어떤 식으로든 개입되어 있다고 보면 (1)은 다음과 같은 문장만으로도 무너지고 만다.

(17) ㄱ. 철수만 내일 학교까지 간다.
    ㄴ. 학교까지 철수만 내일 간다.

(17)의 두 문장에서 논항들인 '철수만'과 '학교까지'에는 구조격 조사가 표시되어 있지 않다. 그러므로 (1)에 의하면 이들은 이동을 할 수 없어야 하지만 언어 사실은 이동이 아주 자유롭다는 것을 보여준다. 그러나 조사가 외현적으로 전혀 드러나지 않으면 여전히 이러한 이동은 불가능하다.

(18) ㄱ. 철수 학교 간다.
    ㄴ. *학교 철수 간다.

조사가 전혀 나타나지 않을 경우의 이런 비이동성까지 포괄하면서, 즉 (1)의 일반화가 포착하는 바를 놓치지 않으면서

조건이 강제한다는 개념은 Collins(1997)의 국부적 경제성(local economy)에 입각하면 미리-보기(look-ahead)에 해당된다.

(17)과 같은 예들의 이동성을 설명할 수 있는 방법은 없을까? 그런 방법을 찾기 위해서 우리는 Landau(2007)의 분석을 따라 갈 필요가 있다.

Landau(2007)는 여러 언어들의 자료들을 검토하면서 핵이 음성적으로 비어 있는 구성체는 EPP를 만족시킬 수 없다는 결론에 도달한다.[9] 이는 다음과 같이 표현된다.

(19) $[_{HP}$ ZP $[_{HP}$ H$_{EPP}$ …]]에서 Z는 반드시 발음되어야 한다. 즉 *$[_{HP}$ $[_{ZP}$ $[_{Z}$ ∅] …] $[_{HP}$ H$_{EPP}$ …]]

(19)가 제대로 유지되는지 우선 로망스 제어의 예들을 살펴보자. 로망스 제어인 스페인 어와 이탈리아 어에서 단수 가산 명사(singular count noun)는 어느 위치에서든 반드시 외현적 한정사와 함께 나타나야 하지만, 복수 명사들이나 물질 명사(mass noun)들은 목적어 위치에서는 한정사 없이 나타날 수 있는 반면 주어 위치에서는 그럴 수 없다.

(20) 스페인 어

　ㄱ. Quiero　　　café

　　원하다-1인칭　커피

---

9) Landau(2007)의 이러한 결론은 EPP를 PF 속성으로 환원시켜서 얻어지는 것이다. 이 부분에 대해서 필자는 생각이 좀 다르지만 일단 옳고 그름에 대한 판단을 미루겠다.

'나는 커피를 원한다.'

ㄴ. *Café me   gusta.

　　커피 나를 기쁘게_하다

　　'나는 커피가 좋다.'

ㄷ. El   café me   gusta.

　　정관사 커피 나를 기쁘게_하다

　　'나는 커피가 좋다.'

(21) 이탈리아 어

ㄱ. In   questo ufficio incontro   sempre marocchini.

　　에서 이   사무실 만나다-1인칭 언제나 모로코인들

　　'나는 언제나 이 사무실에서 모로코인들을 만난다.'

ㄴ. *In questo ufficio marocchini   telefonano sempre

　　에서 이   사무실 모로코인들 전화하다 언제나

　　'이 사무실에서 모로코인들이 언제나 전화를 한다.'

ㄷ. In questo ufficio dei   marocchini telefonano sempre

　　에서 이   사무실 정관사-속격 모로코인들 전화하다   언제나

　　'이 사무실에서 어떤 모로코인들이 언제나 전화를 한다.'

영어에서 문주어(sentential subject)의 핵인 보문소는 주어 위
치에 나타나면 반드시 외현적으로 드러나야 한다.

(22) ㄱ. People widely assume (that) politics is corrupting.

　　ㄴ. Everyone would prefer (for) Mary to be our representative.

(23) ㄱ. *(That) politics is corrupting is widely assumed.

ㄴ. *(For) Mary to be our representative would be preferred by everyone.

이런 예들로부터 내려진 (19)와 같은 조건이 한국어의 무표격 조사에 대해서도 어떤 설명력을 제공할 수 있을 것인가?

다음과 같은 예를 볼 때 논항에 어떤 조사도 외현적으로 나타나지 않을 경우, 즉 무표격 조사만이 상정될 경우 한국어에는 (8)이 바로 적용될 수 있을 것 같다.

(24) ㄱ. 철수가 학교 간다.

ㄴ. *학교 철수가 간다.

(25) ㄱ. 철수 학교 간다.

ㄴ. *학교 철수 간다.

이 예들이 말해주는 바는 명백하다. T든 v든 한국어의 기능범주들의 EPP 때문에 이동을 해야 할 경우 무표격 조사는 음성형식이 없으므로 (19)에 걸리게 된다. 그렇다면 다음과 같은 예들에서의 자유로운 어순은 어떻게 설명되어야 할 것인가?

(26) ㄱ. 철수만 내일 학교까지 간다.

ㄴ. 학교까지 철수만 내일 간다.

(27) ㄱ. 철수는 친구만 몰래 세 명 만났다.

ㄴ. 친구만 철수는 몰래 세 명 만났다.

사실 Landau(2007)는 영어에서 복수 가산 명사나 물질 명사가 관사 없이 주어 위치에 나타날 수 있는 것, 히브리 어에서 모든 비한정 DP들이 외현적 한정사 없이 나타날 수 있는 것, 러시아어에서는 한정성에 관계없이 모든 DP들이 영 D(null D)와 함께 나타날 수 있다는 사실을 인정했다.

(28) ㄱ. Firemen are available.

　　ㄴ. Yeled sixek　　ba-gina

　　　　아이　놀다(과거)　에서-정원

　　　　'한 아이가 정원에서 놀고 있었다.' (히브리어)

　　ㄷ. Devočka čitala　　knigu

　　　　소녀　　읽다(과거)　책

　　　　'한 소녀가/그 소녀가 책을/그 책을 읽었다.' (러시아어)

이런 예들에 부딪혀서 Landau(2007)가 모색한 해결책은 EPP가 기능 범주의 비해석성 격/φ-자질에 닻을 내리고 있기 때문에 언어에 따라 이런 변이가 가능하다는 것이다. 만일 어떤 언어에서 기능 범주의 격/φ-자질의 일치/점검이 명사와 이루어질 수 있다면 D가 비어 있어도 EPP를 만족시키기 위한 이동이 가능하다는 것이다. (28)의 언어들이 바로 그런 예들이라고 할 수 있다.

그렇다면 한국어에서 무표격 ∅는 왜 부가 이동조차 겪지 못하는가? Miyagawa(2010)를 따라 한국어 같은 언어에서 EPP 와 관련되는 주요 자질은 격이나 φ-자질 같은 것보다 초점/주제 등의 담화 관련 자질이라고 가정해 보자. 한국어에서는 초점/주제 등이 맨 명사(bare noun)나 ∅에 의해 점검되는 것이 불가능하다고 가정해 보자. 그렇다면 ∅가 맨 명사하고만 결합할 경우 어떤 이동도 겪을 수가 없다. 그러나 한국어에서 후치사를 비롯한 여타 조사들은 초점/주제 등의 담화 관련 자질을 점검할 수 있다. 따라서 이러한 설명의 노선을 따른다면 한국에서는 다른 개입 요소들이 없을 경우 하나의 외현적 조사만 있어도 명사적 투사체가 이동을 겪을 수 있는 것이라고 하는 설명이 가능해진다.

4. 마무리

본 장에서는 유표격과 무표격에 대한 Y.-H. Kim(1998)과 김용하(1999)의 분석을 최근 생성문법의 이론적 틀 안에서 어떻게 설명할 수 있는지 그 가능성을 모색했다. 세부적인 사항에서 차이가 있을 수는 있으나 무표격 명사구와 유표격 명사구가 그 분포적 특성에 차이가 있고 그 분포적 특성으로 인한 구조적 차이로 인해 여러 가지 통사 현상의 변주가 일어난다고 본 김용하(1999)의 관찰은 여전히 유효하다고 할 수 있겠다.

또한 이 장에서는 EPP에 대한 Landau(2007)의 새로운 제안과 Miyagawa (2010)의 분석을 토대로 ∅를 포함하는 다양한 명사적 투사체의 이동 가능성에 대한 설명을 시도했다.

  한국어 통사론의 제문제 중 가장 두드러진 것이 격과 관련된 현상임은 말할 나위 없는 것이니 그만큼 격은 연구자들의 관심이 집중되어 온 주제가 되어 왔다. 그리고 격과 직접적으로 관련이 있는 요소가 조사이니 그런 만큼 조사는 한국어 통사론 연구에서 핵심이라고 할 수 있다. 그래서 조사와 관련된 연구 업적들은 다른 분야보다 양적으로나 질적으로나 최고 수준에 있다고 할 것이다. 그럼에도 불구하고 필자가 조사 관련 저술을 또 한 권 보태기로 한 것은 여전히 조사의 본질이 완전히 밝혀졌다고 보기가 어렵다는 필자의 인식 때문이었다. 그렇다고 결코, 이 책이 조사의 본질을 밝혔다고 할 수는 없다. 필자는 이 책의 틀을 짜면서 개별 조사들의 분석은 최대한 피하고자 했다. 그것은 개별 조사들의 특성에 대한 연구가 완료 혹은 완성되어서 그런 것이 아니라 조사의 분포와 통합체계를 다룰 때 개별 조사들의 분석을 포함시키는 것이 어울리지 않는 일이라는 인식이 있었기 때문이기도 하지만, 한국어 조사의 분포와 통합체계를 이론의 힘으로 설정해 보는 것이 더욱 의의 있는 일이라고 여겼기 때문이다. 그래서 이 책은 생성문법에, 특히 생성문법의 최근 이론 추구 모형인 최소주의 프로그램에 입각해서 저술되었다. 그러므로 이 책의 내용은 몇몇 중요한 조사들을 제외하고는 개별 한국어 조사들에 대해서 말하는 바가 거의 없다. 혹시 구체적인 조사를 분석 대상으로 삼을 때도 그것이 이론적으로 의의가 있을 때 그리하였다. 하지만 한국어의 조사를 이론적으로 어떻게 자리매김하게 하고 통사적 지위를 상정할 것인지에 대해서는 이 책이 어느 정도 답을 내어 놓고 있다고 본다. 그러므로 이 책이 한국어의 조사들을 완전히 해체하고 개별적인 본 모습을 하나하나 제시하지는 못했다 하더라도 이론적인 후속 담론을 형성하는 데는 기여할 수 있으리라고 기대해 본다. 이제 지금까지 다루었던 내용들을 요약함으로써 이 책을 끝맺고자 한다.

제1장은 이 책을 저술한 목적을 밝히는 데 할애되었다. 한국어에서 조사와 어미 같은 교착 요소들이 두드러진 역할을 한다는 것은 자명한 일이니 새삼스레 조사를 다루는 이유를 밝힌 것이다. 그러면서 이 책을 저술하는 것이 조사에 대한 근본적인 설명을 향한 하나의 걸음이 될 수 있음을 천명했다.

제2장은 이 책 전체를 아우르는 이론적 배경을 소개하고 있다. 이 책은 생성문법의 이론 체계 속에서 한국어 조사의 분포와 통합체계를 논의하였는데 생성문법의 여러 이론 모형 중에서도 최소주의 프로그램을 그 이론적 기초로서 선택하고 있다. 제2장에서는 최소주의 프로그램이 생성문법의 이론 모형으로 등장하게 된 역사적 연원을 간단히 소개하고 이 책에서 중요하게 사용되는 여러 이론적 개념들, 예를 들어 일률성 원리, 최강 일률성 가설 등을 소개하고 크게 보아 최소주의 프로그

램의 체계에 포함될 수 있는 확대 투사론, 분포 형태론의 체계를 설명하고 있다.

제3장은 조사의 분류 문제를 다루고 있다. 사실 조사를 분류하는 것은 국어학계에서 수없이 이루어진 작업인 만큼 한국어의 개별 조사들을 소개하고 하나하나 그 성질을 따지는 일은 지양하고, 기존의 조사 분류에 기대어서 합리적인 조사 분류 체계를 정립하고자 했다. 그리하여 최종적으로 조사를 후치사, 양화첨사, 한정사로 분류했다.

제4장은 조사가 통사적 핵이 될 수 있는가 하는 뜨거운 논쟁을 소개하고 있다. 사실 1980년대 말부터 조사의 핵성을 인정하자는 제안이 있어 왔고 주류 국어학계에서도 이런 제안이 상당히 받아들여지고 있는 가운데 최근 젊은 학자들을 중심으로 조사의 핵성을 두고 찬반을 다투는 논쟁이 있어 왔다. 제4장은 이런 논의들 중에서 임동훈 1991, 2008, 한정한 2003, 2010, 엄홍준 2010의 주장과 분석을 소개하고 그 장단점을 논했다. 그러고서 조사를 핵으로 인정해야 하며 그 근거는 조사 관련 통사체의 분포여야 한다는 것을 논증하고 있다.

제5장은 조사를 핵으로 하는 조사구의 내적 질서를 다루고 있다. 그러면서 조사 자체의 분포와 그 분포로 인해 이루어지는 통합의 체계를 전반적으로 다루고 있다. 이런 논의의 중심에는 부사격 조사의 범주적 성격이 어떠한 것인가 하는 의문이 놓여 있는바, 제5장에서는 부사격 조사가 인구어 전치사에 대응되는 후치사이지만 그 위치가 명사에 가장 가까운 이유를

최강 일률성 가설과 Pesetsky·Torrego 2001, 2004에 기대어 해명하고 있다. 그러고 나서 조사구의 분포를 설명하기 위해 명사적 수식에 참여하는 관형성 조사 '의', 명사적 수식과 동사적 수식이 자신의 보충어 핵에 의해 결정되는 미명세 무표격 조사 Ø, 그리고 동사적 수식에 참여하는 나머지 부사성 조사라는 삼분법적 분류를 설정하여 조사구의 분포를 설명하려 했다.

제6장은 통사적 핵으로서 조사가 어찌하여 중첩될 수 있는지 그 이유를 해명하고 있다. 조사의 중첩을 이유로 조사가 통사적 핵은커녕 통사론적 요소일 수도 없다는 Sells 1995의 강어휘론자 입장을 비판하고, 이에 반하는 최근의 통사론적 접근법으로서 반대칭성 접근법을 소개, 비판한다. 그리고 이들과는 다른 대안으로서 기능 범주의 투명성이라는 개념을 도입하여 조사의 중첩 문제를 해결하려 했다.

제7장은 부사격 조사들인 '에', '에게', '께'의 교체 문제를 분포 형태론에 입각하여 설명하고 있다. 매우 초보적인 개념인 이형태 관계에 대해 근본적으로 검토해서 이들 조사들이 이형태 관계에 있다고 할 수 없다는 것을 논증하고, '주다'와 같은 이른바 수여동사의 의미로부터 이들의 교체를 다루는 것도 불합리하다는 것을 보였다. 결국 '에', '에게', '께'의 교체는 유정성이라는 성 자질이 한국어에서 발현되는 방식과 관련된 문제라는 것을 논증하고 이것을 최소주의 프로그램을 통해 이론적으로 분석할 수 있으며 분포 형태론에 입각하여 설명할 수 있음을 잘 보여 주고 있다.

제8장은 구조격 조사의 이른바 비-격 용법을 근거로 해서 구조격 조사를 격과 상관없는 요소라고 밀어붙이는 주장들이 타당한 것인가를 논하고 그 내용들을 비판하고 있다. 그러고서 구조격 조사를 독일어와 같은 언어의 격에 민감한 한정사로 취급하고 나머지 진정한 보조사들을 영어와 같은 언어의 격 표시 없는 한정사로 취급하는 것이 타당한 조사 분류일 수 있다고 주장하고 있다.

제9장은 무표격에 대한 김용하 1999 이후의 담론 확장 양상에 대해 논하고 Landau 2007과 Miyagawa 2010에 의거해서 무표격 조사 ∅를 포함하고 있는 다양한 명사적 투사체의 이동 가능성에 대한 설명이 가능함을 보이고 있다.

참고문헌

고석주(2000), 「한국어 조사의 연구—'-가'와 '-를'을 중심으로—」, 연세대 박사논문.

고석주(2002), 「조사 '가'의 의미」, 국어학 40, 221~246쪽.

고석주(2008), 「조사 '를'의 의미와 실현」, 한국어학 41, 207~228쪽.

고영근(1968), 「주격 조사의 한 종류에 대하여」, 『이숭녕 박사 송수 기념 논총』; 남기심 외 편(1983), 『현대국어문법』, 계명대학교출판부, 102~113쪽 재수록.

고영근(1974), 「현대국어의 종결어미에 대한 구조적 연구」, 『어학연구』 10, 118~157쪽.

고영근(2005), 「형태소의 교체와 형태론의 범위: 형태음운론적 교체를 중심으로」, 『국어학』 46, 19~51쪽.

김광섭(2011), 「외현적 관계대명사(overt relative pronoun)의 분포에 관한 연구: 부정형 관계절(infinite relative clause)을 중심으로」, 생성문법 학회 2011 가을학술대회 발표문.

김귀화(1988), 「국어의 격 연구」, 『한국어 연구』 제14호.

김동석·김용하·이재철(2006), 「자연 언어의 비정규적 주어에 대한 통합 적 연구 (I): 한국어와 일본어의 비정규적 주어를 중심으로」, 『현대 문법연구』 45, 33~76쪽.

김신회(2013), 「조사 '-가'의 연구」, 『현대문법연구』 75, 27~81쪽.

김영희(1974), 「한국어 조사류어의 연구」, 『문법연구』 제1집, 탑출판사, 271~311쪽.

김영희(1976), 「형용사의 부사화 구문」, 『어학연구』 12, 175~195쪽.

김영희(1981), 「간접 명사 보문법과 '하-'의 의미 기능」, 『한글』 173·174, 153~192쪽.

김영희(1991), 「무표격의 조건」, 『언어논총』 9, 계명대학교, 5~32쪽.

김영희(1999ㄱ), 「사격 표지와 후치사」, 『국어학』 34, 31~58쪽.

김영희(1999ㄴ), 「보족어와 격 표시」, 『한글』 244, 75~109쪽.

김영희(2004), 「논항의 판별 기준」, 한글 266, 139~167쪽.

김용하(1990), 「국어 명사구의 구조 연구」, 계명대 석사논문.

김용하(1999), 『한국어 격과 어순의 최소주의 문법』, 한국문화사.

김용하(2007), 「'에', '에게', '께'의 교체와 분포 형태론」, 『언어과학연구』 43, 71~113쪽.

김용하(2009), 「한국어 조사의 분포와 통합 체계 연구: 부사격 조사를 중심으로」, 『언어학』 17, 65~89쪽.

김용하(2011), 「조사의 핵성」, 『언어연구』 28, 271~288쪽.

김용하(2012), 「격조사의 소위 비-격 용법에 대하여」, 『한국어학』 54, 55~79쪽.

김원경(1997), 「'에게'와 격」, 김응모 편, 『한국어학의 이해와 전망』, 박이정, 463~475쪽.

김의수(2007), 「문장은 내심적인가 외심적인가」, 『국어학』 49, 107~138쪽.

남기심(1973), 『국어 완형보문법 연구』, 계명대학교출판부.

남기심(1991), 「국어의 격과 격조사에 대하여」, 『겨레문화』 5; 남기심

(1996), 『국어 문법의 탐구 I』, 태학사, 68~92쪽 재수록.

남기심(1993), 『국어 조사의 용법』, 서광학술자료사.

남윤진(1997), 「현대국어의 조사에 대한 계량언어학적 연구」, 서울대 박사논문.

남윤진(2000), 『현대 국어의 조사에 대한 계량 언어학적 연구』, 태학사.

목정수(2003), 『한국어 문법론』, 월인.

민현식(1982), 「현대 국어의 격에 대한 연구」, 『국어연구』 49.

박양규(1972), 「국어 처격에 대한 연구: 통합상의 특징을 중심으로」, 『국어연구』 27.

박양규(1975ㄱ), 「존칭 체언의 통사론적 특징」, 『진단학보』 40, 81~108쪽.

박양규(1975ㄴ), 「존재와 소유」, 『국어학』 3, 93~117쪽.

박철우(2002), 「국어의 보충어와 부가어 판별 기준」, 『언어학』 34, 75~111쪽.

안명철(1982), 「처격 '에'의 의미」, 『관악어문연구』 7, 245~268쪽.

안병희(1966), 「부정격의 정립을 위하여」, 동아문화 6; 남기심·고영근·이익섭 편(1983), 『현대국어문법』, 계명대학교출판부, 99~101쪽 재수록.

안병희(1968), 「중세 국어의 속격어미 '-ㅅ'에 대하여」, 『이숭녕 박사 송수기념논총』; 남기심 외 편(1983), 『국어의 통사·의미론』, 탑출판사, 308~316쪽 재수록.

양동휘(1996), 『최소이론의 전망』, 한국문화사.

엄홍준(2010), 「구조격 조사도 핵인가—임동훈(1991, 2008)을 중심으로—」, 『시학과언어학』 19, 127~143쪽.

오충연(2001), 『주제구조론』, 월인.

우형식(2001), 『한국어 분류사의 범주화 기능 연구』, 박이정.

유동석(1984), 「양태 조사의 통보 기능에 대한 연구」, 『국어연구』 60.

유동석(1995), 『국어의 매개변인 문법』, 신구문화사.

유현경(1994), 「논항과 부가어」, 『한국어학』 1, 175~196쪽.

유현경(2003), 「'주다' 구문에 나타나는 조사 '에게'와 '에'」, 『한국어학』
        20, 155~174쪽.

이광호(1983), 「후기 중세국어의 종결어미 {-다/-라}의 의미」, 『국어학』
        12, 137~168쪽.

이규호(2001), 「한국어 복합조사의 판별기준과 구성 연구」, 한국외국어대
        박사논문.

이남순(1988), 『국어의 부정격과 격표지 생략』, 탑출판사.

이상복(1991), 「형태론」, 노대규 외(공저) 『국어학 서설』, 신원문화사,
        205~268쪽.

이익섭(2005), 『한국어문법』, 서울대학교출판부.

이익섭·임홍빈(1983), 『국어문법론』, 학연사.

이익섭·채완(1999), 『국어문법론강의』, 학연사.

이정훈(2004), 「국어의 문법 형식과 통사구조 연구」, 서강대 박사논문.

이정훈(2005), 「조사와 활용형의 범주통용: '이'계 형식을 대상으로」, 『국
        어학』 45, 145~175쪽.

이정훈(2006), 「'V-어V' 합성동사 형성 규칙과 범주통용」, 『어문학』 91,
        129~161쪽.

이정훈(2007), 「문법 자질과 조사의 통합관계」, 『어문학』 96, 111~138쪽.

이정훈(2008), 『조사와 어미 그리고 통사구조』, 태학사.

임동훈(1991), 「격조사는 핵인가」, 『주시경학보』 8, 119~130쪽.

임동훈(2004), 「한국어 조사의 하위 부류와 결합 유형」, 『국어학』 43, 119~154쪽.

임동훈(2008), 「다시 격조사는 핵이다: 한정한(2003)을 중심으로」, 『형태론』 10, 287~297쪽.

임홍빈(1979), 「용언의 어근 분리 현상에 대하여」, 『언어』 4, 55~76쪽.

임홍빈(1981), 「존재 전제와 속격 표지 {의}」, 『언어와 언어학』 7, 61~78쪽.

임홍빈(1987), 『국어의 재귀사 연구』, 신구문화사.

임홍빈(1997), 「국어 굴절의 원리적 성격과 재구조화: '교착소'와 '교착법'의 설정을 제안하며」, 『관악어문연구』 22, 93~163쪽.

임홍빈(1999), 「국어 명사구와 조사구의 통사 구조에 대하여」, 『관악어문연구』 24, 1~62쪽.

최경봉(1999), 「관형격 구성의 구조와 의미」, 『국어의 격과 조사』, 월인, 743~774쪽.

최규수(1994), 「토씨구의 설정에 대하여」, 『우리말 연구』 4, 91~107쪽.

최기용(2009), 『한국어 격과 조사의 생성통사론』, 한국문화사.

최동주(1997), 「현대국어의 특수조사에 대한 통사적 고찰」, 『국어학』 30, 201~224쪽.

최재웅(1996), 「「-만」의 작용역 중의성」, 『언어』 21, 673~692쪽.

최현배(1937), 『우리말본』, 정음문화사.

한정한(2003), 「격조사는 핵이 아니다」, 『한글』 260, 149~182쪽.

한정한(2010), 「다시 격조사는 핵이 아니다」, 『형태론』 12, 281~288쪽.

한학성(1996), 『영어 관사의 문법』, 태학사.

허웅(1983), 『국어학: 우리말의 오늘·어제』, 샘문화사.

홍용철(1994), 「융합 이론과 격조사 분포」, 『생성문법연구』 4, 1~43쪽.

홍용철(2004), 「한국어의 격조사 탈락과 격조사 부재」, 『프랑스어문교육』 18, 295~314쪽.

홍재성(1987), 『현대 한국어 동사구문의 연구』, 탑출판사.

황화상(2003), 「조사의 작용역과 조사 중첩」, 『국어학』 42, 115~140쪽.

Abney, S. P.(1987), "English noun phrases in its sentential aspects", Doctoral dissertation, MIT.

Ahn, H.-D.(1988), "Preliminary remarks on Korean NP", In E.-J. Back (ed.), *Papers from the sixth international conference on Korean linguistics*, International Circle of Korean Linguistics and Department of East Asian Studies, University of Toronto, pp. 1~15.

Ahn, H.-D. and S. Cho.(2006), "Wh-topics and unpronounced case markers", *Studies in Generative Grammar* 16, pp. 61~90.

Allan, K.(1977), "Classifiers", *Language* 53, pp. 285~311.

An, D.-H.(2009), "A note on genitive drop in Korean", *Nanzan Linguistics* 5, pp. 1~16.

Anderson, S. R.(1982), "Where's morphology?", *Linguistic Inquiry* 13, pp. 571~612.

Anderson, S.R.(1992), *A-morphous morphology*, Cambridge: Cambridge University Press.

Aronoff, M.(1976), *Word formation in generative grammar*, Cambridge, Mass.:

MIT Press.

Aronoff, M.(1994), *Morphology by itself*, Cambridge, Mass.: MIT Press.

Benmamoun, E.(2003), *The feature structure of functional categories: A comparative study of Arabic dialects*, Oxford: Oxford University Press.

Blake, B. J.(1994), *Case*, Cambridge: Cambridge University Press.

Bloch, B.(1947), "English verb inflection", *Language* 23, pp. 399–418.

Bloomfield, L.(1933) *Language*, New York: Holt, Reinhart and Winston.

Bobaljik, J. D.(1995), "Morphosyntax: The syntax of verbal inflection", Doctoral dissertation, MIT.

Boeckx, C.(2008) *Bare syntax*, Oxford: Oxford University Press.

Bonet, E.(2008) "Items-and-Arrangement or Items-and-Process?", *Cuadernos de Lingüística XV*, pp. 1~12.

Borer, H.(1984), *Parametric syntax: Case studies in Semitic and Romance languages*, Dordrecht: Foris Publication.

Brame, M.(1982), "The head-selector theory of lexical specifications and the non-existence of coarse categories", *Linguistic Analysis* 10, pp. 321~325.

Bresnan, J.(1982), "Control and complementation", In J. Bresnan (ed.), *The mental representation of grammatical relations*, Cambridge, Mass.: MIT Press, pp. 282~390.

Bošković, Ž.(2002), "A-movement and the EPP", *Syntax* 5, pp. 167~218.

Choe, H.-S.(1995), "Focus and topic movement in Korean and licensing", In K. É. Kiss (ed.), *Discourse configurational languages*, Oxford: Oxford

University Press, pp. 100~120.

Choi, K.(1991), *A theory of syntactic X0-subcategorization*, Seoul: Thaehaksa.

Choi, K.(2005), "Remarks on structural case particles in Korean", *Studies in Generative Grammar* 15, pp. 29~51.

Chomsky, N.(1955/1975), *The logical structure of linguistic theory*, York and London: Plenum Press.

Chomsky, N.(1957), *Syntactic structures*, Hague: Mouton.

Chomsky, N.(1965), *Aspects of the theory of syntax*, Cambridge, Mass.: MIT Press.

Chomsky, N.(1966), *Cartesian linguistics*, New York: Harper and Row.

Chomsky, N.(1970), "Remarks on nominalization", In R. J. Jacobs and P. S. Rosenbaum (eds.), *Readings in English transformational grammar*, Waltham, Mass.: Ginn and Company, pp. 184~221.

Chomsky, N.(1974), *The Amherst lectures*, Documents Linguistiques, Universite Paris VII.

Chomsky, N.(1981), *Lectures on government and binding*, Dordrecht: Foris Publication.

Chomsky, N.(1982), *Some concepts and consequences of the theory of government and binding*, Cambridge, Mass.: MIT Press.

Chomsky, N.(1986a), *Knowledge of language: Its nature, origins, and use*, New York: Praeger Publishers.

Chomsky, N.(1986b), *Barriers*, Cambridge, Mass.: MIT Press.

Chomsky, N.(1993), "A minimalist program for linguistic theory", In K. Hale and S. J. Keyser (eds.), *The view from Building 20: Essays in linguistics in honor of Sylvain Bromberger*, Cambridge, Mass.: MIT Press, pp. 1~52.

Chomsky, N.(1995), *The minimalist program*, Cambridge, Mass.: MIT Press.

Chomsky, N.(2000), "Minimalist inquiries: The framework", R. Martin, D. Michaels, and J. Uriagereka (eds.), *Step by step: Essays on minimalist syntax in honor of Howard Lasnik*. Cambridge, Mass.: MIT Press, pp. 89~155.

Chomsky, N.(2001), "Derivation by phase", In M. Kenstowicz (ed.), *Ken Hale: A life in language*, Cambridge, Mass.: MIT Press, pp. 1~52.

Chomsky, N.(2004), "Beyond explanatory adequacy", In A. Belletti (ed.), *Structures and beyond*, Oxford: Oxford University Press, pp. 104~131.

Chomsky, N.(2007), "Approaching UG from below", In U. Sauerland and H-M. Gärtner (eds.), *Interfaces + recursion = language? Chomsky's minimalism and the view from semantics*, Berlin: Mouton de Gruyter, pp. 1~29.

Chomsky, N.(2008), "On phases", In R. Freidin et al. (eds.), *Foundational issues in linguistic theory: Essays in honor of Jean-Roger Vergnaud*, Cambridge, Mass.: MIT Press, pp. 133~166.

Chung, I.-K.(2007), "Suppletive negation in Korean and Distributed Morphology", *Lingua* 117, pp. 95~148.

Collins, C.(1997), *Local economy*, Cambridge, Mass.: MIT Press.

Corbett, G. G.(1991), *Gender*, Cambridge: Cambridge University Press.

Cormack, A. and N. V. Smith(2005) "What is coordination", *Lingua* 115, pp. 395~418.

Diesing, M.(1992a), "Bare plural subjects and the derivation of logical representation", *Linguistic Inquiry* 23, pp. 353~380.

Diesing, M.(1992b), *Indefinites*, Cambridge, Mass.: MIT Press.

Donati, C.(2006), "On wh-head movement", In L. L-S. Cheng and N. Corver (eds.), *Wh-movement: Moving on*, Cambridge, Mass.: MIT Press, pp. 21~46.

Embick, D. and R. Noyer(2001), "Movement operations after syntax", *Linguistic Inquiry* 32, pp. 555~595.

Enç, M.(1991), "The semantics of specificity", *Linguistic Inquiry* 22, pp. 1~25.

Fillmore, C.(1968), "The case for case", In E. Bach and R. T. Harms (eds.), *Universals in linguistic theory*, New York: Holt, Rinehart and Winston, pp. 1~88.

Fragan, M. B.(2009), *German: A linguistic introduction*, Cambridge: Cambridge University Press.

Fukui, N.(1986), *A theory of category projection and its application*, Doctoral dissertation, MIT.

Fukui, N. and M. Speas(1986), "Specifiers and projection", In N. Fukui et al. (eds.), *MIT working papers in linguistics 8: Papers in theoretical linguistics*, Cambridge, Mass.: MITWPL, pp. 128~172.

Gerts, D. B. and C. Youn(1988), "Korean psych constructions: Advancement or retreat?", In D. Brentari et al. (eds.), *CLS* 24, Chicago: Chicago Linguistic Society, pp. 155~175.

Grimshaw, J.(2005), *Words and structure*, Stanford: CSLI Publications.

Grohmann, K. K.(2000), "Prolific peripheries: A radical view from the left", Doctoral dissertation, University of Maryland, College Park.

Grohmann, K. K.(2003), *Prolific domains: On the anti-locality of movement dependencies*, Amsterdam: John Benjamins.

Gruber, J. S.(1975), *Lexical structures in syntax and semantics*, New York: North-Holland Publishing Company.

Haider, H.(1988), "Matching projections", In A. Cardinaletti et al. (eds.), *Constituent structure: Papers from the 1987 GLOW conference*, Dortrecht: Foris Publication.

Haig, J. H.(1983), "Japanese *ga* and Korean *ka/i*", *Korean Linguistics* 3 (ICKL), 33-46.

Haik, I.(1984), "Indirect binding", *Linguistic Inquiry* 15, pp. 185~223.

Halle, M.(1973), "Prolegomena to a theory of word formation", *Linguistic Inquiry* 4, pp. 3~16.

Halle, M. and A. Marantz(1993), "Distributed Morphology and the pieces of inflection", In K. Hale and S. J. Keyser (eds.), *The view from Building 20: Essays in linguistics in honor of Sylvain Bromberger*, Cambridge, Mass.: MIT Press, pp. 111~176.

Han, E.(1991), "Honorification in Korean", Ms., Brandeis University.

Harley, H. and R. Noyer(1999), "Distributed Morphology", *Glot International*

4, pp. 1~9.

Heim, I.(1982), "The semantics of definite and indefinite noun phrases", Doctoral dissertation, University of Massachusetts, Amherst.

Hiraiwa, K.(2005), "Dimensions of symmetry in syntax: Agreement and clausal architecture", Doctoral dissertation, MIT.

Hockett, C. F.(1954), "Tow models of grammatical description", *Word* 10, pp. 210~234.

Hockett, C. F.(1958), *A course in modern linguistics*, New York: Macmillan.

Jackendoff, R.(1972), *Semantic interpretation in generative grammar*, Cambridge, Mass.: MIT Press.

Jackendoff, R.(1977), *X'-syntax: A study of phrase structure*, Cambridge, Mass.: MIT Press.

Jeon, J.-S.(2003), "Syntactic and semantic bases of case assignment: A study of verbal nouns, light verbs and dative", Doctoral dissertation, Brandies University.

Johnson, K.(1991), "Object positions", *Natural Language and Linguistic Theory* 9, pp. 577~636.

Jolly, J. A.(1993), "Preposition assignment in English", In R. D. van Valin Jr. (ed.), *Advances in role and reference grammar*, Amsterdam: John Benjamins, pp. 275~310.

Jonas, D. & J. D. Bobaljik(1993), "Specs for subjects: The role of TP in Icelandic", In J. Bobaljik and C. Phillips (eds.), *MIT working papers in linguistics 18: Papers on Case and agreement I*, Cambridge, Mass.:

MITWPL, pp. 59~98.

Kamp, H.(1984), "A theory of truth and semantic representation", In J. Groenendijk et al. (eds.), *Truth, interpretation and information*, Dordrecht: Foris Publication, pp. 1~41.

Kang, M.-Y.(1988), "Topics in Korean syntax: Phrase structure, variable binding and movement", Doctoral dissertation, MIT.

Katamba, F.(1993), *Morphology*, New York: St. Martin's Press.

Kayne, R. S.(1984), *Connectedness and binary branching*, Dordrecht: Foris Publication.

Kayne, R. S.(1994), *The antisymmetry of syntax*, Cambridge, Mass.: MIT Press.

Kayne, R.(2003), "Antisymmetry and Japanese", *English Linguistics* 20, pp. 1~40.

Kim, D.-B.(1993), *The specificity/non-specificity distinction and scrambling theory*, Seoul: Thaehaksa.

Kim, K.-S.(2000), "(Anti-)Connectivity", Doctoral dissertation, University of Maryland, College Park.

Kim, Y.-H.(1998), "Overt Case and covert Case in Korean", *Studies in Generative Grammar* 8, pp. 177~237.

Kim, Y.-H.(2011), "A note on particle stacking", *Linguistic Research* 28, pp. 673~692.

Koopman, H.(2005a), "Korean (and Japanese) morphology from a syntactic perspective", *Linguistic Inquiry* 36, pp. 601~633.

Koopman, H.(2005b), "On the parallelism of DPs and clauses: Evidence from Kisongo Massai", In A. Carnie et al. (eds.), *Verb first: On the syntax of verb-initial languages*, Amsterdam: John Benjamins, pp. 281~301.

Koizumi, M.(1995), "Phrase structure in minimalist syntax", Doctoral dissertation, MIT.

Kuno, S.(1973), *The structure of the Japanese language*, Cambridge, Mass.: MIT Press.

Kuroda, S.-Y.(2005), "Focusing on the matter of topic: A study of *WA* and *GA* in Japanese", *Journal of East Asian Linguistics* 14, pp. 1~58.

Landau, I.(2007), "EPP extensions", *Linguistic Inquiry* 38, pp. 485~523.

Lee, C.-B.(1993), "Are there functional categories in Korean?", In S. Kuno et al. (eds.), *Harvard studies in Korean linguistics V*, Seoul: Hanshin Publishing Co., pp. 379~388.

Lee, D. W.(2003), "Two types of object and object shift", *Studies in Generative Grammar* 13, pp. 565~596.

Lee, W.(2003), "Argument scrambling and object shift", *Studies in Generative Grammar* 13, pp. 39~59.

Lee, Y.(2004), "The syntax and semantics of focus particles", Doctoral dissertation, MIT.

Lee, Y.(2005), "Exhaustivity as agreement: The case of Korean man 'only'", *Natural Language Semantics* 13, pp. 169~200.

Li, Y.(2005), *X0: A theory of the morphology-syntax interface*, Cambridge,

Mass.: MIT Press.

Lieber, R.(1992), *Deconstructing morphology: Word formation in syntactic theory*, Chicago: University of Chicago Press.

Lyons, J.(1968), *Introduction to theoretical linguistics*, Cambridge: Cambridge University Press.

Marantz, A.(1997), "No escape from syntax: Don't try morphological analysis in the privacy of your own lexicon", In A. Dimitriadis et al. (eds.), *University of Pennsylvania working papers in linguistics* 4, pp. 201~255.

Matthews, P. H.(1970), "Recent developments in morphology", In J. Lyons (ed.), *New horizons in linguistics*, Harmondsworth: Penguin, pp. 96-114.

Matthews, P. H.(1972), *Inflectional morphology: A theoretical study based on aspects of Latin verb conjugation*, Cambridge: Cambridge University Press.

Matushansky, O.(2006), "Head movement in linguistic theory", *Linguistic Inquiry* 37, pp. 69~109.

Miyagawa, S.(2004), "On the EPP", Ms., MIT.

Miyagawa, S.(2005), "Unifying agreement and agreement-less languages", Ms, MIT.

Miyagawa, S.(2010), *Why agree? Why move?* Cambridge, Mass.: MIT Press.

Murasugi, K.(1991), "Noun phrases in Japanese and English: A study in syntax, learnability, and acquisition", Doctoral dissertation,

University of Connecticut.

Muysken, P.(1983), "Parametrizing the notion 'head'", *Journal of Linguistic Research* 2, pp. 57~76.

Nida, E. A.(1949), *Morphology: The descriptive analysis of words*, Ann Abor: The University of Michigan Press.

Nomura, M.(2002), "Case and agreement in Icelandic and Japanese: Multiple case marking and multiple ϕ-feature agreement", Ms., University of Connecticut.

Ogawa, Y.(2001). *A unified theory of verbal and nominal projections*, Oxford: Oxford University Press.

Pesetsky, D.(1987), "'Wh'-in-situ: Movement and unselective binding", In E. J. Reuland and A. G. B. ter Meulen (eds.), *The representation of (in)definiteness*, Cambridge, Mass.: MIT Press, pp. 98~129.

Pesetsky, D. and E. Torrego(2001), "T-to-C movement: Causes and consequences", In M. Kenstowicz (ed.), *Ken Hale: A life in language*, Cambridge, Mass.: MIT Press, pp. 355~426.

Pesetsky, D. and E. Torrego(2004), "Tense, Case, and the nature of syntactic categories", In J. Gueron and J. Lecarme (eds.), *The syntax of time*, Cambridge, Mass.: MIT Press, pp. 495~537.

Pollock, J.-Y.(1989), "Verb movement, universal grammar, and the structure of IP", *Linguistic Inquiry* 20, pp.365~424.

Radford, A.(1988), *Transformational grammar*, Cambridge: Cambridge University Press.

Radford, A.(1993), "Head-hunting: On the trail of the nominal Janus", In
G. G. Corbett et al. (eds.), *Heads in grammatical theory*, Cambridge:
Cambridge University Press, pp. 73~113.

van Riemsdijk, H.(1990), "Functional prepositions", In H. Pinkster and I.
Genée (eds.), *Unity and diversity: Papers presented to Simon C. Dik
on his 50th birthday*, Dordrecht: Foris Publication.

van Riemsdijk, H.(1998), "Categorial feature magnetism: The endocentricity
and distribution of projections", *Journal of Comparapive Germanic
Linguistics* 2, pp. 1~48.

Rizzi, L.(1997), "The fine structure of the left periphery", In L. Haegeman
(ed.), *Elements of grammar*, Dordrecht: Kluwer, pp. 281~337.

Robins, R. H.(1967/1997), *A short history of linguistics*, London: Longman.

Saito. M.(2012), "Case checking/valuation in Japanese: Move, Agree or
Merge?", *Nanzan Linguistics* 8, pp. 109~127.

Scalise, S.(1984), *Generative morphology*, Dordrecht: Foris Publication.

Sells, P.(1995) "Korean and Japanese morphology from a lexical perspective",
Linguistic Inquiry 26, pp. 277~325.

Shimada, J.(2007), "Head movement, binding theory, and phrase structure",
Ms., MIT.

Shütze, C. T.(1996), "Korean "case stacking" isn't: Unifying noncase uses
of case particles", In J. Beckman (ed.), *Proceedings of NELS* 26,
Amherst, Mass.: GLSA, pp. 351~365.

Shütze, C. T.(2001), "On Korean "Case stacking": The varied functions of the particles *ka* and *lul*", *The Linguistic Review* 18, pp. 193~232.

Sigurðsson, H.(2003), "Meaningful silence, meaningless sounds", Ms., Lun University.

Speas, M.(1986), "Adjunction and projections in syntax", Doctoral dissertation, MIT.

Spencer, A.(1991), *Morphological theory: An introduction to word structure in generative grammar*, Oxford: Basil Blackwell.

Spencer, A.(1993), "Rochelle Lieber, Deconstructing morphology: word formation in syntactic theory", *Journal of Linguistics* 29, pp. 485~525.

Sportiche, D.(1988), "A theory of floating quantifiers and its corollaries for constituent structure", *Linguistic Inquiry* 19, pp. 425~449.

Sportiche, D.(1999), "Reconstruction, constituency, and morphology", Abstract, GLOW Colloquium, Berlin.

Sportiche, D.(2005), "Division of labor between Merge and Move: Strict locality of selection and apparent reconstruction paradoxes", Ms., UCLA.

Stowell, T.(1981), "Origins of phrase structure", Doctoral dissertation, MIT.

Svenonius, P.(2004), "On the edge", In D. Adger et al. (eds.), *Peripheries: Syntactic edges and their effects*, Dordrecht: Springer Netherlands, pp. 259~287.

Van Valin, R. D. Jr. and R. J. Lapolla(1997), *Syntax: Structure, meaning and function*, Cambridge: Cambridge University Press.

Watanabe, A.(1992), "Wh-in-situ, subjacency, and chain formation", *MIT occasional papers in linguistics* 2, distributed by MIT Working Papers in Linguistics.

Woolford, E.(2006), "Lexical case, inherent case, and argument structure", *Linguistic Inquiry* 37, pp. 111~130.

Yang, D.-W.(1996), "Issues in the minimalist syntax of Korean", In M.-Y. Kang (ed.), *Lectures on morphosyntax in generative grammar*, Seoul: Hankukmunhwasa, pp. 69~178.

Yang, I.-S.(1972), "Korean syntax: Case markers, delimiters, complementation, and relativization", Doctoral dissertation, University of Hawaii.

찾아보기